U0055666

耶穌怎麼變成了神

HOW JESUS BECAME GOD
:The Exaltation of a Jewish Preacher from Galilee

巴特・葉爾曼 Bart D. Ehrman 著

《耶穌怎麼變成了神》
媒體讚評與名家推薦

「《耶穌怎麼變成了神》使基督教歷史上最驚人最複雜的話題，走近每一位讀者，清晰、客觀地討論了基督徒，以及非基督徒，對耶穌的看法。」
——普林斯頓大學宗教學教授，《諾斯替福音書》作者
伊蓮・帕格斯（Elaine Pagels）

「葉爾曼（Ehrman）又做成了一件大事！在這本充滿趣味，引人入勝的書中，他對早期基督論及其涉及的一切，做出了既細緻又廣泛的論述。書中追蹤了人們理解耶穌的發展過程，從一個完全的人類末日論佈道者，到一個完全的神，葉爾曼向我們展示了他解讀聖經及其他文本的技巧。一流學者創作出通俗易懂的著作，這一點很重要。」
——哈佛神學院講師，《新牛津注釋版聖經》編輯
邁克爾・科根（Michael Coogan）

「葉爾曼的作品言辭有力，表達清晰，最重要的是包含了智慧的誠懇。他深入淺出地解釋了那些聖經學者常含糊其辭的問題。無論是信徒還是非信徒，都能從這本書中學到很多東西。」
——耶魯大學舊約教授
約翰・J・柯林斯（John J. Collins）

「古代社會的一神教怎麼會允許唯一的神有一個兒子？巴特·葉爾曼講述了來龍去脈，他帶領讀者進入了一個滿是天使、無限能力、半神的猶太世界。在這個世界，小小的救世主，拿撒勒的耶穌，從死亡中復活。《耶穌怎麼變成了神》生動地概括了尼西亞信經的前傳。」

——《拿撒勒的耶穌，猶太之王》作者
保拉·弗雷德里克森（Paula Fredriksen）

「這本精心雕琢的書，從有關耶穌的歷史記錄開始，闡述了這個引人入勝的故事如何持續了成百上千年。作者的表述直白又準確，書中對引發早期基督教分裂，經常被認為不必要的複雜爭論展開了討論。」

——哈佛神學院霍利斯研究教授
哈威·考克斯（Harvey Cox）

「葉爾曼的寫作極具個人色彩……這種表達方式將讀者引入一個充滿曲折和矛盾的話題。引人入勝的討論會激起廣大讀者的討論熱情。」

——《書單》

「葉爾曼在書中提出的問題，會引起所有人的興趣……呈現了博聞廣識的學者們之間的真正對話。」

——《基督世紀》

「巴特·葉爾曼把重新思考信仰和歷史交匯處那些最難解答的問題，當成了自己專注的事業。」

——《波士頓環球報》

鳴　謝

　　我要對那些讀過這本書初稿的學者們表示感謝，他們提出了大量有建設性的意見，我因此受益良多。 如果大家身邊都有這樣有見解又樂於賜教的朋友、同事，這個世界會變得更加美好。

　　我的初稿讀者包括： 博學多才的出色學者瑪利亞‧杜夫勒（Maria Doerfler），最近開始在杜克神學院擔任助理教授，教授教會歷史； 約珥‧馬庫斯（Joel Marcus），在杜克神學院教授《新約聖經》課程，近30年來，他一直不吝賜教，耐心閱讀我的著作，並用紅色的墨蹟做了很多評注； 戴爾‧馬丁（Dale Martin），在耶魯大學教授《新約聖經》課程，他是我在這個領域結識時間最長的朋友和同事，多年來，他那些批判性的見解將我塑造成了一個合格的學者； 還有邁克‧佩帕德（Michael Peppard），在福德漢姆大學任助理教授，教授《新約聖經》課程，我最近才知道有這樣一個人，他寫過一本書，我在研究的時候引用過，他的著作對我的思考產生了很重要的影響。

　　我還要感謝 HarperOne 出版社的全體工作人員，尤其是社長馬克‧陶伯（Mark Tauber）、副社長克勞迪亞‧布托（Claudia Boutote）； 以及我那位才華橫溢的宣傳朱莉‧貝克（Julie Baker）； 當然更不能忘了見解獨到，總能幫到我的編輯羅傑‧弗利特（Roger Freet），如果沒有他，這本書一定不會這麼好看。

　　我要把這本書獻給我那智慧灑脫的妻子，莎拉‧貝克威思（Sarah Beckwith）。　幾年前，我曾經為她寫過一本書，我覺得現在是時候再寫一本書獻給她了。　她是我所認識的人中，最令人嘆服的。

目錄
Contents

推薦序

《耶穌怎麼變成了神》：
透視基督教真相的領路之作

李雅明

（清華大學榮譽教授　華文界率先研究並揭明基督教真實歷史的學者）

　　《耶穌怎麼變成了神》是美國《新約》學者葉爾曼（Bart D. Ehrman，1955-）在 2014 年出版的一本書。出版後即高踞紐約時報暢銷書排列榜「非小說類」前茅，且連續雄踞榜上多年。

　　葉爾曼是美國北卡羅林那州立大學宗教學的教授。葉爾曼生於 1955 年，在美國肯薩斯州（Kansas）的羅倫斯（Lawrence）長大。他的家庭是信基督教的，參加當地的聖公會，他的母親是個虔誠的基督徒。

　　葉爾曼少年時候也是一個正規的基督徒，每個星期天都去教堂，還當陪祭。讀高二的時候，他有過一次特殊的宗教經驗，讓他變成了非常虔誠的「再生基督徒」（born-again Christian）。1973 年 18 歲的時候他去了穆迪聖經學院（Moody Bible Institute）學習，1976 年完成了該校三年有關聖經方面的課程。1978 年 23 歲時畢業於伊利諾州的惠頓學院（Wheaton College），獲得學士

學位，在校時學習《新約》寫成時代的古代希臘語文。 為了要證明《新舊約》都是神的話語，他立志去讀神學院，在著名的普林斯頓神學院（Princeton Theological Seminary）讀研究所，跟隨有名的《新舊約》學者莫茲克（Bruce Metzger，1914-2007）教授，做有關《新約》的研究、探討《新約》經典形成的過程、還學習希伯來文。 後來在1985年獲得《新約》研究的博士學位。

他在大學和研究所時成績很好，都是以最優秀的成績畢業。可是隨著在神學院的深造、對於《新約》知識的增加，他越來越發覺《新約》產生的過程有很大的問題，當中有很多矛盾和偽造之處。 他從一個虔誠的基本教義派基督徒，先是有15年時間變成了自由派的基督徒，後來更因為有神論不能解釋世間的惡以及人類苦難的問題，終於完全放棄了基督教的信仰，成了他自己所說的「快樂的不可知論者」和「有著無神論傾向的不可知論者」。

他先是在紐澤西州的羅格斯大學（Rutgers University）任教四年，然後在1988來到位於教堂山（Chapel Hill）的北卡羅林那州立大學任教。 他曾經擔任過宗教系的系主任和宗教研究所的所長。 他的學術專長是有關《新約》經典文獻的研究和早期基督教的歷史。 他的著作甚豐，到目前為止，他已經出版了三十多本書，其中有三本是大學教科書，另外有六本登上了紐約時報的新書暢銷榜，這六本書是：《誤引耶穌》（*Misquoting Jesus*）（2005）、《上帝的問題》（*God's Problem*）（2008）、《被中斷的耶穌》（*Jesus, Interrupted*）（2009）、《偽造》（*Forged*）（2011）、《耶穌怎麼變成了神》（*How Jesus Became God*）（2014）、《基督教的勝利：一

個被禁的宗教如何橫掃世界》（ *The triumph of Christianity: how a forbidden religion swept the world*）（2019）。

　　葉爾曼在《新約》研究和早期基督教歷史這方面的一系列著作，正本清源的討論了歷史上的耶穌、基督教早期文獻的來歷和性質，為研究基督教的歷史做出了重要貢獻，對於美國社會也有重大的影響。 葉爾曼的書既富學術性也具通俗性。 他寫的書很多都非常暢銷，已經售出超過兩百萬冊，翻譯成了 27 種外國文字。 葉爾曼能說善道，中學的時候，就是學校裡辯論隊的隊員。現在他也經常和仍然相信基督教的學者們舉行公開的辯論會。

　　在他的暢銷書中，2005 年他出版了《誤引耶穌》（ *Misquoting Jesus, the story behind who changed the bible and why*）（2005）（台灣翻譯為：《製造耶穌： 史上 no.1 暢銷書的傳抄、更動與錯用》）。在這本書中，葉爾曼引進了檢討《新約》文字的方法、敘述了《新約》經典發展的過程、以及《新約》中出現錯誤的原因。

　　2008 年，葉爾曼出版了《上帝的問題》（ *God's Problem*）（2008）。 他在這本書中，討論人類苦難的來源，認為《新舊約》中的說法無法解釋這個問題。 他在書中討論了五種基督教的說法，認為沒有一種可以在知識上或道德上解決這個問題。 這也是他最後放棄基督教信仰最直接的原因。

　　2009 年，他出版《被中斷的耶穌》（ *Jesus, Interrupted*）（2009）。 在這本書中，他敘述過去兩百多年，《新約》研究學者所做的研究，以及獲得的成果。 這些研究成果是社會上大多數人都不知道的。 他闡述了在《新約》典籍中發現的不同觀點，這些典籍是在耶穌過世後數十年間，以使徒之名所寫的偽造之作；

以及他相信是後來編製出來的宣教文件，像是彌賽亞的受難、耶穌的神性、和三位一體等的基督教基本教義。

2011 年，他出版了《偽造》（*Forged*）（2011）一書，在這本書中，葉爾曼討論《新約》中的一些偽造之處，顯示這些早期基督教經典的作者偽造範圍之廣。

2014 年，他出版了《耶穌怎麼變成了神》（*How Jesus Became God*），這就是風雲時代目前出版的這本書。 在這本書中，他分析為什麼一個鄉下的傳道者、被當時的政府以嚴重的罪名處死以後，竟能夠變成跟創造天地的上帝並列的神子。 他的門徒說他死後復活了，但他們說的跟我們現在想的不一樣。 耶穌的這個轉化是如何發生的？ 如何從一個猶太先知變成了神？ 作為一個史學家，葉爾曼深入探討了這些問題。 葉爾曼在書中最後這麼說： 在基督教的歷史上，耶穌的地位越變越高。 但是在他自己的心路經歷中正好相反，耶穌的地位越變越低。 到了最後，在作者看來耶穌就是跟我們同樣的人。

2019 年，他又出版了《基督教的勝利： 一個被禁止的宗教如何橫掃世界》（*The triumph of Christianity: how a forbidden religion swept the world*）（2019）。 在這本書中，他從一世紀基督教還是猶太教的一個小教派開始討論起，經過使徒保羅對外邦人傳教，然後教徒人數逐漸增加，終於多到讓羅馬皇帝君士坦丁一世改信基督教、然後由狄奧多西一世下令，讓基督教變成了羅馬帝國的國教。

除了這六本紐約時報列出的暢銷書之外，他早期在 1999 年出版了《耶穌： 天啟的末日先知》（*Jesus: Apocalyptic Prophet of the*

New Millennium，1999）。 這是一本有關耶穌的傳記，在這本書中葉爾曼贊同史懷哲（Albert Schweitzer，1875-1965）的主張，認為耶穌是一個主張天啟的傳道者，他主要的觀點就是末日近了，神很快的就會來管理世間事物，神會推翻邪惡，並且在地上建立起神的統治。 耶穌和他的信徒都相信在他們的有生之日，就可以看到末日的來臨。

2012 年他出版了《耶穌存在嗎？》（*Did Jesus Exist? The Historical Argument for Jesus of Nazareth*）一書，當時有些《新約》的研究者認為在歷史上根本就沒有耶穌這個人，耶穌的神話是虛構的，是根據許多以前各民族的神話故事拼湊起來的。 葉爾曼反駁這種主張，認為耶穌的歷史證據雖然很少，但耶穌這個人應該還是存在過的。

像葉爾曼這樣從基督教文獻的角度來批判基督教的西方學者，有許多早年都是虔誠的基督徒，為了想要當神職人員才去讀神學院，並且立志以研究耶穌歷史和基督教文獻做為終身志業。結果到了後來，因為了解的越多，越發現基督教的信仰來源大多屬於人為的製造，從而幡然醒悟，成了比一般非基督徒更為精準的基督教批判者。 這些在西方國家猶太─基督教傳統（Judeo-Christian tradition）之下長成的學者，能夠對基督教做如此深刻的批判，實在代表了西方知識界在宗教思想上的覺醒與進步。

許多歐洲國家，其人民信仰基督教的比例，近年來已經大幅下降，甚至實際上已經進入了後基督教時代。 在歐美發達國家中，美國人信仰基督教的比例過去一向是最高的，但是近十數年來每年也以大約百分之一的速度在下降。 與此形成明顯對比的

是，基督教在一些亞非國家近年來卻有相當大的進展。 除了南韓與中國大陸情況比較特殊以外，這些進展與這些亞非國家經濟不夠進步、科學不夠發達、人民的知識水準尚比較低落有關。

　　在當今的世界上，宗教對國際局勢的影響很大，與中國的未來也有密切的關係。 基督教在歷史上曾經三度傳入中國，事過境遷就煙消雲散。 但是1840年鴉片戰爭以後，基督教又第四次傳入中國。 這次基督教的大舉傳入是由於不平等條約的關係，是中國在西方列強侵略之下的結果。 接下來的連年動亂更使得中國人沒有功夫去仔細研究基督教的來龍去脈。 於是一百八十多年過去了，中國人對於基督教的經典和歷史，一般來講，了解的程度都很有限，比較深入探討的著作更是少之又少。 筆者不揣淺陋，寫了四本有關基督教的書，探討這些問題，分別是《我看基督教：一個知識份子的省思》（2006）、《科學與宗教：400年來的衝突、挑戰和展望》（2008）、《出埃及： 歷史還是神話？》（2010）、《歷史上真實的耶穌》（2017）。 另外有一本《基督教的真相：探討與評論》正在由風雲時代出版中。 在這幾本拙作中，有關《新約》和基督教早期歷史方面的資料，很多都是得益於葉爾曼的著作。

　　這本《耶穌怎麼變成了神》（*How Jesus Became God*）中譯本現在由風雲時代出版了，對於關心宗教問題的讀者們來說，這真是個好消息。 希望讀者們能珍惜這個機會，好好了解一下基督教早期的真實歷史。

（作者李雅明教授，美國馬里蘭大學物理學博士，曾任美國凱

斯西方儲備大學電機與應用物理系正教授，清華大學電子工程研究所所長，現為清大榮譽教授。著有《固態電子學》、《半導體的故事》、《從半導體看世界》、《我看基督教》、《科學與宗教：400年來的衝突、挑戰和展望》、《出埃及：歷史還是神話？》、《歷史上真實的耶穌》等多種。）

代序

歷史的耶穌與宗教的耶穌

陳鼓應

（台大哲學系、北大哲學系榮退教授，著作等身，《耶穌新畫像》作者）

葉爾曼（Bart D. Ehrman）的這部書，要探討和表述的是：歷史上的真實耶穌，怎麼會成了基督宗教的教主，更怎麼成了全球信徒所崇仰的「三位一體」之神？

我早年也曾對這個大問題作過一番反思與探究，當時的論述和葉爾曼此書頗有可以相互參照之處，特揭示如下：

從《舊約》到《新約》，一個憤怒的上帝忽然搖身一變而為慈愛的上帝。這一氣質上的轉化，顯然是人為的結果。而充當這項塑造工作的人，便是耶穌。

《舊約》的上帝，看不到一絲微笑，滿臉怒容。這位偏私的獨裁者，殺氣騰騰地管轄著以色列民族。耶穌的來臨，乃徹頭徹尾地改換了上帝的形象，並將他的領土，無限地向外擴張，擴張到任何人跡所在之處。

從許多方面看來，耶穌開始時對猶太教做了一番重大的改

革工作：他超出猶太民族的偏見之上，消除猶太民族中心主義的觀念，將眼光放落到普遍的人類之中；他揚棄地上的現實權力，追逐天上的上帝之國，企圖建立一個沒有教士、沒有儀式的宗教——這一宗教，不建立在血統上，而建立在內心上。

猶太民族是一個宗教民族，教士的特權高於一切。這個特權階級不憚其煩地編制著無數繁複的教條規律，將人民的生活納入特定的模式中。而這些刻意雕鑿的教規，踵事增華，終於成為毫無內容徒具外表的儀式，對於人性活動反倒構成莫大的紛擾，因而引起耶穌強烈的反感，最後導致他付諸言論的抨擊與行動的反抗。

我們從許多的實例中，可看出耶穌果敢地向《舊約》摩西法典以及它所代表的精神投擲戈矛。

例如《舊約》中，耶和華曉喻摩西說：「你吩咐以色列人，使一切長大麻瘋的，患漏症的，並因死屍不潔淨的，都驅出營外去。無論男女，都要將他們趕出營外，免得他們污穢了營，因為這營是我住的。」[1]

耶穌不但不離棄那些病人，相反地，親近他們，並且設法醫治他們。從這裡看來，耶穌所呈露的精神和耶和華所表現的氣量，實成一個強烈的對比。

尤其是針對摩西法典中的一則教訓「以眼還眼，以牙還牙，以手還手，以腳還腳，以烙還烙，以打還打」[2]，耶穌提出如此驚人的主張：「有人打你的右臉，連左臉也轉過來由他打。」這突出的道德箴言，完全超越了憎恨與報復之上，也超出了人性所能容忍的範圍，使得最卓越的倫理家聽了，也會感

到驚異不已。 從這裡開始，耶穌建立了一個溫文和平而與耶和華全然格格不入的道德系統，憑藉這一道德系統，便可完全擊潰耶和華，而導致尼采所說的「威武鬍鬚的舊神」之死亡。 無怪乎有人說，「殺死耶和華的便是基督」。

在摩西所規定的一切律則中，法利賽人[3]最重視的便是每七日的一天休息。 這一天（星期六）他們叫做安息日。 在《舊約》上，曾經有過違犯安息日被處死的記載：

以色列人在曠野的時候，遇到一個人在安息日撿柴。遇見他撿柴的人，就把他帶到摩西亞倫和全會眾那裡，將他收在監內，因為當怎樣辦他，還沒有指明。 耶和華吩咐摩西說，總要把那人治死，全會眾要在營外用石頭把他打死。 於是，全會眾將他帶到營外，用石頭打死他，這是照耶和華所吩咐摩西的。[4]

安息日在外工作，被猶太教視為最大的禁忌。 往後的經師們更增加了不少可笑的條文。 例如在安息日中，不許裝假牙齒，不准攜帶三種以上的護符（即狐狸的犬齒，蝗蟲的卵，吊死人的釘子），禁止帶一個包裹走一公里以上的路程，甚或不得解一個結以及寫兩個以上的字母。 耶穌對於傳統加在「律法」上的繁文縟節置之不理，甚至於公然向它們挑戰。

經師們有一條規則：「在安息日不得砍折樹枝和樹葉，也不得採摘果子。」然而，耶穌偏偏在那一天要門徒掐麥穗吃。同時，耶穌自己又在一個安息日上醫治病人。 耶穌的所為立刻

遭受反對者的攻擊，但是，耶穌卻理直氣壯地回說：「安息日是為人立的，不是人為安息日立的。」[5]

在這些事件上，耶穌的行為引起法利賽人極大的不滿。於是，他們設法增加耶穌違反律法的罪狀。有一回。法利賽人提出休妻問題讓耶穌表示意見。原來，摩西律法上說：「人若娶妻以後，見她有什麼不合理的事，不喜悅她，就可以寫休書交她手中，打發她離開夫家。」[6]往後的經師們，對於這件「律法」的解釋，程度不一。有人認為休妻需要重大理由（如不貞）；有人認為只要妻子不帶面罩被人看見或臉上長了一顆痣，就可構成休棄的條件；還有人認為只要菜燒焦了，湯做壞了，丈夫就可休棄她；更有人認為丈夫休妻，只要說她不夠漂亮，自己碰上更好的，理由就很充分。

當時他們要耶穌加入這項紛爭，好讓他不違反「律法」就違背傳統。耶穌卻直截了當地回說：「上帝造男女，使二人成為一體，所以上帝配合的，人不可分離！」[7]猶太的風俗是很卑視婦女的，因為《舊約》視婦女為不潔之物。但耶穌卻善待婦女，甚至對罪婦還比常人施與更多的關切與愛意。

有一天，法利賽人帶著一個淫婦到耶穌面前說，這婦人是正行淫時被拿住的。摩西在「律法」上吩咐我們，把這樣的婦人用石頭打死，你說該如何處置。他們的目的只是試探耶穌，要得著告他的把柄。耶穌卻彎著腰用指頭在地上畫字。他們還是不住地問他，耶穌就直起腰來，對他們說，你們中間誰是沒有罪的，誰就可以先拿石頭打她。於是，又彎著腰用指頭在地上畫字。等到耶穌抬起頭看時，從老到少都悄悄地溜走了[8]。

　　耶穌的機智常能避開反對者的攻擊，並給自己的作為以理由化（rationalize），同時能適時地抓住機會推陳新義來教訓他人。比如，他的門徒吃飯的時候不洗手（由此也可反映出他的門徒文化程度之低落），法利賽人就責難耶穌何以違反古老的傳統。耶穌對於這不體面的粗俗行動的答辯，非常智巧：「入口的不能汙穢人，出口的乃能污穢人。」耶穌借此而發揮他的教義：凡入口的豈不是到肚子裡，又落在茅廁裡麼；唯獨出口的，是從心裡發出來的，從心裡發出來的，有惡念、凶殺、姦淫、偷盜、謗讟，這都是污穢人的。[9]

　　耶穌初期的講道，都是使用簡明、直率的語句；「登山講道」以後，就改變了作風，喜歡用譬喻。然而大部分的譬喻都沒有甚麼新的意義，有些更是比附得不倫不類（如《馬太》二十二章「娶親的筵席」）。但其中有一則譬喻，含義甚為特殊。這則譬喻見於《路加福音》：

　　一個人有兩個兒子。小兒子對父親說：「父親，請你把我應得的家業分給我。」他父親就把產業分給他們。過了不多幾日，小兒子就把他一切所有的，都收拾起來，往遠方去了。在那裡任意放蕩，浪費資財。既耗盡了一切所有的，又遇著那地方大遭饑荒，就窮苦起來。於是去投靠那地方的一個人，那人打發他到田裡去放豬。他恨不得拿豬所吃的豆莢充饑，也沒有人給他。他醒悟過來，就說：「我父親有多少的雇工，口糧有餘，我倒在這裡餓死麼。我要起來，到我父親那裡去，向他說：『父親，我得罪了天，又得罪了你。從今以後，我不配稱

為你的兒子，把我當作一個雇工罷。』」於是起來往他父親那裡去。

　　相離還遠，他父親看見，就動了慈心，跑去抱著他的頸項，連連與他親嘴。兒子說：「父親，我得罪了天，又得罪了你，從今以後，我不配稱為你的兒子。」父親卻吩咐僕人說：「把那上好的袍子快拿出來給他穿，把戒指戴在他手上，把鞋穿在他腳上，把那肥牛犢牽來宰了，我們可以吃喝快樂。因為我這個兒子，是死而復活，失而又得的。」他們就快樂起來。

　　那時，大兒子正在田裡，他回來離家不遠，聽見作樂跳舞的聲音，便叫過一個僕人來，問是什麼事。僕人說：「你兄弟來了。你父親，因為得他無災無病的回來，把肥牛犢宰了。」大兒子卻生氣，不肯進去。他父親就出來勸他。他對父親說：「我服事你這多年，從來沒有違背過你的命令。你並沒有給我一隻山羊羔，叫我和朋友一同快樂。但你這個兒子，和娼妓吞盡了你的產業，他一來了，你倒為他宰了肥牛犢。」父親對他說：「兒啊，你常和我同在，我一切所有的，都是你的。只是你這個兄弟，是死而復活，失而又得的，所以我們理當歡喜快樂。」

　　在這個譬喻中，耶穌的仁慈推翻了摩西舊道德的觀念──打破了賞善罰惡的那種道德原則。法利賽教派所表露的褊私狹窄的氣量，在這人性光輝的照耀下，顯得何等的卑陋啊！

　　對於法利賽教派的那種僵固執拗的律法儀式，耶穌不遺餘力地加以破除。同時，對於法利賽教派的偽善行為，他也毫不

留情地加以揭露。耶穌指出他們在施捨的時候，故意要引起別人的矚目；他們在禱告的時候，故意讓別人看著自己；他們在祭祀的時候，獻上祭品的十分之一，對於公義信實之事，反倒不行；他們把難擔的擔子放在別人身上，自己一個指頭卻不肯動；他們掌握知識的鑰匙，自己不進去，卻擋阻他人進去；他們洗淨杯盤的外面，裡面卻盛滿了勒索和放蕩。這些裝腔作勢的偽善者，在嚴肅的面貌下，罩著可卑的內容。

耶穌對於宗教上的特權階級多所指責。同時，他更偏激地主張整個社會階層也必須翻倒過來，那便是貧富易位，貴賤倒置。

《舊約》曾有「不可咒詛富人」的條規[10]，但耶穌開口就詛咒「富足的人有禍了」！（理由卻很妙：「因為他們在地上已獲得安慰。」）在耶穌所幻想的天國中，富人是沒有份兒的。他甚至於說出這樣激憤的話：「駱駝穿過針孔，也比富者踏進天國還容易。」除非富者能將他的所有分給窮人。耶穌呼籲著，一切必需品都應屬於大眾。尼采老早說過，耶穌在今日，將被送往西伯利亞。

在耶穌所設計的未來世界中，窮貧的卑微者都成為主人，而富足的權勢者卻被墜入地獄中。他以未來的理想世界為他終生所追逐的目標，據此而否定現實世界的富足階層和貴族階級，張揚窮困階層和平民階級。

從這觀點看來，耶穌是極富社會改革的意味的。然而，他那改革的動機卻不無這樣的嫌疑：只因窮人弱者容易聽信他吧！

注釋

1.《民數記》15.32。

2.《出埃及記》21.24。

3. 法利賽（Pharisees）是猶太教中政治性的黨派，主張信守摩西「律法」，制定許多繁瑣的條規。

4.《民數記》15.32。

5.《馬可》2.27。

6.《申命記》24.1。

7.《馬可》10。

8.《約翰》8。

9.《馬太》16。

10.《傳道書》10.20。

引言

回到歷史上真實的耶穌

　　耶穌來自閉塞的鄉村加利利，他原本是一位下層猶太傳教士，因非法活動被定罪，並因叛國罪被釘死在十字架上。但是，在他死後不久，他的追隨者們開始宣稱他是神的化身。後來，耶穌的追隨者們甚至直接宣佈，耶穌就是神，是天堂和世間的主上。那麼問題來了：一個被釘死在十字架上的農夫，是怎麼就變成了創造萬物的主？耶穌是怎麼成為神的？

　　之前我從未想到過其中的不合理之處，直到最近才注意到這個問題。有一次，我和密友一起散步，我們走了很長時間的路。我們聊天的內容，還是那些熟悉的話題：看過的書和電影，最近在思考的哲學觀點。後來就談到了宗教這個話題。

　　我的朋友是一位基督徒，從擁抱信仰開始到現在從未改變，這一點和我不一樣。我問她，她信仰的核心是什麼。她的回答讓我陷入了思考。她說，對於她來說，**基督教的核心是：神是一個人**。

　　她的回答讓我感到震驚，其中一個原因是，我曾經也這麼想過——只是這個想法並沒有持續很久。我在上高中的時候就思考

過這個「信仰之謎」，比如，我發現《約翰福音》1:1－2,14 說：
「太初有道，道與神同在，道就是神……道成了肉身，住在我們
中間。我們也見過他的榮光，正是天父獨生子的榮光。」在那之
前，我打心眼裡認可《尼西亞信經》的基督論，尼西亞信經中說
基督是

> *上帝的獨生子，*
> *在萬世以前為父所生，*
> *出於神而為神，*
> *出於光而為光，*
> *出於真神而為真神，*
> *受生而非被造，*
> *與父一體，*
> *萬物都是藉著他造的。*
> *他為要拯救我們世人，*
> *從天降臨，*
> *因著聖靈，*
> *並從童女馬利亞成肉身，*
> *而為人。*

　　但是，隨著時間的流逝，我的想法發生了變化。如今人到中
年，我已不再是一位傳統意義上的信徒，而成了一位研究早期基
督教發展的歷史學家，我花了 30 年時間研究《新約聖經》，從歷
史角度研究基督教的興起。我現在的疑問，在某種程度上與我的

朋友正好相反。 做為歷史學家，我執著的並非「神怎麼會化身為人？」這個神學問題，而是「一個人怎麼會變成神？」這個歷史學問題。

關於這個問題，通常的答案當然是： 耶穌實際上就是神，他告訴人們他是神，人們也一直相信他是神。 但是自從 18 世紀以來，一群歷史學家堅持認為，這並非是基於史實的正確理解，他們整理了很多令人信服的論據支撐他們的觀點。 如果他們是正確的，留給我們的便是這些謎題： 這一切是如何發生的？ 一開始追隨耶穌的人，為什麼會認為他是神？

在這本書中，我嘗試用一種，不僅對我們這些世俗歷史學家有價值，也對像我的朋友那樣的信徒有意義的方法，來解析這個問題。 包括我朋友在內的一眾信徒始終堅信，耶穌，實際上就是神。 對於耶穌的神聖地位這樣的神學問題，我不會表達任何立場。 我感興趣的是，**「確定他是神」的歷史發展過程**。 耶穌成為神的歷史發展當然是以某種方式發生的，理論上，個人對基督的信仰，不應該影響我們追溯歷史得出的結論。

「耶穌就是神」的觀點，當然不是現代產物。 耶穌死後不久，早期的基督徒就已經持有這樣的觀點，我會在之後的探討中提及這段歷史。 基督徒口中的「耶穌是神」到底是什麼意思？ 這是驅使我不斷研究的問題之一。

我們會發現，不同的基督徒對這句話的理解不盡相同。 要徹底理解這句話，我們要瞭解古人是如何認知的，他們怎麼會認為一個人是神——或者說，神怎麼會變成一個人。 基督徒並不是只認為耶穌是神。 儘管耶穌是在這個世界創造了奇蹟的上帝之獨

子，但是古時候其實有很多人都被視作人和神的共體，其中既包括異教徒也包括猶太人。

　　我們是如何想像「神界」的？現階段，強調這個問題之基本的、歷史學的觀點至關重要。關於**「神界」，這裡是指那個由超越人類的神聖存有，上帝，或眾神，或者其他超越人類勢力居住的「世界」。**對於今天的大多數人來說，神學是個非黑即白的問題。一個存有，或者是神，或者不是神。神生活在「上面」的天堂，我們生活在「下面」這個俗世。兩個世界間存在不可逾越的鴻溝。這樣的認知在我們的思想中根深柢固，因此很難想像，一個存有能同時既是人又是神。

　　用黑白分明的概念闡釋相對容易，比如早期的《馬太福音》、《馬可福音》和《路加福音》，耶穌從未明示自己神的身分，這三位福音作者把耶穌描繪成一個人而不是神，這與《約翰福音》不同，《約翰福音》中耶穌確實明示過自己神的身分，書中也把他描繪成了神。但是其他學者強烈反對這種觀點，他們認為，早期的福音書中就已經將耶穌描繪成神。結果導致了學者口中所謂的「上基督論 high Christology」和「下基督論 low Christology」之間始終爭論不休。「上基督論」認為耶穌是神體（其中，「上」是指基督源於「上面」，與上帝同在；「基督論」是「對基督的理解」）；「下基督論」認為耶穌是人（「下」是指耶穌來自「這個世界」，與我們同在）。那麼，從這個角度來看，福音書中是如何描繪耶穌的？將他描繪成了神還是人？

　　在我看來，學者之間存在這樣的意見分歧，是因為他們在用我之前提到的模式——即「神的世界和人的世界是完全不同的兩

個世界，兩個世界之間存在巨大的鴻溝」——來回答「上下基督論」的問題。問題是，遠古時代的人們——無論是基督徒、猶太人，還是異教徒——在思想中並不存在這樣的刻版模式。對於他們來說，人類的世界與神的世界之間，並不存在那條難以逾越的巨大鴻溝。相反，人和神是兩個相連的統一體，人和神是可以、也確實是有重疊部分的。

在古代世界，人們會相信一個人是神，而且人獲得神性的方式不止一種。下面我要介紹可能發生的兩種主要方式，基督教、猶太教和異教中都能找到類似的描述（我也會在書中探討其他方式）：

◆ 領養或提升。上帝或者一個神祇可以通過一種行為，將一個人（比如，一個偉大的統治者或偉大的戰士，或者聖人）提升到神的位階。

◆ 自然而成或者化身而成。一位神（比如天使或者眾神之一）可以永遠或者暫時地（通常是暫時）化身為人。

《馬可福音》之類的基督教文本用第一種方式理解耶穌，將他描述成一個獲得了神性的人。這將是我的論題之一。《約翰福音》用第二種方式理解耶穌，將他描述成一個化身為人的神。兩種理解都將耶穌視作神，只是方式不同。

在討論早期的基督徒怎樣理解「耶穌是神」這個問題之前，我想先探討另一個問題，古代的人們怎麼認知「人的世界」和「神的世界」？我在第一章探討了猶太教和基督教之外，希臘和羅馬世界廣泛持有的觀點。我們會發現，實際上在神的世界**存在**

一種連續的統一性，人和神之間存在某種程度的重疊。 對於那些熟悉古代神話的讀者來說，這種觀點並不讓人感到驚訝，因為其中有很多神（暫時）化身為人，或人（永遠）變成神的記述。

第二章要討論的內容可能更讓人吃驚，在第二章中我會提到古時候猶太人之間本就存在類似的理解方式。鑒於耶穌和他最早的追隨者都是純粹的猶太人，這段歷史則顯得尤為重要。我們發現，很多古代猶太人不僅相信神（比如天使）可以化身為人，也相信人可以變成神。有些人確實被眾人稱為神。不僅《聖經》之外的其他文獻有過相關描述，讓人吃驚的是，《聖經》中本也有過這樣的描述。

確認了異教徒和猶太人的觀點之後，到第三章我們要開始思考在歷史上，耶穌過的是怎樣的生活。我在這一章關注的焦點問題是，耶穌是否曾談及自己神的身分。

這個問題很難回答，很大程度上是因為可供我們參考的，瞭解耶穌生活和教義的資訊來源有限。既然我們想知道耶穌佈道期間到底發生過什麼，那麼我會在在這一章的開頭，先討論那些與擺在我們面前的殘存資訊——特別是《新約聖經》——相關的問題。我會指出，為什麼一個多世紀以來，大多數批判學者都認為**耶穌最為人熟知的身分是天啟先知**，為什麼他能預示一個時代的末日很快就會到來，屆時神會介入歷史，戰勝邪惡勢力，把他的美好王國帶給世人。

確定了耶穌佈道的基本歷程之後，我會進一步去探討那些最終導致他被猶太行省的羅馬總督本丟·彼拉多（Pontius Pilate）釘死在十字架上的事件。每一點都會圍繞這一章的主要問題展開：

耶穌是怎樣理解自己，怎樣形容自己的？他是否說過自己是神？我的看法是，他沒有。

前三章可以說是對那個終極問題的鋪墊，我們要解答的根本問題始終是：耶穌怎麼就被人當成了神？簡單來說，這一切都與他的追隨者相信他死而復生有關。

如今，市面上與耶穌復活相關的文章非常多，撰寫這類文章的卻只有兩類人。一類是學者，他們都是虔誠的信徒以及「護教論」者，認為歷史學家能「證明」耶穌曾經死而復生；還有一類是懷疑主義者，這些人完全不相信耶穌曾死而復生。耶穌是否曾死而復生，顯然是我們要研究的最基礎問題。如果早期的基督徒不相信耶穌曾經死而復生，他們就只會把他當作一個尋常的倒楣預言家，由於不遵守法律丟掉了性命，因為闖下禍事而被處決。但是，基督徒們堅信耶穌曾經復活，我的論點是：這樣一來，一切就都不一樣了。

從歷史學的角度來看，這裡存在一個不容忽視的問題：我們到底能瞭解到哪些和耶穌復活相關的資訊？我們要探討的是極具爭議的話題，在為寫這本書做研究的過程中，我的一些看法發生了改變。

很多年來，我一直認為，無論我們對耶穌復活的看法是什麼，有一點是比較確定的，那就是：耶穌死後，很快就被貴族友人亞利馬太的約瑟（Joseph of Arimathea）體面地埋葬了，下葬第三天之後，某些女信徒發現耶穌的墓穴空了。現在我已經不再認為這是確定的歷史事實，相反，我認為這兩個說法（埋葬和空墓穴）都不太可能真的發生過。我認為歷史學家對於耶穌復活一事

根本無從知曉，我在第四章針對這個觀點展開了討論。

在第五章，我對我認為的，幾乎可以確定的資訊，展開了詳述。我認為，有明確且令人信服的證據表明：耶穌的一些信徒聲稱，他們在耶穌死後見過復活的耶穌。但是，到底有多少信徒「見過」？（無論是他們真的看見耶穌出現在他們面前，還是他們出現了幻覺，都可以算「見過」，我會在這一章節對產生幻覺的原因做出解釋。）他們是什麼時候見到耶穌的？以及他們如何解釋「見到死後的耶穌復活」這件事？

我的首要論點是，相信耶穌復活——基於他們「看見」耶穌復活的經歷——導致耶穌的追隨者們（全部？還是部分？）堅信，耶穌升上了天堂，做為上帝唯一的兒子坐在上帝的右手邊。這些信念，就是最初的「基督教論」，也就是對耶穌是神的最初理解。關於「耶穌升天」之說，我會在第六章對可追溯的最早期的殘存資訊進行解讀。

第七章我會轉而討論一套形成時間相對較晚，與前述理論完全不同的基督論觀點。這套觀點認為，耶穌不是一個後來升格為神的人類，而是一個與上帝同在的神，後來以人的形態降臨世間。「化身論」（即「化身為人」）與前面提到的「飛升論」既有相似之處，又存在明顯差異，我會將其中的關鍵資訊列舉出來。此外，我還對包含化身論觀點的書籍展開了討論，比如最晚寫就的正統福音書——《約翰福音》。

在接下來的章節中，我們會看到，《新約聖經》出現之後，基督論的發展並沒有因此停止，進入二世紀、三世紀、四世紀，基督徒們發展出了進一步的觀點，這些觀點最終被定義為「異

端」（或「偽經」），與之相對應的觀點被稱為「正統」（或「正典」）。第八章將會對二世紀、三世紀基督教研究專家採信的，然而卻說不通的異端觀點展開討論。其中一些思考者認為，耶穌就是個純粹的人類，根本不是神；也有人認為耶穌是純粹的神，不是人；另外一部分人認為，耶穌基督實際上有兩個真身，一個是神，一個是人，只在耶穌做宣道士期間曾短暫地合二為一。這些觀點都被定義為「異端」，基督教領袖提出的若干其他觀點也被定義為「異端」，諷刺的是，那些領袖從思想上只肯接受「正統」基督教論。

到西元三世紀末，基督的本質之爭依然沒有答案，西元四世紀初，君士坦丁大帝改信基督教之後，這一爭論達到了頂峰。那時候，絕大多數基督教徒堅信耶穌是神，但是問題依然存在，「耶穌是哪種意義上的神？」西元四世紀初出現的「阿里烏爭論（Arian controversy）」正是在這種背景之下產生的，關於這個問題，我會在第九章展開討論。

阿里烏是埃及亞歷山大一位有影響力的基督教教師，他堅持的是「次神論（subordinationist）」，即耶穌是神，但耶穌的榮耀低於父神，而且耶穌並不是一直與父神同在。亞歷山大城的主教亞歷山大持有不同觀點，他認為基督一直與父神同在，從本質上來講，基督就是神。對阿里烏觀點的反駁，最後總結成《尼西亞信經》，在各教會傳頌至今。

最後，我在結語中，對這些神學觀點爭辯結束之後引發的後果進行了闡述。認為耶穌一直是完全的神，與父神平等，這是曾被基督徒們廣泛接受的觀點，這個觀點對各種各樣的基督教爭端

有何影響？比如，對普遍堅信他們的皇帝才是神的化身，從而迫害基督教的羅馬人。 再比如，對現在被視作殺害基督、乃至弒神的猶太人。 又或者，基督本質之爭曠日持久，觀點之間的細微差別如何變得差異巨大。

　　後來的這些爭論本身就很引人入勝，而且很有意義。 但是，我深以為，如果不瞭解過去的歷史，很難理解這些爭辯的內涵。因此，在回溯歷史時，我們會特別關注所有基督論中的關鍵問題： 耶穌的信徒是如何相信他為神的？是什麼使他們認為，來自加利利的傳教士，被釘在十字架上的耶穌，乃是神？

第一章
古希臘和古羅馬時期擁有神格的人

　　我在教《新約》導論課程時，對學生們說，釐清我們的研究該從何處開始，不是一件易事。是從《新約》最早的作者，撰寫內容比其他作者都要多的使徒保羅（Apostle Paul）開始？還是從福音書開始？福音書成書時間雖然晚於使徒保羅的年代，描繪的卻是耶穌的生活，而耶穌生活的年代要早於保羅寫下那些文字的時候。最後我告訴他們，既然耶穌的一生被後來的追隨者描繪成了徹頭徹尾的奇蹟，從講述那個非凡人物的傳奇故事開始，也許是最恰當的[1]。

非凡的一生

　　在此人出生之前，一位來自天堂的訪客對他的母親說，他的兒子並非凡人，而是神。並說，他出生時天上會降下不尋常的神蹟。長大成人之後，此人會成為一位宣道師，離開家鄉四處佈道。他從村莊走到城市，告知所有願意傾聽的人，他們不應該關心世俗生活和物質，他們應該以追求精神價值和永生為生活目標。他身邊聚集了很多追隨者，這些人相信他不是凡人，而是神

的兒子。 他施行奇蹟，堅定了追隨者的信仰： 他能治癒疾病，
驅除惡魔，讓死者復活。 在他生命的最後時期，他喚醒民眾反抗
羅馬政權的統治，因此受到審判。 但是他們無法消滅他的靈魂。
他升入天堂，在那裡一直生活至今。 為了證明他離開俗世之後依
然存在，此人在心存疑慮的追隨者面前至少現身過一次，他的追
隨者們因此堅信直到現在他依然與他們同在。

　　後來，他的追隨者們寫了很多與他相關的書籍，這些書籍一
直流傳至今。 但是看過這些書的人很少。 我想，你們中的大部
分人甚至不知道這位創造神蹟的「神之子」究竟是誰。 在本書
中，我會經常提到一個叫阿波羅尼奧斯（Apollonius）的人，他來
自提亞那城（Tyana）。 阿波羅尼奧斯是一個異教徒——信奉羅馬
諸神的多神崇拜者——也是他那個時代頗具聲望的哲學家。 他的
追隨者認為他是不朽之人。 他的後世信徒斐洛斯特拉圖斯為他寫
過一本書。

　　斐洛斯特拉圖斯（Philostratus）的書寫於西元三世紀初，大
約西元 220 年或 230 年，共八卷。 為了寫書，他做了大量研究，
他講述的故事大部分基於阿波羅尼奧斯一位同行者的記錄。 阿
波羅尼奧斯與同樣創造過神蹟的神之子——拿撒勒的耶穌，都是
羅馬帝國的子民，只是阿波羅尼奧斯生活在帝國的另一個邊陲之
地，而且年代較晚。 **這兩位神聖之人後來的追隨者們，將他們視
作一種競爭關係。**

　　他們之間的競爭，是當時更大規模的異教，與基督教之爭的
一部分——這裡的異教指的是，當時古代大多數人支持的宗教形
式，當時的人們大多信奉多神，而基督教在當時是新興宗教，信

奉唯一的上帝，相信耶穌是上帝的兒子。 追隨耶穌的基督教信眾堅稱阿波羅尼奧斯是個江湖術士和騙子；作為回應，阿波羅尼奧斯的追隨者也堅稱耶穌是術士和騙子。 兩撥人都以記錄領袖生活的權威著述為論據，為各自的觀點加分。

歷史上和傳說中的阿波羅尼奧斯

　　許多學者一直在以批判的眼光研究《新約聖經》中的福音書，以確認哪些關於歷史上的耶穌是傳說，以及傳說中的哪些部分，是在歷史上真實發生過的，哪些內容是他後來忠誠的追隨者們加工過的。

　　在研究斐洛斯特拉圖斯的著作時，專攻古代羅馬宗教的學者們同樣報以懷疑的態度，希望能剔除傳說的部分，揭示歷史上真實的阿波羅尼奧斯。 大家普遍認可的一點是，阿波羅尼奧斯是畢達哥拉斯學派的哲學家——也就是說，他是西元前五世紀古希臘哲學家畢達哥拉斯觀點的擁護者。 阿波羅尼奧斯生活在西元一世紀下半葉（耶穌生活在上半葉）。 阿波羅尼奧斯曾以佈道者和傳教士的身分穿行羅馬帝國東部。 他通常住在廟宇之中，無償為宗教和市政官員提供建議。 他有很多學生，遊歷途中，受到很多當地羅馬政權掌權人物的歡迎。 他對那些拋棄了氾濫的物質主義，為追求靈魂價值而活的人尤其關注。

　　對目前的研究來說，比阿波羅尼奧斯的生活史實更重要的，是與他有關的一系列傳說。 在當時，很多人都相信這些傳說真實發生過。 他富有哲學性的偉大思想，導致很多人認為他不可能只是一介凡人，一定是一位降臨世間的神。 阿波羅尼奧斯去

世一百年後，西元 198 年－217 年期間統治帝國的羅馬皇帝加拉卡拉（Caracalla），在他的家鄉為他建造了一座神殿。 據悉，羅馬皇帝亞歷山大·賽維魯（Alexander Severus，統治時期： 西元 222 年－西元 235 年）供奉的諸神中就有阿波羅尼奧斯。 信奉太陽神的皇帝奧勒良（Aurelian，統治時期： 西元 270 年－西元 275 年），也敬阿波羅尼奧斯為神。

　　根據斐洛斯特拉圖斯在《提亞那的阿波羅尼奧斯生平紀事》（Life of Apollonius of Tyana）中的記述，阿波羅尼奧斯出生時的故事十分值得注意。「報喜」的故事與聖經《路加福音》（1:26-38）中的描述，既有雷同之處，又不完全相同。

　　故事說，阿波羅尼奧斯的母親懷他的時候，看到了以偉大智慧聞名於世的埃及神祇普洛透斯（Proteus）。 阿波羅尼奧斯的母親問普洛透斯，她的孩子會成為什麼樣的人，普洛透斯回答：「像我一樣。」不但如此，阿波羅尼奧斯的降生也可以說是一個奇蹟。 阿波羅尼奧斯的母親被告知，和她的女僕一起去一個地方，她躺在草地上睡著，聽到天鵝拍打翅膀的聲音後醒來，然後就早產了。 當地人說，在她生產之時，天空中劃過了一道閃電，閃電即將擊中地面時，卻「懸在半空，然後向上消失不見了。」（《阿波羅尼奧斯生平紀事》1.5）。 故而人們斷定：「毫無疑問，對於他的才華，他高於俗世的地位，他與天堂的緊密聯繫，以及身為聖主的其他品質，諸神已釋出了訊號和預兆。」（1.5）這個訊號顯然與《新約》那顆指引一眾賢士找到初生嬰兒耶穌的星星不同，但是同樣來自天際。 當地人認為，阿波羅尼奧斯實際上乃是宙斯之子。

　　阿波羅尼奧斯在生命的最後階段，有人在羅馬皇帝圖密善（Domitian）面前，對他提起了控訴。他被指控接受了只有神祇才能領受的崇拜，除此之外還有其他罪行。這裡和耶穌的故事再次出現了雷同：耶穌也曾被帶到執政官面前（耶穌先是受猶太人首領的審判，然後是羅馬總督比拉多），據說耶穌自命不是凡人，聲稱自己是上帝之子，猶太人之王。而無論是阿波羅尼奧斯受審，還是耶穌受審，參與審判的官員都認為，他們宣稱自己並非凡人，故而會威脅到國家的穩定。而從後世讀者的角度來看，這兩個人的自我宣示完全合理。

　　斐洛斯特拉圖斯指出，關於阿波羅尼奧斯之死，存在不同的說法。其中一個版本說他死在克里特島（Crete）上。據說他去了一個專為本地神祇建造的神廟，有一群凶惡的看門狗負責守衛這座神廟。但是，這群看門狗不但沒有對著阿波羅尼奧斯狂吠，反而對他很友善。神廟裡的工作人員發現他之後，用鏈子鎖住他，他們認為阿波羅尼奧斯一定是用魔法擺脫了看門狗。到了半夜，阿波羅尼奧斯自行解開了鎖鏈，他召來看守的獄卒，讓他們眼看接下來會發生什麼事。他朝著廟門跑去，神殿的一道道門紛紛自動敞開。他進入神廟之後，門又都自動關閉。原本空無一人的神殿裡面，傳來了女孩的歌聲：「由塵世來！往天上去！去吧！（Proceed from earth! Proceed to heaven! Proceed!）」也就是說，那個聲音告訴阿波羅尼奧斯，讓他升入神界。顯然他照做了，因為塵世中再也不見他的身影。

　　這裡與耶穌的故事又出現了明顯的相似之處：在生命的最後階段，耶穌在一座聖殿引起騷亂，被捕之後接受審判。而在離開

塵世之後，耶穌升入天堂，在那裡繼續存在。

　　作為一個思想家，阿波羅尼奧斯告訴人們，人的靈魂不滅；肉身可能會死亡，但是人格會繼續存在。並不是所有人都認可他的觀點。但是他升入天堂之後，在一位心存懷疑的追隨者面前現過身。阿波羅尼奧斯讓他的追隨者相信，他依然存在，而且一直在他們中間。

　　耶穌復活之後也曾在他的信眾面前現身，讓包括「疑心的多馬」在內的信眾相信，他升上天堂，嗣後一直生活在天堂。

阿波羅尼奧斯和耶穌

　　耶穌和阿波羅尼奧斯之間存在顯而易見的聯繫，現代學者一直在探討這種聯繫的意義，實際上，這樣的探討並不是最近才發生的。在西元四世紀初，一位名叫希羅克爾斯（Hierocles）的異教徒作者寫了一本書，題為《熱愛真理的人》（The Lover of Truth），書中對這兩個所謂的「神之子」進行比較，並且刻意頌揚了異教思想的優越性。

　　這本書的完整內容，我們已無緣得見。但是這本書完成之後沒過幾年，西元四世紀的神父尤西比厄（Eusebius）撰文對書中的觀點進行了駁斥。尤西比厄斯整理了從耶穌時代到他生活的那個時代的基督教歷史，由於他是第一個從事這項工作的人，因此有時也被稱為「教會歷史之父」。尤西比厄的著作針對希羅克爾斯的觀點做出反駁，同時頌揚了阿波羅尼奧斯。對於我們這些生活在後世的讀者來說，幸運的是，尤西比厄在反駁對方觀點時，直接引用了很多對方撰寫的原文。例如，他在書的開篇中就引用了

希羅克爾斯的原文：

　　他們渴望頌揚耶穌，懷著這樣急切的渴望，他們四處奔走，傳揚耶穌創造出包括使盲人復明在內的各種奇蹟……但是，請大家注意，對於這種事，以及解釋一個人有非凡的能力，我們的觀點更明智更合乎情理……提亞那的阿波羅尼奧斯活躍於尼祿統治的時代……他創造了許多奇蹟，我會略過大部分，只提及少許幾個。（《阿波羅尼奧斯生平紀事》2）[2]

　　希羅克爾斯對《新約聖經》中的幾部福音書十分不屑，關於其中講述的耶穌故事，希羅克爾斯說是「彼得和保羅以及其他幾個與他們類似的人編造的，他們都是騙子、缺乏教育的人、術士。」另一方面，記述阿波羅尼奧斯事蹟的，是受教育程度較高的作家（不是低階層的農民），以及見證過事件發生的目擊者。因為阿波羅尼奧斯輝煌的人生，以及「死亡」的方式——「**他的肉身進入天堂，與眾神相伴**」——「我們可以**肯定地將這個人劃入神的行列**。」對此，信奉基督的尤西比厄給出了直接且辛辣的回擊：阿波羅尼奧斯根本不是神，而是魔鬼；他不是神的兒子，而是一個從惡魔那裡獲得力量的人。

　　如果從歷史的角度看待這場小小的爭辯，毫無疑問，尤西比厄獲得了最後的勝利。但是，在希羅克爾斯寫下他的那本著作時，在基督教發展壯大之前，我們並不能得出這樣的結論。在神的榮譽這個問題上，人們總是拿阿波羅尼奧斯與耶穌進行比較：一個是異教徒崇拜的眾神之一，另一個是猶太人崇拜的唯一神；

一個是異教哲學的倡導者，另一個是基督教的開創者。即便他們都是顯而易見的人類，卻都被奉為降臨俗世的神。在某種意義上，他們被視作神人[3]。

令人驚訝的是，這樣的神人並非只有上述兩位。雖然在今天，人們只知道耶穌是創造奇蹟的上帝之子，但是在古代，這樣的人有很多。如果「獨一無二」意味著沒有人能「像他一樣」——是一個與眾不同且遠高於其他凡人的人，一個在某種意義上可以被稱為神的人——那麼我們不應該認為耶穌是「獨一無二」的。在古代，有很多擁有神格的人。首先澄清一點，我關注的焦點並不是他們是否真的擁有神格，我這裡講的是人們如何解讀他們。

認識到這一切是如何發生的，是弄清耶穌如何被這樣解讀的第一步。但是，到後面我們會發現，人們並非從一開始就是這樣理解耶穌的，耶穌在活著的時候代表的意義，並不比阿波羅尼奧斯活著的時候多。在耶穌死後，人們才認為他是行走在塵世的神。這是如何發生的？想解決這個問題，首先要理解古代世界的其他人是如何被視作神的。

神人的三位典型代表

在羅馬帝國統治時代，耶穌死後，也就是西元 30 年左右，基督教迅速崛起。當時，希臘文化已完全滲透進了帝國東半部的土壤——因此東部帝國通行同一種語言，也就是說，《新約聖經》全本實際是用希臘語撰寫的。因此，要想理解早期基督教的各種觀點，我們須將之處於相應的歷史和文化背景中，也就是

希臘和羅馬世界。當時的猶太人有很多屬於他們自己的獨到觀點（詳見下一章），但是通過研究我們發現：在很多重要領域，他們願意與他們的羅馬朋友和其他鄰居分享他們的觀點（以他們自己的方式）。瞭解這一點很重要，因為耶穌本身就是猶太人，最早那批追隨他的人——其中包括最早宣稱他不是凡人而是神的那些人——也是猶太人。

但是，上帝，或者說一位神，怎麼會變成人，或者說化身為人呢？提亞那的阿波羅尼奧斯向我們展示了一種方法。在阿波羅尼奧斯出生之前，其母被告知，她的兒子是早已存在的神海神普洛丟斯的化身，也就是說海神的靈魂意志會「進入這個肉身」。這與後來在神學方面對耶穌的解釋非常相似——耶穌是化身為人的神，由他的母親馬利亞誕下。一個早已存在的神被凡間女子誕下，我不知道在古代希臘或羅馬是否還有其他這樣的「神—人」。但是我知道，有與之相似的例子，在這裡我可以介紹其中三位。

短暫化身為人的神祇們

奧維德（Ovid）（西元前 43 年—西元 17 年）是最偉大的羅馬詩人之一，也是與耶穌生活在同一個時代的長者。十五卷的《變形記》（*Metamorphoses*）是他最著名的作品，詩中讚頌了古代神話中描繪的各種變化和化身。有些變化涉及到神，為了與凡人接觸，他們會在一段時間內化身為人的形態。

我們在奧維德的詩歌中發現了很多極其有趣的故事，其中一個與兩位年長的農民有關，這兩位農民生活在佛里

吉亞（Phrygia，現在在土耳其境內），名字分別為腓利門（Philemon）和博西斯（Baucis）。 在這段簡短的記述中，眾神中的朱庇特（Jupiter）和墨丘利（Mercury）偽裝成凡人在該地區旅行。 他們走訪了一千個人家，但是沒有一個人願意給他們一餐食物，或者允許他們進門休息。 最後他們來到了貧窮的腓利門和博西斯的家，他們坦然面對窮困，「不覺得貧窮是可恥的。」這對年邁的夫婦對兩位訪客表現出了歡迎的態度，邀請他們進入破敗的家中，給他們準備了自己能提供的最好的飯食，還給他們準備了熱水泡腳解乏。 做為回報，這兩位心懷感恩的神許諾，他們的酒碗永遠不會是空的；無論怎麼喝，酒碗一直會盛滿美酒。

　　然後兩位神將真相告知他們：「我們是神。」[4] 對於他們在佛里吉亞遭受的對待，兩位神表示：

> 這邪惡之地應該付出代價，
> 接受公正的懲罰；但是你們與這些邪惡的人不同，
> 應該得到獎賞。

　　朱庇特問這對夫婦他們最想要什麼。 兩人商議一番之後，腓利門對眾神之王說，他和他的妻子想成為守護神殿的僧侶，當他們死期來臨時，他們想一同死去：

> 我們和睦地度過了共同生活的歲月，
> 但願同時離開人世，
> 我不必看到伴侶的墳墓，

她也無需將我埋葬。

　　朱庇特應允了他們的願望。於是，整個地區遭到毀滅。卻出現一座聖殿，腓利門和博西斯成了聖殿的守護者。大限之日來臨時，他們同時變成了從同一個軀幹長出來的兩棵樹，在生時琴瑟和諧的夫婦，死後變成了連理樹。後來到聖殿參拜的人們，不僅認可連理樹是這對夫婦「生命」的延續，還認為他們其實也已經「神格化」，應該得到眾人的膜拜：

如今他們已經榮升眾神之列；
祈願者成了施願者。

　　這則生死相依的動人愛情故事，講述的也是暫時化身為人的神（或者說以人的形態現身的神），以及升格為神之人的故事。
　　腓利門和博西斯得到了神一般的崇拜，並不是因為他們像偉大的朱庇特和墨丘利一樣強大。人們認為他們是很底層的神，是被提升至神級的凡人。但是他們確實是神。
　　對於我們來說，這是十分關鍵而重要的一課：神有不同的形態和身形，神界也分很多層級。
　　如今我們認為，神界，也就是神祇生活的地方，是和人類世界完全隔絕的另一個世界。神在上方天堂，我們在下方塵世，天堂與塵世之間有一道無限寬闊的鴻溝。但是，大部分古人並不是這樣看待神界和塵世的。他們認為神界有很多層。跟其他神祇相比，有些神較為強大，也可以說「神性更強」；有時人類可以飛

升至神的行列，同時，神也可以降臨塵世與我們這些普通凡人相
處，他們偶爾確實會這樣做。 神祇降臨塵世時，會發生引人關注
的事，甚至可能引發災難，例如不友好的佛里吉亞居民得到的慘
痛教訓。

我們從《新約聖經》的篇章中看到了這段記述，說明佛里吉
亞地區後來的居民並沒有遺忘這個教訓。 在《使徒行傳》中，
有一段描述，記錄了使徒保羅和他的同伴巴拿巴（Barnabas）
在同一地區展開的一次傳教之旅，他們來到了一座名叫路司得
（Lystra）的城市（《使徒行傳》14:8–18）。 保羅看到一個跛腳的
男人，借助神的力量，他們治癒了這男人的傷病。 見證奇蹟發生
的人們自然得出了結論：「神以人的樣貌降臨到我們中間」（《使
徒行傳》14:11）。 令人吃驚的是，他們稱巴拿巴為宙斯，而稱過
程中一直負責講話的保羅為赫爾墨斯（Hermes）。

他們這樣認為，並不讓人覺得意外。 希臘諸神中的宙斯對應
的正是羅馬諸神中的朱庇特，赫爾墨斯對應的是墨丘利。 路司得
的居民聽說過腓利門和博西斯的傳說，認為兩位神祇再次降臨他
們中間。 他們堅信自己的判斷，本地供奉宙斯的司鐸用公牛和花
環向兩位使徒獻祭，兩位使徒頗費了一番周章，才說服路司得的
居民他們只是凡人，「和你們一樣。」保羅利用這個機會，像往
常一樣傳播他的福音，勸服人們皈依基督。 即便如此，還是有
人不相信他們的話：「人們並沒有因為這些話停止向他們獻祭」
（14:18）。

生活在路司得的宙斯崇拜者，如此渴望辨認出化身為人降臨
到他們中間的神，這一點不足為奇。 他們還清楚的記得，上一次

他們在該膜拜的時候沒有膜拜發生了什麼。

《使徒行傳》中講述的，或許只是使徒保羅傳教過程中發生的一件歷史往事，也可能是後來傳揚開的一段有趣傳說（就像腓利門和博西斯的故事那樣），對於我們這裡要討論的問題，這件事是歷史或是傳說並不重要，重要的是：在羅馬世界，人們普遍認為神會偽裝成人，因此在偶然間遇到的人，很可能實際上是神。古希臘和古羅馬神話中充滿了這樣的故事。

神和凡人孕育的神祇

雖然阿波羅尼奧斯被認為是一個之前就存在的神進入肉身，但是在希臘和羅馬世界，認為一個擁有神格的人是被凡人孕育的，這種解讀並不尋常。到目前為止，更尋常的觀點是，一個神靈來到世界——在誕生前並不存在——是因為一位神祇和人類發生了性行為，他們孕育出的後代具備某種程度的神格。在希臘神話中，宙斯經常進行這種在道德層面遭到質疑的行為：他經常離開天堂降臨人間，與有魅力的女性發生奇特的性行為，這種行為會導致一次十分不尋常的懷孕。但是，宙斯和凡間情人的傳說，不只是有趣的神話這麼簡單。很多時候，講述這類傳說的人，是真實存在的歷史人物，比如亞歷山大大帝（西元前 356 年—西元前 323 年）。

根據為亞歷山大大帝撰寫傳記的希臘學者普魯塔克（Plutarch）記述，很多人認為，亞歷山大大帝是宙斯的後代。普魯塔克撰寫的關於希臘和羅馬著名人物的傳記，為我們提供了當時很多偉大人物的生平檔案。亞歷山大大帝真正的父親是

馬其頓王國（Macedonia）的國王，有權勢且名滿天下的腓力
（Philip），腓力愛上了一個名叫奧林匹婭斯（Olympias）的女
性。 根據普魯塔克的記述，二人完婚前夜，奧林匹婭斯夢見一股
雷電從天而降，進入她的身體。 據推測，這是宙斯在施展他的神
力。 同時，腓力當天晚上似乎去看望了他的妻子，他看到了一條
蛇正在與他的妻子交媾。 和大家推測的一樣，普魯塔克也在記述
中指出，這幅景象澆熄了腓力對新娘的熱情。 在古代，宙斯經常
以蛇的形態現身，因此對於那些相信這個傳言的人來說，奧林匹
婭斯的孩子──亞歷山大──並非凡人。 他是天神的兒子。

　　神話傳說中，關於宙斯，以及他對應的羅馬諸神中的朱庇
特從事這類夜間活動，有更驚人的記述。 其中關於赫拉克勒
斯（Hercules）誕生的傳說最有趣。 在古代，這個傳說有好幾
個版本，最令人印象深刻的，可能是羅馬喜劇劇作家普勞圖斯
（Plautus）創作的戲劇《安菲特律翁》（Amphytrion）中的有趣描
述。 安菲特律翁是戲劇中的一位主要角色，他是底比斯的將軍，
他的妻子是絕世美女阿爾克墨涅（Alcmena）。 安菲特律翁遠赴戰
場，把懷孕的妻子留在家中。 朱庇特在天堂窺見了她，下定決心
一定要擁有她。 他知道該怎麼做。

　　朱庇特偽裝成安菲特律翁的模樣，對阿爾克墨涅說，他從戰
場上回來了。 阿爾克墨涅敞開雙臂歡迎丈夫歸來，把他帶到了床
上。 接下來發生的事讓朱庇特無比享受，以致他命令星座停止轉
動。 換句話說，他讓時間停止──偉大的神甚至能施展神聖能力
達到極致的享受──直到他感到滿足。 天上的星座恢復運動，朱
庇特返回天堂，漫長的交歡讓阿爾克墨涅疲憊不堪。

　　結果，當天早晨，真正的安菲特律翁回來了。離開這麼久，妻子並沒有像他期待的那樣熱情的歡迎他回家，這讓他既驚訝又沮喪。但是從阿爾克墨涅的角度來看，自己的表現完全合理：她以為自己剛在丈夫的臂彎中度過一個漫長的夜晚。在這一切發生之前，阿爾克墨涅已經懷了安菲特律翁的孩子。但是又懷上了朱庇特的孩子（從解剖學和生物學角度來看，這些神話傳說的邏輯性不強）。[5]結果導致她懷了雙胞胎，一個是朱庇特的兒子，擁有神格的赫拉克勒斯；雙胞胎兄弟中的另一個，則是凡人伊菲克勒斯（Iphicles）。

　　安菲特律翁和阿爾克墨涅的故事當然只是神話傳說，不知道是否真有人「相信」這件事真實發生過。但這是一個非常偉大的故事。故事背後揭示了一個真相，古代世界的很多人認為，神讓凡人女子受孕並生下孩子，這種事是可能發生的。古人認為，一些偉大的人物是通過與我們這些凡人不同的受孕方式來到塵世的——比如，偉大的征服者亞歷山大大帝，甚至像柏拉圖[6]這樣擁有超人智慧的偉大哲學家——古人會產生這樣的想法再尋常不過了。那些偉人父母的一方可能是天神，因此在某種意義上他們也具備神格。

　　我應該強調一下，阿爾克墨涅誕下朱庇特的兒子赫拉克勒斯，並非處女產子。恰恰相反，她之前已經和她的丈夫發生過性行為，然後她又和朱庇特發生了性行為，如果你願意的話，可以稱之為「神交」。擁有神格的人類，父母有一方是神，一方是凡人，在這類傳說中，沒有一個凡人是處女。

　　只是基督教故事中的耶穌，不同於古代世界其他擁有神性的

人。 其中一個方面，的確，（猶太人的）上帝通過聖靈（《路加福音》1:35）讓耶穌的母親馬利亞懷孕。 但是對於一神教的基督教來說，上帝是無比高尚的，崇高的上帝不可能暫時化身為人只為實現他的性幻想。 希臘諸神和羅馬諸神可能會做這樣的事，但是以色列的上帝高於諸神。

從人變成神

為解答「最早期的基督徒如何確信耶穌既是人又是神」這個問題，希臘和羅馬世界對神人的第三種解讀模式，為問題的答案提供了最重要的基本架構。 這個觀點聚焦的不是神怎麼會變成人──通過短暫化身為人，或一次性行為──而是人怎麼會變成神。 各種記述顯示，這樣的事蹟在古希臘和古羅馬發生過很多次。

・羅穆盧斯（Romulus）

其中一個最著名的例子，就是歷史上的傳奇人物，羅馬城的創建者羅穆盧斯。 我們能看到很多關於羅穆盧斯的生平記錄，古羅馬早期的偉大歷史學家李維（Livy，西元前 59 年─西元 17 年）就曾表達過「羅穆盧斯是一位由神孕育出的神」《羅馬史》1.16（History of Rome 1.16）這一觀點。

有傳言說： 羅穆盧斯的受孕與神有關。 羅穆盧斯的母親是維斯塔貞女（Vestal Virgin）。 維斯塔貞女是神職人員，擔任該職務的女性不能有性行為。 維斯塔貞女懷孕，顯然是因為她違背了誓言。 她聲稱，戰神瑪爾斯（Mars）對此負有責任，有些人可能相信了她的這番陳述。 如果是這樣，這個例子只不過再次說明： 世

間的神－人，來自神和人的結合。

　　其實，更令人吃驚的是，羅穆盧斯竟然憑空消失。根據李維的記述，羅穆盧斯離世之前，羅馬城已經建立，由元老院和國王羅穆盧斯領導的羅馬政府也組建完成，國家有完整的軍事體系。這個歷史上最偉大的城市建立之初，一切井井有條。在他生命的最後階段，羅穆盧斯和元老院成員一起在戰神廣場（Campus Martius）閱兵。突然雷電交加，風暴驟起。幾聲炸雷之後，羅穆盧斯被迷霧籠罩。等到迷霧散去，他也跟著消失不見了。

　　關於羅穆盧斯的死亡，有兩種說法流傳開來。其中一種說法是——此說由李維和大部分持懷疑態度的觀察家普遍認可——元老院抓住機會解決了他們專制的君主：他們將羅穆盧斯碎屍萬段，藏起了他的遺骸。另一種說法是——此說由其中一位元老親口陳述，大眾相信——羅穆盧斯「在剛才的風暴中升入高空。」換句話說，羅穆盧斯被帶入天堂，與眾神為伴。結果，大家突然就開始擁護羅穆盧斯的神聖地位：「然後，當幾個人做出積極的表態之後，所有人都開始歡呼：羅穆盧斯是神，是神的兒子，羅馬城的王和父！大家祈求他的恩賜，願他永遠保護他的子民。」《羅馬史》1.16。[7]

　　關於神人，在這裡我們可以簡單地概括為：一個人可以被神賜予榮耀，使之成為諸神的一員；這種事之所以發生在一個人的身上，是因為他創造了偉大的功績；人可以因為他的神性而受到崇拜；作為神，他可以為向他祈禱的人提供保護。

　　有趣的是，關於羅穆盧斯的飛升，李維的觀點後來得到了一個人的證實，這個人叫普羅庫魯斯·尤利烏斯（Proculus

Julius），他在羅馬人民大會上聲稱：羅穆盧斯死後曾在他面前現身。 根據記載，他當時說的是「羅馬城之父，羅穆盧斯，今天黎明時分突然從天而降，出現在我面前。 我一陣慌亂，恭敬地站了起來……『去，』他說，『向世界之都宣佈，讓他們銘記用兵之法，讓他們知道，告訴他們的孩子，沒有人能抵擋羅馬軍隊的進攻。』說著……羅穆盧斯又在天空中消失了」《羅馬史》1.16。

　　羅馬人堅定而熱烈地擁護羅穆盧斯的神格化。 他們認為，朱庇特、瑪爾斯、奎里納斯（Quirinus）這三位羅馬神，住在古羅馬的中心，卡比托利歐山（Capitoline）。 奎里納斯原本是薩賓人（Sabines）崇拜的一位神，薩賓人在羅馬建國之初就被併入了羅馬。 到了李維的年代，奎里納斯被認為是羅穆盧斯神化之後的身分，與眾神之父一起受人崇拜。

・尤利烏斯・凱撒（Julius Caesar）

　　一般認為，羅馬城建立於西元前753年。 把日曆向後翻大約七個世紀，在那個時空，我們仍然能找到被人們認定變成了神的人。 其中最著名的就是自命羅馬獨裁官的尤利烏斯・凱撒。

　　西元前44年古羅馬曆3月，凱撒被政敵暗殺，政敵們用語言和行動證明了他們拒絕獨裁者的態度。 羅馬傳記作家蘇維托尼烏斯（Suetonius）在西元115年出版的《凱撒的生活》（Lives of the Caesars）中描述了尤利烏斯・凱撒的一生。 根據蘇維托尼烏斯的記述，凱撒在活著的時候就曾宣稱，他有神的血統。 在他姑姑的葬禮上，凱撒聲稱，他的家族是古羅馬君王——羅馬第四任君主，傳奇的馬庫斯・安丘斯（Marcus Ancius）——和神的後裔。

他的家族血統可以上溯至女神維納斯。

　　凱撒死後，他的敵人和支持者之間發生了殘酷的權力鬥爭，凱撒的支持者馬克・安東尼（著名的「安東尼和克麗奧派特拉」中的安東尼）和凱撒的養子屋大維結成同盟，屋大維後來成了凱撒・奧古斯都（Caesar Augustus）。在凱撒的葬禮上，安東尼決定不發表傳統的悼詞。他哭著喊出了元老院的決議「賦予凱撒所有的榮譽，無論是人間的，還是神聖的。」實際上，尤利烏斯・凱撒的神祇身分是統治者們投票賦予的。這就是所謂的「神化」過程——這種情況是說，一個人太偉大，故在死亡的時候被抬升到了神的行列。

　　對於凱撒的神化，一般人，甚至是生活在天堂上的眾神，似乎都是持支持態度的，正如蘇維托尼烏斯所言：「〔凱撒〕56歲離世之後，被抬升到了神祇的行列，不只是官方如此裁定，也得到了一般民眾的認可。凱撒神化之後，他的繼任者奧古斯都第一次舉辦競技比賽，結束之前，一顆彗星突然出現，閃耀了七天之久。人們相信，那是升入天堂的凱撒的靈魂」（《神化的尤利烏斯・凱撒》88 The Deified Julius Caesar）。[8]

　　凱撒的繼任者和養子屋大維希望羅馬人民相信，凱撒不僅是神的後裔，自己也成了神。從純粹的人性和政治的角度出發，這件事沒什麼可質疑的。然而，如果尤利烏斯・凱撒是神，那他的兒子是什麼？新約學者邁克爾・佩帕德（Michael Peppard）最近指出，據我們所知，古代世界只有兩個人確實被稱為「神之子」。當然，也有其他人借用過他們身為神的父親之名號：宙斯之子、阿波羅之子，等等。但是被稱為「神之子」的只有兩個

人。 一個是羅馬皇帝——第一位羅馬皇帝就是屋大維，也就是凱撒‧奧古斯都——另一個就是耶穌。 這可能並非偶然。 耶穌作為神人出現於世時，他和羅馬皇帝正在相互競爭。

‧凱撒‧奧古斯都（Caesar Augustus）

尤利烏斯‧凱撒是在死後被奉為神的，但是他的養子屋大維（西元前 27 年—西元 14 年期間的羅馬皇帝）在活著的時候，就被奉為神祇。 把一位在世的統治者奉為神祇，在古代世界並不少見。 很久以來，埃及人一直尊他們的法老為神在世間的代理人。 前面提到過的征服者亞歷山大大帝就接受了只有眾神才能享受的禮遇。 但是，在羅馬世界沒有發生過這樣的事，直到人民開始崇拜皇帝。

傳說屋大維的出生也不尋常，他也是凡人和神祇結合之後降生的。 根據蘇維托尼烏斯的記載，據說阿波羅化作蛇形（無疑會讓人聯想到亞歷山大大帝的身世）使屋大維的母親阿提婭（Atia）受孕。 阿提亞到一座神廟參加一場給阿波羅的獻祭，午夜時分，她正在神廟中熟睡，一條蛇爬上她的身體，然後迅速離開。 她醒來之後，就像和自己的丈夫發生過性行為之後一樣，洗淨身體，此時她注意到了一個神奇的現象，一條蛇的形象永久地留在了她的身上。 蘇維托尼烏斯是這樣記述的：「十個月之後，奧古斯都降生，正因如此，他被認為是阿波羅的兒子」（《神化的奧古斯都》94 The Deified Augustus）。

阿提亞受孕的那天晚上，她身在色雷斯的戰場（希臘北部）的丈夫做了一個夢，在夢中，他「看到 12 匹白色的駿馬，拉著

他的兒子，他的兒子身披閃電，手握權杖，佩戴著眾神之王朱庇特的徽章和一頂皇冠」（《神化的奧古斯都》94）。很顯然，這些都預示著這個孩子並非凡人，是一位降臨世間的神。

　　和後面的幾位羅馬皇帝不同，奧古斯都在執政時期對世人將他奉為神祇這件事並不熱衷。蘇維托尼烏斯指出，他不允許羅馬各省的神廟為他獻祭，除非他們同時向羅馬的守護神——羅馬女神獻祭。有時，各城市會不顧帝國的意願，建造一座神廟，供奉「天才」奧古斯都。這裡的「天才」並非智力聰慧之意，而是指守護其族系的精神，尤其是他做為人民的領袖，這種精神尤為重要。從某種意義上來講，這些城市通過崇拜奧古斯都的「天才」，已經去除了他的人性，將其高度神化。

　　雖然他不願意，但是屋大維早在西元前40年就被譽為「神之子」——比他當上羅馬皇帝的時間還早——西元前38年的硬幣上就出現了這個名號。凱撒·奧古斯都時期，希臘城頒佈了一條法案，敬奉奧古斯都為薩巴斯托斯神（希臘詞語，相當於拉丁語中的「奧古斯都」），指出他「對所有人的恩惠甚至超過了奧林匹亞諸神。」對於普通人來說，這種對比簡直過分，但是對於他虔誠的追隨者來說，這樣的讚譽遠遠不夠。奧古斯都死後被神化，而且直接稱呼他為「神祇」，或者「神的後裔」，或者「位列眾神之人」。根據蘇維托尼烏斯的記載，他的遺體被火化之後，一位羅馬帝國的高級官員聲稱他「看到了奧古斯圖升入天空的景象。」後來的羅馬人以及羅馬皇帝繼續奉他為神。[9]

·帝王崇拜

如今「崇拜 cult」這個詞在某個層面是有負面的含義，常與那些信仰對象和踐行準則都很怪誕的野蠻宗教同時出現，但是對於古代歷史學家而言，這個詞並不存在這層負面含義。它的含義很簡單，只是「祭拜神靈 cultus deorum」的縮寫而已，也就是「關照神祇」的意思（就像「農業 agriculture」的意思是「關照土地」），現在我們用「宗教 religion」指代這個意思。羅馬的帝王崇拜從奧古斯都開始，一直延續不斷。對於自己被視作降臨於世的神這件事，奧古斯都表現得相對含蓄，但是他的許多繼任者並沒有延續這個傳統。[10]

著名的羅馬演說家昆體良（Quintilian 西元 35 年—西元 100 年）的一次演說，向我們展示了演說家們是怎樣在公共場合讚頌神的：「有些（神）……受人讚頌，可能是因為他們生而為神，其他的則是因為他們通過英勇的表現贏得了不朽之名，我們的君主〔圖密善（Domitian）〕正是如此，他創造的那份榮耀甚至照耀至今」（《雄辯術原理》3.7.9 Institutes of Oratory）。[11]昆體良說有些神是生而為神的（例如希臘和羅馬神話中的偉大諸神），另外一些是「通過自己的英勇贏得不朽之名的」——這裡說的是，一些人因為他們的不凡事蹟變成了神。他指的是那些他所處的「當今時代」發生過這種情況的人。他在演講中提到了兩位先皇，一位是圖密善的父親，維斯帕西安（Vespasian）皇帝，另一位是圖密善的兄長，提圖斯（Titus），兩位皇帝都被神化了。

通常情況下，羅馬元老院會在皇帝死後，正式宣佈他們的皇帝已經成神。在今天的我們看來，如此的宣佈未免有點奇怪，也

許這樣理解更為妥貼：元老院「認可」他們中間的一個人（皇帝）實際上是神，而不是硬生生地「製造」一個神。認可基於這個人的強大和仁慈。誰能比羅馬皇帝更強大、仁慈呢？暴君（羅馬帝國有不少暴君）在死後並沒有得到神的榮譽，明君則享受到了這樣的榮光。

　　不少皇帝和屋大維一樣，在活著的時候，就像神一樣受到世人崇拜。我們在帕加馬城（Pergamon）發現了一塊刻有銘文的石碑，碑文讚頌的就是「神奧古斯都・凱撒」，米利都（Miletus）城發現的另一塊石碑讚頌的則是蓋烏斯（Gaius），也就是歷史上的著名人物卡里古拉（Caligula）（後世認為他是一位暴君——但是石碑是在他生前篆刻的），碑文上說「蓋烏斯・凱撒・日爾曼尼庫斯（Gaius Caesar Germanicus），日爾曼尼庫斯之子，神塞巴斯托斯（Sebastos，與奧古斯都同義）」。顯然，至少在他活著的時候，卡里古拉曾被視作神。

　　怎樣解讀帝王崇拜現象在整個羅馬帝國時代的發展變化——尤其是活著的人受到了神一樣的崇拜？多年來，這個問題一直困擾著相關學者。大家難道看不出來，皇帝和大家一樣都是人嗎？他也要吃喝，也有別的身體需求，他也有人性的弱點和長處——他就是個徹頭徹尾的人。要怎樣才會發自內心地視他為神呢？

　　一般來說，之前的學界對此持懷疑態度，他們認為大多數人並非真的認為皇帝是神，給君主賦予神的榮譽，主要是出於奉承。[12]這種學術觀點，在很大程度上是基於上層社會的文學精英創作的古代文獻得出的。另外，從這個角度來看，帝王崇拜是當權者自己發起的一種帝國宣傳，讓羅馬諸省的每個人在面對羅馬

當權者時，理解並感激與他們面對的人，從心底認為，他們面對的是一位神。這個觀點認為，每個人都知道，皇帝和他的所有先祖一樣，只是一介凡人，然而，帝國的人民參與帝王崇拜可以讓羅馬帝國良性運轉。

因此，各個城市不僅為羅馬諸位偉大的神祇和女神——朱庇特、他的妻子朱諾、瑪爾斯、維納斯，乃至羅馬先民——建造神廟，也為「神」皇建造神廟。人民會像對待諸神一樣，給皇帝的形像（雕像、畫像等）獻祭。然而，在其生前，人們認為皇帝是低等級的神，只有在這些人死亡神化之後，才能享受屬於神的崇拜。

但是，之前的學術觀點現在已受到挑戰。近代學者漸漸對上層階級文學精英描述的羅馬宗教失去興趣，而對大部分羅馬人——大多數羅馬人不識字，更不用說撰寫傳記或史書了——的想法和行為更有興趣。就羅馬宗教來說，新的學術觀點認為「信仰」是一個極其複雜的類別。不同於基督教，羅馬宗教不強調宗教的信仰，或者「智慧的教條」。羅馬宗教只關注行為——在與諸神的關係的中，一個人做了什麼，而不是思想上對神的思考，或信仰。從這個角度來看，皇帝——包括已死的和在世的——實際上享受到了和諸神一樣的待遇，接受崇拜的方式有時幾乎與神一樣。[13]

最近的學術觀點不認為帝王崇拜是一種自上而下的宣傳，也不認為是羅馬官員在無知的貧民中推廣這一觀點的結果。他們認為，帝王崇拜是各省市政官發起的一系列本地運動，目的是彰顯帝國的權力。另外，這種崇拜在羅馬帝國的城市中發生，而非城

市之外的郊野鄉村。很有可能不少人真的相信皇帝是神。

　　不管他們是不是真信，他們確實是像對待神一樣對待他們的皇帝。他們不僅為了皇帝的利益向諸神獻祭，也會向皇帝獻祭，讓皇帝享受和附身在他體內讓他成為神聖之人的神——賦予他才智能力的神，或者他的守護神——一樣的待遇。

　　強大的統治者被視作神的原因，前面已經討論過。他有能力做很多事，同時他也很懂得善用自己的能力，讓他統治下的人民因此獲益。我們發現，在整個羅馬世界，為統治者篆刻的銘文中，出現「恩澤」一詞時，大部分是為皇帝篆刻的銘文，但也並非全部如此。為西元前 2 世紀的敘利亞統治者安條克三世（AntiochusIII）撰寫的銘文，就是其中一個例子，銘文描繪的內容不屬於帝王崇拜，但是與之相關。

　　安條克解放了提斯城（Teas），幫那裡的人民擺脫了外國勢力的壓迫。做為回報，這座城市為安條克和他的妻子勞迪絲（laodice）塑造了供市民祭拜的雕像，通過正式的公開儀式向他們獻祭。

　　這兩座雕像矗立在這座城市的主神狄俄尼索斯像旁邊，也在狄俄尼索斯的神廟之內，神廟中還有讚頌安條克和勞迪絲的銘文：「讓這座城市和這裡的土地變得神聖……讓我們擺脫了納貢之苦……他們理應獲得所有人毫無保留的讚頌，與狄俄尼索斯共用神廟和祭品，他們會是我們這座城市的救星，會賜予我們恩惠。」[14] 亦即，政治層面的恩人被視作「宗教」英雄。

　　他們有雕像，在神廟中有一席之地，因為他們的榮譽而獲得獻祭。他們是真正意義上的「救世主」，也確實獲得了救世主般

的禮遇。

　　皇帝也是如此。我們發現，亞細亞行省決定每年為奧古斯都慶祝生日，一片銘文中給出的解釋是為了感謝他「對人類的恩惠」，以及「他是終結戰爭，建立起一切的救世主。」認為奧古斯都「超越了他之前的所有恩主，」因此「神的生日，標誌著他到來之後，盛世開始。」[15]

　　如果基督教讀者覺得這些言論似曾相識，也很正常。這個人——在這裡，指的是皇帝——是一位神，人們慶祝他的生日，是因為他的降生給世界帶來了「佳音」；他是人類最偉大的恩主，超越一切，他被視作「救世主」。於是，耶穌事實上並不是古代世界已知的唯一「救世主—神」。

・非統治者：玻萊格利努斯之死（A Nonruler：The Passing of Peregrinus）

　　在探索那些被認為「變成了神的人」這個問題上，我主要關注的是強大的統治者。但是其他的偉人也有這方面的能力。當然，我們中的許多人也相當強大、智慧，或賢德。另外一些人的強大、智慧，或賢德更加突出。還有一些人，他們擁有讓人難以置信的強大、智慧，或賢德。如果某人的強大、智慧，或賢德，已經高超到幾乎讓人無法相信，可能是因為這個人不屬於低階的生命形態，也就是並非和我們一樣的人類。這個人可能是一個「化身人形的神」。這一觀點，得到了希臘和羅馬世界的廣泛認可。

　　看一個社會內部孕育出了什麼樣的諷刺，是評價一個社會的

普遍信仰最有力的方法之一。 諷刺就是以標準的假設、態度和觀點取樂。 就諷刺作品而言，它必須要反對一些被廣泛接受的東西。 諷刺可以說是一件完美的，拆解其他文化中的信仰的工具。實際上，我們有不少出自羅馬世界的精彩諷刺作品。

生活在西元二世紀薩莫薩塔的路西恩（Lucian of Samosata）是古代最有趣的諷刺家之一，他是一位講希臘語的智者，所有的矯揉造作之人都討厭他，尤其是在哲學界和宗教界。

在路西恩的諸多存世之作中，有一本名為《玻萊格利努斯之死》的著作。 玻萊格利努斯自詡為犬儒哲學家。 在古代哲學界，一個犬儒者並不能簡單地歸類到玩世不恭之輩。 犬儒是一種哲學風格。 犬儒哲學家堅定地認為，你不應該為生活中的「好事」而活。 你不應該在乎自己擁有什麼，吃什麼，穿什麼。 對於所有外在的，超出你能力控制範圍的東西，你都不應該在乎。 如果你的房子著火了，這件事超出了你的能力控制範圍，那你就不應該為房子做任何投資。 如果你被辭退了，這也不是你能控制的，因此你就不應該為此投入。 假設你的配偶和你離婚，或者你的孩子意外離世，這些也不是你能控制的，因此你就不應該投入到家庭中去。 你能控制的是你對待生活中事物的態度。 所以這才是你內在的自我，你應該關注的是你的態度。

持有這種觀點的人，對擁有美好舒適的生活（因為美好舒適的生活是可能被剝奪的），別人對他們的回應（這是無法控制的），以及社會規矩（為什麼有人會在乎？）都不感興趣。 犬儒哲學家踐行的原則是，不要財產，不要人與人之間的愛，而且他們通常沒有禮貌。 他們沒有固定的住所，他們不在乎在公共場合

解決生理需求。所以才稱他們為犬儒者。犬儒（cynic）一詞源於希臘語中的「狗」。這些人像狗一樣活著。

很多非犬儒者非常敬重他們。有些人認為他們能成為出色的哲學家。有些希望被人視作出色哲學家的人變成了犬儒者。從某種層面上來講，這是很容易做到的。你只需要放棄一切，宣佈這樣的選擇乃是一種美德即可。

路西恩認為，整體來說犬儒就是一個騙局，只不過是吸引人注意的伎倆，背後沒有一絲嚴肅的內容。因此他常嘲弄犬儒者和他們的行為方式。他羞辱得最起勁的，是一個叫玻萊格利努斯的人。玻萊格利努斯在他生活的年代被認為是一個深刻、明達的人，人們甚至猜測他實際上可能是一位神，在路西恩看來，這正是玻萊格利努斯想要的。在《玻萊格利努斯之死》中，路西恩講述了這位著名的犬儒者背後的故事。路西恩用非常滑稽的方式講述了玻萊格利努斯的生活，但是引起我興趣的是圍繞他的死亡而發生的事件。玻萊格利努斯喜歡自我吹噓，是忘我和墮落的擁護者，從某種意義上來說，整部著作都在期待他的死亡。

據說，玻萊格利努斯自稱自己是神祇普羅透斯（Proteus）的化身。他想通過死亡證明自己作為神的價值。做為一個犬儒者，他聲稱，必須戒除今生全部的歡樂和愉悅，在路西恩看來，他不過是惺惺作態。他決定，通過自願經歷一場暴力而痛苦的死亡，來證明他的觀點，借此向世人展示他認為世人實際上應該如何生活。他計畫並宣佈：他會殺死自己。據路西恩記載，他確實這樣做了，而且是在聚在一起觀看這個事件的大批人群面前做的。

他宣佈了自己的意圖，大肆宣傳了一番（路西恩描述說，這

本身就是一種自我強化）之後，在計畫好的時間，大約是午夜，來到奧林匹克競技場（人群會在這裡聚集），玻萊格利努斯和其追隨者堆建了一個巨大的柴堆，然後點燃了它。據路西恩記載，玻萊格利努斯希望那些不忍見他肉身離開的人阻止他，但是到了該踐行諾言的時候，玻萊格利努斯發現他已經別無選擇，只能履行自己的諾言。於是，他只能讓自己置身熊熊烈火之中，結束生命。

路西恩聲稱自己親眼見證了這個事件，他認為整件事非常荒誕可笑。他說，在回去的路上，他遇到了一些正去往現場的人，這些人因為去晚了，無緣見證偉人展現他神一般的勇氣和對痛苦的適應力。路西恩告訴他們，他們錯過了慶典，但是像一個信徒一樣對他們描述了事發的經過：

那些愚蠢的人們焦急地想要傾聽我的描述，為了他們，我特意把情節描述的更複雜，我說當火堆被點燃時，普羅透斯縱身躍入其中，伴隨著地面的咆哮，先發生了一場大地震，然後從火焰中飛出一隻禿鷲，禿鷲邊朝天上飛，邊用人類的語言大聲說，「我已完成世間使命；現要去往奧林匹斯。」《玻萊格利努斯之死 39》（The Passing of Peregrinus）[16]

按照他的描述，作為一個有神性的人，玻萊格利努斯以一隻鳥的形態（不是莊重的老鷹，而是食腐的禿鷲）飛到了諸神的家園奧林匹斯山，生活在那裡。好笑的是，路西恩後來遇到另一個正在講述這個事件的人。那個人說，一切結束之後，他看到了按

理說已經死去的玻萊格利努斯，玻萊格利努斯穿著一件白袍，頭戴橄欖枝做的花環。 此外，那個人還說，在他與玻萊格利努斯相會之前，玻萊格利努斯赴火而死的時候，一隻禿鷲從火中躍出，飛上了天堂。 其實，那隻禿鷲根本是路西恩瞎編的！ 這些被編造出來的傳說，就這樣開始口口相傳，然後被世人當做福音真理不停傳頌。

路西恩以嘲諷的態度看待整個過程，他在記錄中描繪的當然不是玻萊格利努斯的神性，而是他絕對的，甚至低劣的人性：「可憐的普羅透斯就這麼死了，（簡單來說）他是一個從來不注重真理的人，所言所行全是為了一己的榮耀和眾人的讚美，甚至為此不惜跳入火中，那時候他肯定無法享受那些讚美，因為他根本聽不到。」（《玻萊格利努斯之死》42）

希臘和羅馬世界的神人

通過這些形形色色的例子，我們可以知道在古代世界，神祇可以被認為是人，人也可以被認為是神。 還是那句話，他們看待事物的方式，與現今大多數人，至少與那些站在西方宗教傳統立場的人（猶太教、基督教、穆斯林），對人和神之間關係的理解，完全不同。 正如我前面提到過的，在當今世界，人們普遍認為，神界和人界是截然分開的，兩界之間存在著無法跨越的巨大鴻溝。 神是一種存在，人類則是另外一種存在，二者永遠不可能合到一起。 好吧，不能說永遠，在基督傳說中，在一個名為耶穌的人身上，發生過一次人神合一的特例。 我們的問題是，對於這件事的發生，人們是怎麼理解的？

從根本上來講，理念就是對世界不同的感悟。其中一個理念認為，神的世界與人的世界並非完全隔絕，只是隔得比較遙遠。

在古人的思維方式中，人和神是縱向的連續統一體，他們有時在一頭一尾會相合。對比之下，現代人認為，至少在西方世界，神在所有層面都是在人類之上的，而且高出無限等級。神是一種與人類完全不同的存在。人和神之間不存在連續的部分。首先，沒有其他神可以做為過渡。神只有一個，祂無限超越我們的想像，並非只是在各個方面強於我們。確實，有些人比另一些人更像神，在某些傳統信仰中，似乎存在與神有交集的人（例如，羅馬天主教中的聖人）。即便如此，歸根結柢，相較於人和其他一切，神還是一種完全不同的存在。神在不同的層面，獨自存在。

但是大部分古代人並不這樣認為。除了猶太教——我會在下一章討論——古代世界的所有人都是多神論者，認為世界上有很多神，諸神的神性有等級之分。我們可以根據古人談論神祇的方式，得出這個結論。在米蒂利尼城（Mytilene）發現的碑文中，將皇帝尊奉為神。其中提到，那些人「獲得了天堂的榮耀，擁有神的尊貴和能力。」[17]但是後面又接著寫道，神皇的神聖地位始終可以繼續提升：「如果之後建立了比之前更榮耀的功績，這座城市人民的熱情和虔誠會將其進一步神化。」

最後這句話是最重要的：「將其進一步神化。」他們怎麼能將一位已經是神的人進一步神化呢？如果成為神意味著身處固定不變的神級，就不可能「進一步神化」。但是，如果成為神意味著處於神界連續統一體中的一個位置，比如在相對較低的位置，

那麼「進一步神化」就有可能發生。不但如此，人也可以向上提升。而人是如何向上提升的呢？碑文中清楚地寫道：皇帝被視作神，首先是因為他為米蒂利尼城居民所做的貢獻，他為人民提供的「恩惠」。如果他一路走來，向人民施與更多恩澤，那他就會變得更具神性。

古代人民將他們的皇帝——或者其他人——想像成神時，並不是將皇帝等同於奧林匹斯山上的宙斯或其他神祇，而是將他想像成一個神級比奧林匹斯山諸神低很多的神。

神級金字塔

如果不用連續的統一體來描述，也許我們將神界想像成一座象徵權力、地位和神聖等級的金字塔，更容易理解古人的觀念。[18]古時候有些人——例如，那些較具哲學思想的人——認為在神界的最巔峰，有一位終極之神，這位神超越一切，他擁有無限強大，或者說接近無限強大的能力，有時人們會將其視作萬物之源。這位神——無論是宙斯、朱庇特，還是其他未知的神——站在我們想像中的神級金字塔的最頂端。

在這位神之下，下一級是從古代流傳下來的故事和傳說中的偉大諸神，例如，遠古神話和荷馬史詩《伊里亞特》、《奧德賽》中描繪的奧林匹斯山十二神祇，其中包括：宙斯、赫拉、阿波羅、雅典娜、墨丘利，等等。這些神的強大遠超我們的想像。世間流傳著很多和他們相關的有趣神話故事，很多人認為這些神話只是故事，並不是對真實發生過的事件之歷史性描述。哲學家們試圖去除這些神話中的「神話色彩」，也就是將顯而易見的文

學特徵與平實的文字描述剝離開，發掘世界和現實更深層次的真相。

　　不管怎樣，人類將這些神當做宇宙中最強大的存在那般崇拜。很多神被一座座城鎮認作保護神。有些神得到整個國家的認可和崇拜，並非盲目，而是有明確且強烈的理由。他們希望，無論在戰爭還是和平時期，偉大的神都能關照這個國家。

　　但是奧林匹斯十二神祇並非唯一具有神性的存在。在金字塔下層，有許多其他的神。每座城鎮都有自己的本土神，負責保護、捍衛、幫助這一方土地。你能想到的任何領域，都有專職的神：戰爭之神、愛神、天氣之神、健康之神、生育之神——可以一直列舉下去。每個地點也有各自的神：森林之神、草地之神、山神、河神。世界上到處都是神。

　　所以說，古人——猶太人除外——只崇拜一位神才是不合理的。為什麼只崇拜一位神？世界上有那麼多神，所有的神都值得崇拜。如果你決定開始崇拜一位新神——比如，由於你搬到了一個新的村莊，想要對本地的神表達自己的敬意——仍無需停止崇拜其他的神。如果你打算向阿波羅獻祭，自也無需停止向雅典娜、宙斯或赫拉獻祭。這是一個多神的世界，同時也是一個宗教寬容度極高的世界。

　　在這些神級之下，還有其他層級。有一個被稱為「精靈、神靈（daimones）」的族群。有時這個詞會被翻譯成「demons」，如今我們給這個詞賦予了一個錯誤的含義。有些精靈確實本性惡毒，但是並非全部如此；他們不是墮落天使或者邪靈，他們不會控制人類讓他們做傷人的事，比如控制一個人的身體，不顧受到

傷害，讓他自己拋來拋去，或者讓頭轉 360 度，再或者強烈嘔吐
（電影《驅魔人》The Exorcist 中描繪的場景）。

　　在古代，精靈只是一種低等級的神，能力遠不及本土神祇，
更別提能力強大的諸神了。他們是一種能力比人類強大的精靈族
群。在能力上，他們與人類較為接近，與遙遠的偉大天神相比，
他們與人類之間的關係更密切，經常會在生活中幫助人類，就像
希臘哲學家蘇格拉底聲稱的那位指導他行事的著名精靈一樣。如
果精靈不高興，他們也會作惡。因此給他們以應有的尊敬和崇
拜，讓他們保持心情愉悅，是很重要的事。

　　在神級金字塔中還有更低的等級，這個等級已經接近，或
者說就處於金字塔底部，上述那些擁有神性的人類就處在這個等
級。「金字塔」只是個比喻，因為我們不能認為擁有神性的人在
數量上多於其他層級的神。實際上，那些在某種程度上確實擁有
神性的強大、智慧、漂亮的人，相對來說較為稀少。但是偶爾還
是會出現。偉大的將軍、國王、皇帝、智者、絕世的美人——他
們比人類更具神性。可以說他們是超人，也可以說他們是神。
可能他們的父親是一位神祇，也可能是一位神暫時化作人形。他
們可能因為自身的德行、能力或身體特徵，被神界接納。總之，
他們和其他低級的人類不同，亦即和我們不同。

　　我前面提到過，我們也在連續的統一體中。我們中的一部分
非常低下——例如，薩莫薩塔的路西恩被認為是世間人渣。另外
一部分人類在各個方面能力相對平均。還有一部分人認為我們和
我們整個家族高於平均水準。我們中的部分人認識到，有些人較
為優秀。而古人看來，有些人如此優秀，以至於他們已經開始邁

入神界。

耶穌和神界

在基督教出現之前，人們對神界的看法一直沒發生過大的改變。很難說清楚變化是什麼時候發生的，但是變化確實發生了。基督紀元四世紀的時候——耶穌生存的年代之後 300 多年，帝國正在從異教時代過度到基督教時代——羅馬世界很多偉大的思想家開始相信，在神界和人界之間存在巨大的鴻溝。神在「上面」，是全能的。祂是唯一的神。那裡沒有其他的神，因此也就沒有神的連續統一體之說。神之下是我們，低下的罪人；神是至高無上的萬物之主，高高在上。

人們認為耶穌終究不屬於在塵世的人類，而是在天上與神同在。人們認為耶穌本身也是真神 God，G 大寫。但是如果神就是上帝，那耶穌怎麼會是神？不是說沒有多神，甚至沒有兩位神，只有唯一的真神嗎？耶穌是神，上帝是神，然而又只有一位神，這怎麼說得通？這個問題，可以說是推動這本書向前發展的部分驅動力。迫在眉睫的問題是：這個觀念一開始是怎樣形成的。無論從哪個層面講，耶穌怎麼會從一個人變成了神？

我特意強調了「無論從哪個層面」。人們常犯的錯誤之一是，當大家思考耶穌是神這個問題時，會採納一個在基督紀元四世紀廣泛流傳的觀點——也就是在人界和神界之間存在巨大的鴻溝——人們會假定在基督運動早期，這個觀點就已經存在。不只是外行人會犯這樣的錯誤，很大一部分專業的神學家也會犯這樣的錯誤。不只是神學家，各領域的學者——包括聖經學者（或許

應該說，尤其是聖經學者），以及研究早期基督史的歷史學家，也會犯這樣的錯誤。

當一個人腦子裡想著這個錯誤的觀點，然後問出「耶穌是怎樣成為神的？」這個問題，他們的意思是，耶穌是怎樣從一個純粹人的世界——在人界，擁有各種程度的天賦、能力、美貌和德行的人數不勝數——進入神的世界的？神是無所不能的唯一造物主，是萬物之主，那麼耶穌怎麼會變成神？[19]

這其實是個非常有趣的問題——因為這件事確實發生了。在四世紀的時候，耶穌成為神已經是主流觀點。但是在此之前，人們亦已經將他視作神，而那個時候人們對人界和神界關係的理解，與四世紀的觀點並不相同。我們探討最早期基督教時，提問「基督徒認為耶穌是神嗎？」時，應該稍稍改動一下，改成「在什麼意義上，基督徒會認為耶穌是神？」假設神界是連續的，而不是孤絕的，是一個逐級而上的金字塔，而不是一個單一的點，我們從這個意義上，才能開始探討耶穌是神這個問題。

一開始，在任何意義上，沒人認為耶穌是神；然後，他終於在某個意義上成為追隨者心目中的神；再到後來，他才被認為在所有意義上等同於全能的神。這個事實會在後面的章節變得清晰起來。我要強調的是，實際上這是一個發展的過程。

對《新約聖經》和早期基督教的現代學術研究，在過去的兩個世紀，持續有新的發現。其中一個發現是：耶穌的追隨者，在他生前，認為他徹頭徹尾是一個人，而不是神。在人們眼中，耶穌是一位導師，是一位拉比，甚至是一位先知。有些人認為他是彌賽亞（卻也只是人）。他像所有人一樣出生，來到世間，之

後也「像」其他人一樣生活。 他生長於拿撒勒（Nazareth），年少時並沒有什麼特別之處。 成年之後——也可能兒時就已經開始——他成為一位信徒，和他所處時代的其他猶太人一樣，他相信在他活著的時候，一個時代即將結束，上帝很快會介入塵世，推翻邪惡的力量，為俗世帶來一個好的王國。 耶穌受到感召，要向世人宣告末世即將來臨，他在傳道的時候一直在做這件事。

最終，在去往耶路撒冷的途中，耶穌觸怒了統治當局，當局將其逮捕，並加以審判。 他被帶到猶太行省總督本丟‧彼拉多（Pontius Pilate）面前，經過短暫的審判，被判以政治叛亂罪：罪名是他聲稱自己是猶太人之王，然而，只有控制巴勒斯坦和地中海其餘部分的羅馬領主可以任命國王。 於是，作為影響政治的麻煩製造者，他被判處死刑，以一種侮辱式的行刑方式，被釘死在十字架上。

但是，事實上他的故事並沒有因此結束。 因此我們還要回到那個驅動我們研究的問題上： 一個來自閉塞鄉村加利利的末世預言家，怎麼會因為叛國罪被釘死在十字架上，後來又怎麼被認為等同於唯一的全能之神，也就是造物主的呢？ 耶穌——在他後來的追隨者的心目中——到底是怎麼成為神的？

顯然，我們應該從耶穌的生涯和他對眾人的教誨中，尋找問題的答案。 但是首先，我們應該考慮的是一世紀猶太教的宗教和文化背景，他生活在那樣的背景之下，他的宣教也是在那樣的背景之下發表的。 我們會發現，雖然猶太人與周圍世界的異教徒不同，認為只有一位神可以接受世人的崇拜和侍奉，但是在對神界與我們居住的人類世界之間關係的理解上，猶太人和當時世界的

大部分人一樣，沒有什麼區別。猶太人同樣相信，神會變成人，人也會變成神。

注釋

1. 那些閱讀過其他作品的人會記得這個故事，我之前講過。詳見我撰寫的教材《新約聖經：早期基督教著作的歷史入門》第五版，（紐約：牛津大學出版社，2012）32-34。
2. F.C.康尼貝爾（F. C.Conybeare）譯，《斐洛斯特拉圖斯：阿波羅尼奧斯生平紀事》，勒布古典圖書館(麻塞諸塞州，劍橋：哈佛大學出版社，1950)，第二卷。
3. 由於斐洛斯特拉圖斯的寫作時間晚於福音書，許多評論家指出，他完全有可能受到福音書對耶穌的描繪的影響，因此，他在描繪阿波羅尼奧斯時，編造出了與福音故事中類似的情節。事實可能確實如此，但我的觀點是，這樣一來他的異教讀者可以毫不費力地接受阿波羅尼奧斯是擁有神格的人這一說法，認為他和其他已經廣為人知的這類人一樣。
4. A. D. 梅爾維爾（A. D. Melville），譯《奧維德：變形記》（牛津：牛津大學出版社，1986）。所有引用均出自第八卷，190-93。
5. 我的朋友邁克爾・佩恩（Michael Penn），曼荷蓮學院宗教學教授，告訴我，確實有來自不同父親的雙胞胎的案例——一種被稱為異父超級受精的現象——但是女人的兩個卵子需要在相對較短的間隔內相互受精。安菲特律翁離家去戰場已經幾個月了。
6. 根據希臘哲學家傳記作家第歐根尼・拉爾修（Diogenes Laertius）的說法，柏拉圖有時被認為是阿波羅神的兒子（《賢哲列傳》3.1-2，45）。
7. B. O.福斯特（B. O. Foster）譯，《李維：羅馬史學》I-II冊，勒布古典圖書館(麻塞諸塞州，劍橋：哈佛大學出版社，1919)。
8. 關於蘇維托尼烏斯，我用的是凱薩琳・愛德華茲（catharineedwards）的譯本，《蘇維托尼烏斯：撒的生活》（牛津：牛津大學出版社，2000）。
9. 有關這段描述的資訊，詳見約翰・柯林斯（John Collins）在他和阿德拉・亞布羅・科林斯（Adela Yarbro Collins）共同撰寫的《聖經及相關文獻》（急流城，密西根州：埃爾德曼斯，2008），53。
10. 關於帝王崇拜有很多有價值的研究。其中已經成為現代學術界的經典，S. R. F.普萊斯（S. R. F. Price），《儀式和權力：小亞細亞的帝王崇拜》（亞特蘭大：聖經文學協會，2011）。在於早期基督論有關的帝王崇拜研究中，以下兩部特別值得注意：史蒂文・J・弗里森（Steven J. Friesen）撰寫的《帝王崇拜和約翰的末日啟示：在廢墟中閱讀啟示》（紐約：牛津大學出版社，2001），以及出版時間稍晚一些，邁克爾・佩帕德（Michael Peppard）撰寫的《羅馬世界的神之子：當時社會和政治背景下的神的兒子》（紐約：牛津大學出版社，2011）。
11. H. E.巴特勒（H. E. Butler）譯，《昆體良的雄辯術原理》，勒布古典圖書館(麻塞諸塞州，劍橋：哈佛大學出版社，1920)。
12. 關於這一觀點的更多資訊，請參見莉莉・羅斯・泰勒（Lily Ross Taylor）的經

典研究之作，《羅馬皇帝的神性》(康涅狄格州，米德爾頓：美國語言學協會，1931)。

13. 章節附註10中的書中有詳細討論。
14. 出自普萊斯的《儀式和權力》31。
15. 出自普萊斯的《儀式和權力》54。
16. A. M. 哈蒙（A. M. Harmon）譯，《路西恩》V，勒布古典圖書館(麻塞諸塞州，劍橋：哈佛大學出版社，1936)。
17. 出自普萊斯的《儀式和權力》55。
18. 關於神級金字塔的想法，見拉姆齊‧麥克馬倫（Ramsay MacMullen）撰寫的《羅馬帝國中的異教徒》(康涅狄格州，紐黑文：耶魯大學出版社，1983)。
19. 關於這一觀點的討論，以及為什麼放在古代背景下，這樣假設是錯誤，參見佩帕德的《羅馬世界的神之子》，9–49。

第二章
古代猶太教的神人

　　我初次擔任教職是上世紀 80 年代，羅格斯大學（Rutgers University）給我提供了一個助理教授的工作。 由於兼職助理教授掙不了多少錢，為了達到收支平衡，我還做了其他工作，普林斯頓高等研究所是我任職過的機構之一。 我當時參與的，是普林斯頓關於古代題銘研究項目下屬的一個長期項目。

　　專案任務包括，收集古地中海地區主要城市的所有希臘語碑文，進行編目，並錄入電腦資料庫。 專案成果最終成功出版，每個城市單獨成卷。 我是專案主管手下的新手研究員，那位主管不像我，是個訓練有素的古典文化研究者，閱讀碑文就和讀報紙一樣輕鬆。 我的工作是輸入和編輯碑文。 我負責的其中一個地點是，位於土耳其西海岸的古代城市普里埃內（Priene）。 在此之前，我從來沒聽說過普里埃內，我卻收集、編目了在座城市發現的所有碑文，並很快出版了。

　　時間來到 2009 年，我的生活和那時已經完全不同。 做為北卡萊羅納大學的終身教授，我有能力四處遠行。 我也確實這麼做了。 那個夏天，我決定和我的好友耶魯大學的新約教授戴爾‧

馬丁（Dale Martin）一起周遊土耳其，去各個考古遺址看看。我們花了兩周時間，出門前只做了少許計畫，基本上是想去哪就去哪。旅行體驗非常的棒。

古普里埃內廢墟遺址之旅是其中最精彩的一段行程。那是一個令人驚歎的地方，坐落於美景如畫的山間。多年來，德國考古學家一直在對那裡進行挖掘，但是大部分遺址還是一片廢墟的樣子。這裡有廟宇、房屋、商店、街道的遺跡。還有一個能容納五千人的劇場，以及一個引入注意的古希臘議事廳——相當於議院，管理地方事務的一會成員聚在那裡開會——建築的方形結構和三個方向的座椅還在。

當天下午，我正盯著其中一塊碑文看，猛然間意識到一件事。突然闖進我大腦裡的，並不是什麼奇特的新想法，學者們已經討論過很多年，只不過在此之前，這個觀點從來沒有如此深刻地打動過我。我當時不得不坐下，苦苦思索了 15 分鐘，然後才起身離開。

那時，我已經完成了這本書的部分初稿，當時的計畫是把《耶穌怎麼變成了神》寫成一本純粹的基督教發展史，記錄耶穌的追隨者相信他死而復生之後的發展（後面的章節會做出詳細解釋），也就是根據基督教義推導出結論。但是，我從來沒想過把基督教的發展，與基督教之外的歷史背景聯繫起來，直到我讀完躺在普里埃內神廟外面那塊石碑上的文字。碑文中，提到了神（凱撒）奧古斯都。

一個想法突然擊中我的大腦：基督教興起，耶穌受到高度讚頌的時候，也正是帝王崇拜開始走向巔峰，羅馬皇帝受到高度崇

拜的時候。 從時間點上來講，基督徒稱耶穌為神，緊跟在羅馬人民稱他們的皇帝為神之後。 這只是歷史上的巧合嗎？怎麼會是巧合呢？ 這並非兩件平行發展的無關事件。 耶穌崇拜和帝王崇拜是競爭關係。 誰才是真正的神人？是皇帝還是耶穌？

我意識到，那時候基督徒並非憑空將耶穌抬升到了神的高度。 他們受到了當時所處環境的影響。 我前面提到過，我知道其他人之前有過這樣的想法。 但是對於我來說，這個想法確實是在我看到碑文的那一刻，才像一道閃電一樣擊中我的大腦，讓我開始往這個方向思考。

於是我決定重新構思這本書。 但是，此時一個同樣顯而易見的問題也擺在了我面前。 第一批開始談論耶穌是神的基督徒，並不是來自普里埃內的異教徒。 他們是巴勒斯坦的猶太教徒。 當然，這些猶太教徒也知道帝王崇拜。 實際上，在一世紀的時候，巴勒斯坦地區很多希臘城市也存在帝王崇拜。 但是，耶穌的第一批追隨者並不屬於希臘文化覆蓋的族群。 他們是來自加利利鄉下的猶太人。 後來，基督教徒中非猶太人比例更高，於是外族人成了基督教中的大多數，因此強調耶穌是神（而非皇帝是神）是說得通的。 但是，一開始是什麼情況呢？

於是，我開始研究猶太教中具有神格的人。 這裡馬上會出現一個問題： 和周圍的非猶太教鄰居們不同，猶太教是一神教。 他們只相信唯一的上帝。 如果是這樣，他們怎麼能在宣稱耶穌是神的同時，仍然堅稱世上只有一位神呢？如果猶太教的神是神，耶穌也是神，那不是有兩位神了嗎？此時我意識到，我應該做些深入的研究，把這件事弄明白。

古代世界的猶太教

　　第一步，我們當然應該先把古代，具體來說應該是耶穌所處時代，猶太教的基本教義列示出來。既然我感興趣的問題是，「相信耶穌是神」這一信念是如何廣泛植入猶太人思維中的，那麼，我要關注的重點就是，那時候的猶太人「相信」什麼。我要強調的是，猶太教的重點並非只流於教義的層面。對於大多數猶太人來說，猶太教不只是一系列的信念，而是一系列的實踐，或更甚，身為猶太教徒，要遵循特定的生活方式。這就意味著，必須參與諸如祭祀、祈禱、聽經之類的特定「宗教」活動。同時意味著特定的生活方式，比如在飲食方面遵守戒律，在安息日祝禱。猶太人必須要參與一些儀式，比如猶太男嬰必須經受割禮，所有猶太人必須慶祝猶太節日。猶太人必須遵守特定的道德規範，諸如《十誡》中提到的戒律。

　　古代猶太人就是這樣生活的，甚至還有更多我們沒有提到的嚴格規範。但是，為了不偏離本章主題，我會把關注點主要放在那時候的猶太人對神和神界的想法上，只有理解他們在這個問題上的想法，我們才能弄清耶穌這樣的人怎麼會被當做神。

　　「猶太人的想法」這個表達本身就存在很大問題，因為不同的猶太人，想法當然各不相同。就像你問現在的基督徒是什麼想法一樣。有的人可能會說：基督徒相信基督既是完全的神，同時也是完全的人。這麼說當然沒錯——但是如果繼續深入思考，有些基督徒認為他只有在現身時是神和人，還有些基督徒認為他是一個非同凡響的宗教人士，但並不是真的神。

　　你可以任選一條基督教義，詢問基督徒對教義的理解。你會發現，許多人都確定自己是基督徒，但是他們對一些事情的看法與其他基督徒完全不同。就像當今一些聖公會教徒說的那樣：把四個人放到房間裡，你能得到五種意見。古代猶太人也是如此。

散佈廣泛的猶太教信條

　　我可以簡單闡述一下，耶穌時代的大部分猶太教徒相信什麼。我知道，這三言兩語的後面，應該有很多附加說明。（如果全部表達清楚，可能單單這個話題就能總結出一本很厚的書。）[1] 總的來說，猶太人都是一神論者。他們知道異教徒信仰很多神，但是對於他們來說，只有一位神。那唯一的神，就是他們的上帝耶和華，以色列的神。這位神創造了這個世界和世上的一切。此外，他還向以色列先民許諾，他們的萬千子孫會組成以色列國。他稱以色列人為他的子民，與他們立下契約——一種條約，或者和平協議。如果以色列人甘當他的子民，他就是以色列人的神。要成為他的子民，意味著要遵循他提出的法條——摩西律法，現在可以在《希伯來聖經》的前五部經書中找到這些法條。這五部經書分別是《創世紀》、《出埃及記》、《利未記》、《民數記》、《申命記》合起來被稱作《妥拉》（Torah 希伯來文中的「律法」一詞）。

　　就像《出埃及記》中描述的那樣，先知摩西幫助以色列人擺脫了埃及的奴役，在那之後，上帝向先知摩西授予了這部律法。這部律法包括指導人們如何敬拜上帝（比如，通過祭祀），如何做一個有別於其他群體的社會族群（例如，通過遵循猶太人的食

物戒律），以及作為一個共同體大家該如何生活共處（例如，通過《十誡》中的倫理禁令）。 猶太律法的核心是，只能敬拜唯一的以色列上帝。《十誡》的開頭寫道：「我是耶和華，你的神，曾將你從埃及地為奴之家領了出來。除了我以外，你不可有別的神」（《出埃及記》20:2-3）。

　　在耶穌生活的年代，大部分（並非所有）猶太人認為，有其他一些古籍和《妥拉》一樣，也是神聖的。 那些是先知（比如：阿摩司 Amos、以賽亞 Isaiah，以及耶利米 Jeremiah）的著作，描繪的是古代以色列的歷史，以及向正經歷苦難、身處困境的人宣告上帝的話語。《詩篇》和《箴言》之類的其他著作，也被賦予了神聖的權威。 其中一部分著作重述了《妥拉》中的教義，將這些法條放到新的環境下加以闡釋。 例如《以賽亞書》強調的是其中的一神論主張：「我是耶和華，在我以外並沒有別神；除了我以外再沒有神。」（《以賽亞書》45:5）。 在同一章節後面的內容中，我們會看到：

　　地極的人都當仰望我，就必得救！ 因為我是神，再沒有別神。我指著自己起誓，我口所出的話是憑公義，並不反回：「萬膝必向我跪拜，萬口必憑我起誓。」（《以賽亞書》45:22-23）

　　在這裡，以賽亞表達了一個觀點，後來這個觀點在猶太歷史中變得十分重要。 不只是這裡提出的神是唯一的神，而是最終每個人都會意識到這一點。 未來，地球上的所有人，都會只在祂面前躬身敬拜，承認祂的名號。

猶太教中存在神性的層次差異嗎？

猶太教經書強調的都是一神論，怎麼能想像猶太人的認知中存在類似於神級金字塔的概念呢？在異教徒的認知體系中，不僅可以想像神祇暫時變成人類，也可以想像人類在某種情況下會神化。但是，如果只有一位神，怎麼可能發生這樣的事？

在這一章，我要指出，實際上這是可能的，而且猶太人同樣認為世上存在具有神格的人。

在開始討論這一切具體是如何發生的之前，我要指出有關猶太一神論的兩個主要觀點。首先，並非所有古代以色列人都相信一神論——也就是世間只有一位神這個觀點。第一節引用的《妥拉》經文，《十誡》的開篇，可以佐證這一觀點。請注意戒律的措辭。經文中並不是這樣表達的：「你們應該相信只有一位神。You shall believe that there is only one God.」而是說：「除了我以外再沒有別的神（你不能將別的神排在我前面）。You shall have no other gods before me.」這條戒律恰恰表明，在此之前還有其他的神。但是那些神的地位都在以色列的神後面，誰也無法取代祂。進一步理解，這條戒律還意味著，其他的神不能與以色列的神一起，甚至不能在祂後面接受崇拜。這並不意味著，其他的神不存在。他們只是不能受到崇拜而已。

學者稱這種觀點為「單一主神論 henotheism」，與我們之前一直提到的「一神論 monotheism」不完全相同。一神論的觀點是：事實上只有一位神。單一主神論的觀點是：有其他的神，但是受眾人崇拜的只有一位神。《十誡》和大部分《希伯來聖經》

表達的都是單一主神論。《以賽亞書》堅稱「我是耶和華，在我以外並沒有別神」所表達的一神論觀點，代表的其實是《希伯來聖經中》中的少數派。

在耶穌生活的時代，很多，也許應該說大部分猶太人已經轉投一神論的陣營。但是，這一理論能否認神界還存在其他的神祇嗎？事實證明——這就是我要指出的第二個主要觀點——一神論並沒有否認神界存在其他神祇。猶太人（通常）不會稱其他具有神性的超人為「神」。但是，在他們的認知中確實存在具有神格的超人。換句話說，有一類生靈不生活在地球塵世間，他們生活在上面的天堂神界，他們和神類似，擁有超人的能力，即便他們與最高位的神並不平等。

例如，在《希伯來聖經》中，有天使，例如智天使，還有熾天使——他們侍奉神，崇拜神，執行神的意志（可以在《以賽亞書》6:1-6 中看到這樣的描述）。他們是擁有強大能力的生靈，級別遠高於人類。他們是低等級的神祇。

到《新約聖經》時期，我們發現，猶太作家提到這些生靈時，指的是王公、統治者、有權勢的人，以及當權者——神界的無名之輩，在俗世其實很活躍（例如：《以弗所書》6:12；《哥林多前書》1:16）。這些神靈有等級之分，能力也有高低之分。有些生靈的能力比其他生靈強大得多。猶太教經文中提到了大天使米迦勒（Michael）、加百列（Gabriel）、拉斐爾（Raphael）。他們擁有神聖的能力，雖然等級在神之下，卻遠高於人類。

重點是：即便在猶太教義中，也將神靈和神力理解為連續的統一體，在許多方面，與異教徒的認知相同。即便是嚴格的一

神論作家也不否認這一點。他們相信只有一位至高無上的全能之神，就像一些異教哲學家認為的那樣，在「神級金字塔」的頂端，在所有神之上，只有一位終極真神。一些，或者說大多數猶太人認為，只有一位至上之神應該受到崇拜。但是其他猶太人認為，諸如大天使這類神靈，也可以受到崇拜。這就像，一個人躬身跪拜並服從於一位偉大的王，是正確的作為，他們認為，躬身跪拜一位更偉大的聖靈——天使，並表示服從，也是正確的。

我們知道，不少猶太人認為崇拜天使是正確的，因為有很多保留下來的經文強調，不應該這麼做。[2] 法律不可能禁止從未發生過的行為。如果從來沒人亂穿馬路或者超速行駛，人們就不會制定法律禁止這兩種行為。古代的寫作者們強調，嚴格來說天使不應該受到崇拜，這正是因為當時出現過崇拜天使的現象。那些崇拜天使的人可能認為，這種行為並沒有違背《十誡》；神是所有神性的本源。但是也存在低等級的神祇。即便是一神論的猶太教也認可這一觀點。

在此前提下，我要把關心的重點轉移到：猶太教中，那些化身為人的神祇，以及那些神化的人。我提到過，在異教徒的世界，人神化的方式大致可以分為三類。在猶太教中，我們也發現，同樣有暫時化身為人的神祇，有神祇和凡人結合孕育出的半人半神，還存在經過神化，躍升為神的人。

短暫化身為人的神祇

古代猶太人普遍認為天使是擁有超人能力的神之信使，在世間執行神的意志。令人驚訝的是，各種天使有時會以人的形態現身俗世。不僅如此，在一些古代猶太經文中，提到了一個被定義為「神的天使」的人物，被認為是天使長。這個人物的地位到底有多崇高？在一些篇章中，他被認定為神本身。有時他會以人的形態現身。在這個問題上，猶太人的觀點與異教觀點相似，即，神可以假扮成人造訪俗世。

天主的使者，神的身分以及人的身分

在《創世紀》16 中可以找到一個比較早的例子。經文中是這樣描述的：神向亞伯拉罕（Abraham）許諾，他會有很多後代，他會成為以色列的國父。但是亞伯拉罕沒有子嗣。他的妻子撒拉（Sarah）將自己的女僕夏甲（Hagar）送給丈夫，讓丈夫與她生育子女。亞伯拉罕願意接受，但是撒拉開始嫉妒夏甲，並虐待她。夏甲因此出逃。

「天主的使者」在荒野中找到夏甲，與她交談（《創世紀》16:7）。使者讓她回到女主人身邊，告訴她的女主人，她，夏甲會誕下一個男孩，這男孩會成為（另）一位偉人的先祖。之前提及這位來自天堂的訪客時，說的都是天主的使者，但是在這之後，文中再提及他時，說實際上與她交談的是「天主 the LORD」本尊（16:13）。與此同時，夏甲意識到當時和她交談的是天主，夏甲表示她無比驚訝，她「見到了神，並且見過神之後，自己還活著」（16:13）。這裡的描述含糊不清，存在歧義：

可能是神化作人的形態現身，是天使；也可能是天主的使者（神的使者，天使）就是上帝自己，也就是上帝自己化作人的形態現身。

　　類似的歧義也會在後面的兩個章節，談及亞伯拉罕時出現。《創世紀》18:1 中寫道：「天主在幔利橡樹那裡向亞伯拉罕顯現。」但是後面描述這個場景的時候，我們發現他面前出現的是「三個人」（18:1）。 亞伯拉罕熱情款待了他們，給他們準備了豐盛的食物，他們三個享受了那些食物。 在之後他們和亞伯拉罕的交談中，確認了其中一個「人」確實是「天主 the LORD」（18:13）。 在故事的結尾，我們得知，另外兩位的身分是「天使」（19:1）。 也就是說，在這個故事中，有兩位天神和主神一起化作人的形態，他們三位一起在亞伯拉罕面前現身，他們都享用了亞伯拉罕準備的食物。

　　引發這類歧義的，最著名的例子，出自「摩西和燃燒的灌木」（《出埃及記》3:1–22）。 以下是故事發生的背景：希伯來人之子摩西，被埃及法老的女兒養大。 但是，因為他殺死了一個埃及人，被法老通緝，必須離開埃及。 他逃亡至米甸（Midian），在那裡結婚，成了一位牧羊人，為他的岳父牧養羊群。 有一天，摩西在牧羊的途中看到一幅奇景。 根據記載，他驅趕羊群行至何烈山（Mount Horeb，也就是西奈山 Mount Sinai，後來，出埃及之後，上帝在那裡親授「十誡」予摩西），「天主的使者從荊棘裡火焰中向摩西顯現」（出埃及記 3:2）。 摩西萬分驚訝，因為荊棘雖然燃起火焰，但是並沒有被火燒毀。 儘管文中描繪的事實是，上帝的使者在摩西面前現身，但是看見摩西來到荊棘跟前的是

「上帝」本尊，而且是「上帝」召喚他離開荊棘叢。

　　實際上，天主的使者對摩西說：「我是你父親的神，是亞伯拉罕的神，以撒的神，雅各的神」（《出埃及記》3:6）。故事繼續，上帝繼續與摩西對話。但是哪種情況在他面前現身的是天主的使者？《哈珀·柯林斯聖經研究》中的一個注解提供了有價值的信息：「雖然第二節出現的是一位天使，實際上神和他的代理人之間不存在實質的差異。」[3]《新約》學者查理斯·吉申（Charles Gieschen）表達過這樣的觀點，他說，「上帝的使者」「在現身時，或許無法與上帝區分」；或許是一個被賦予上帝的權威，與上帝完全不同的形象。[4]

為神、為人的其他天使

　　在《聖經》和其他猶太經典中，可以找到很多把天使描繪成神的例子，同時也能找到很多把天使描繪成人類的例子。其中最有趣的一段描述是《詩篇》82。這篇文詞優美的祈求，告知我們應該為弱者和窮苦之人伸張正義，第一節寫的是：「上帝站在有權力者的會中，在諸神中行審判。」根據這段描述，有一個由眾神組成的議會圍繞在全能之神周圍。他們與天使類似，上帝會與他們諮商問題，就像《聖經》中描述的那樣——最著名的場景是《約伯記》1，撒旦也被描繪成了其中一員。[5]在《約伯書》中，由這些類似天使的神靈組成神的議會，他們被稱為「上帝的兒子們」。在《詩篇》82中，他們則被稱為「至高之神的孩子們」。不僅如此，他們還被稱為「易羅欣 Elohim」（82:6）——在希伯來語中，這就是「神 God」（它本身就是一個複數詞；不表示上帝

God 時，通常被翻譯成「眾神 gods」）的意思。 這些類似於天使
的存在，即是「眾神」。 上帝賜予他們終極的懲罰： 他將他們變
成人，因此他們會死亡，會消失（82:7）。

　　這些類似於天使的存在，神的孩子們，可以被稱為眾神。 在
各種文本中，我們都能找到有關他們變成人的描述。 這裡我要舉
幾個《聖經》之外的例子。 在一本可能要追溯至基督紀元一世紀
的猶太經典《約瑟的祈禱》（Prayer of Joseph）中，我們發現猶太
人的祖先雅各以第一人稱述說，言語中表明實際上他是一位神的
使者，也就是天使：「我，正在與你交談的雅各，我是以色列，
是神的使者……我是神給予生命的眾生中，第一個出生的。」[6]
「神的使者，烏列（Uriel），站出來說： 我，雅各，下到世間，
住到人們居住的帳篷裡，我被稱為雅各。」他還被稱為「由神賜
予力量的天使長」，且說他是神的兒子們的「領頭人」。 這裡再
次出現了這樣的描述： 天使長以人的形態降臨塵世——他在這裡
化作猶太人的祖先雅各，《創世紀》中有過相關描述。

　　第二個例子，我是在同一時期的另一本猶太經典《亞伯拉罕
啟示錄》（Apocalypse of Abraham）中找到的。 這本著作描繪的
內容，據說是猶太民族之父亞伯拉罕的經歷。 書中說，亞伯拉
罕聽到一個聲音，但是沒有看到說話的人； 他驚訝地倒在地上，
彷彿沒了生命（10.1-2）。 他臉貼著地面時，聽到神讓一位名叫
喬爾（Jaoel）的天使把他扶起來。 喬爾以「類似於人的樣貌」
（10.4）出現在亞伯拉罕面前，將其扶起。

　　他對亞伯拉罕說，他是天堂中給交戰雙方帶來和平的天使，
不僅能在地上創造奇蹟，也能在死後的世界——冥界施行神力。

亞伯拉罕望向天使，他看到天使的身軀像藍寶石，臉龐像貴橄欖石，髮如白雪，頭上頂著一道彩虹，身披藍紫色的衣袍，手握一柄金色的權杖（11.2-3）。顯然，那裡站著的是一位強大的天使，為了在世間執行神的意志，暫時化作了人的形態——在這段描述中，他參與了亞伯拉罕在世間的各種活動。

變成天使的人

　　其他猶太經典中，不僅認為天使（乃至神）會化身為人，也認為人類可以變成天使。如今有很多人認為，人類死去之後，會變成天使（當然，如果他們是「好人」的話）。實際上這是一個流傳已久的信仰。從早期猶太教傳承至今的《巴錄二書》（Baruch2），是最偉大的啟示文學經典著作之一（啟示文學揭示天堂的秘密，可以幫我們認清現實），這部猶太經典告訴我們，正直的信徒將來會化作「天使的榮耀……他們會到那個高高在上的世界生活，他們會像天使一樣，與繁星媲美……那些信徒的美德超越天使」（《巴錄二書》51.3-10）[7] 這些信徒變成的天使，比其他天使還要偉大——甚至比繁星還要偉大。須知，古時候的人認為天上的繁星是偉大的天使。

　　一些古代猶太經典中，也有關於特定個體死後變成天使的描述。古代人物以諾（Enoch.）是《希伯來聖經》中最神秘的人物之一。在《希伯來聖經》文本《創世紀》5 的正文中，對他的描述並不多。我們知道以諾是《聖經》記載中最長壽的人瑪土撒拉（Methuselah）（根據《創世紀》5:27 記載，瑪土撒拉活了 959歲）的父親，是諾亞的曾祖父。但是，有關以諾的描述中，最引

人注目的是：在以諾365歲的時候，他離開了人世——並不是死亡：「以諾與神同行，神將他取去，他就不在世上了」（《創世紀》5:24）。

這段簡潔的描述，引出了貫穿整個古代猶太史的大量推測性思辨和推理文學。後來，一些古代啟示文學作品被認為是以諾所作。畢竟，誰能比一個沒有死去卻上了天堂的人，更瞭解歷史未來的走向，更瞭解天堂世界？

從一本可能是耶穌時代寫就的，名為《以諾二書》的著作中，我們可以瞭解到以諾身上到底發生了什麼，他是什麼時候被帶到神界的（《以諾二書》22.1–10）。

根據書中的記載，他來到天主的真身面前，向他躬身行禮。上帝示意以諾起身，對他的天使們說，「讓以諾加入，永遠站在我的面前。」[8] 緊接著，上帝對天使米迦勒說：「去，到俗世的衣裳中，把以諾取出來。用我的油膏塗抹他的身體，把他放進我榮耀的袍服。」米迦勒照做。接著，以諾以第一人稱反思他的轉化：「我看了看我自己，我成了籠罩在他光輝之下的一員，這裡沒有明顯的差別。」或許我們可以用「天使化」來描述以諾的轉化，以諾「天使化」之後，他的臉變得明亮耀眼，無人可以直視（37.2），他再也不需要進食或者睡眠（23.3；56.2）。換句話說，他變得完全和天使一樣了。

據說在摩西身上也發生過類似的事。《聖經》對摩西之死的描述，用語隱晦，我們從《聖經》中可以得知，摩西死的時候沒有見證人，沒有人知道他的墳墓所在（《申命記》34:5–6）。後來的猶太作家們堅持認為，摩西是被帶到天堂居住。例如，一

本著者不詳，名為《西拉書》（sirach）的經典，說上帝讓摩西「與神聖者享受平等榮耀，使他強大，讓他的敵人感到恐懼」（45.1-5）。因此，他與天使是平等的。有些作者甚至認為他比天使還要偉大，比如悲劇作家以西節（Ezekiel）在他的著述中指出，摩西被授予權杖，得到召喚坐到王座之上，他頭上戴著王冠，「繁星」皆向他低頭。別忘了，繁星被認為是高級別的天使。這裡說繁星向摩西低頭表示崇拜，也就是說轉化之後的摩西比天使還要強大。

將我們對此的發現進行一下總結，會得出這樣的結論：在《聖經》中，有時上帝的天使會被描繪成上帝本人，上帝有時會以人的形態降臨俗世。其他天使——在上帝身邊組成議會的那些成員——被稱為諸神，同時他們也是凡人。況且，其他天使也會以人的形態出現在世間。更重要的是，有一些猶太經典中提到了一些死後變成天使的人——這些人有時甚至高於天使，應該受到崇拜。

這些發現，與我們要解答的問題，即「耶穌怎麼會被認為是神」之間，存在很重要的關聯性，至此，問題的答案逐漸現出了輪廓。《新約聖經》學者拉瑞・荷塔多（Larry Hurtado）在關於早期基督論的一項重要研究中提出了一個關鍵論點：「我提出的論點是，關於天使的推測，以及對神界機構類型的思考……為早期基督徒提供了一套基本的思維框架，上帝身邊可以存在一個復活的基督，同時又不背離一神論的傳統思維。」[9]

換句話說，如果人類可能是天使（天使亦可能是人），如果天使可能是神祇，如果實際上天使長可能是天主本身——那麼讓

耶穌擁有神性，便只需要把他想成一個化作人形的天使即可。

孕育出半神的神祇

在第一章中，我們談到過，異教神話中有一個相通的話題：具有神性的人，是凡人和神祇（例如強壯的宙斯）結合的產物。但是在古代猶太經典中卻沒有這樣的描述，可能是因為人們通常認為：人類對性的欲望和渴求，與以色列的上帝完全不相稱。憤怒，可以有；性愛，不需要。尤其是，上帝更不可能和強姦這類的醜事扯上關係。

但是，即使是在猶太教中，也有類似的事——不是與上帝，而是與祂神聖的僕從們，上帝的兒子們，天使們。傳說中他們曾與凡人結合，孕育出超越人類的後代。有關這類事件的最早記錄，可以在《創世紀》前面幾個章節中找到。

《創世紀》6 的一個小節中，有這樣一段描述：「上帝的兒子們」從上面望向地面，看到他想得到的美麗女人，「就隨意挑選，娶來為妻」（6:2）。更具體地說，「上帝的兒子們和人的女子們交合生子」（6:4）。上帝對這種狀況不滿意，於是他決定將人類的壽命限制在 120 歲以內，緊接著，上帝又決定進一步用大洪水將他們全部消滅，只有諾亞和他的家人能存活。那麼，哪些人是上帝的兒子們和人類女性的後代？

我們得知當時生活在世界上的是「拿非利人」（Nephilim）。他們就是上帝的兒子和人類的後代，「是上古英武有名的人」（6:4）。拿非利人的意思是「墮落的人」。《民數記》中記載，他們曾經是居住在迦南地區的巨人（13:3）。綜上所述，我們會

發現，神祇——上帝的兒子們——與塵世女子交合，他們孕育出的半神後代，是巨人。我稱他們為「半神」，一方面是因為他們是神祇和凡人結合的產物，另一方面是因為他們和其他神祇不一樣，實際上並非生活在神界。但是他們的地位高於其他人類——因為顯而易見的原因，巨人都是英武的勇士。我認為，我們可以假設，神的兒子們為了娶凡人女子為妻，他們會化作人的形態。這裡再一次提到了，神祇以人的形態降臨世上，更重要的是，我們知道他們創造出了超越人類的其他種族。這是猶太版的異教神話。

關於《創世紀》中的這段描述，在另一本猶太啟示錄之作品中，可以找到更全面的記錄，人們認為是以諾創作了這本書。《以諾一書》是後期經過編輯拼接的，不同文本的合集。這本書的第一部分名為《守望者之書》（the Book of the Watchers），包括1—36章。一開始，這部分是獨立於《以諾一書》，獨立成書的；學者們普遍認為這部分的成書時間大概是西元前300年。《創世紀》6中，有一段關於上帝的兒子們簡單且具有暗示性的描述。《守望者之書》很大一部分是對這段描述的解釋。在《以諾一書》中，這些人被稱為守望者（Watchers）（6-16章），和《創世紀》6不一樣，他們在這裡被明確地稱為「天使們」。

書中說，犯錯的天使一共有兩百位，且明確給出了幾位領袖的名字：桑亞茲（Semyaz）、拉密爾（Ram'el）、泰姆爾（Tam'el）。書中記載，200位天使降臨赫蒙山（Mount Hermon），每人選了一個妻子，與之交合。他們的後人就是巨人：據說巨人身高450英尺。身軀龐大的巨人胃口極大，食物耗

盡之後開始獵食人類。難怪上帝會不高興。

　　天使們，也就是守望者們，還做出了其他不當行為。他們教人類學習魔法、醫學和占星術——這些都是禁忌之術——他們還教人類冶金，這樣人類就能鑄造珠寶和武器。天堂中的三位天使——米迦勒、蘇拉發、加百利——俯視凡間，看到地上發生的一切，報告了上帝。上帝降下洪水摧毀巨人（以及其他一切）作為回應。守望者們被捆綁著丟進沙漠中的一個深坑，他們要在黑暗中生活70個世代，直到審判日那天被送入永恆的火焰。以諾接到指示，對他們宣讀判詞：「你們曾經是神聖、高尚的，擁有永恆生命的生靈；但是現在你們用女人，以及親生子女的血肉玷污了自己，你們貪戀人類的血脈」（5.4）。[10] 在猶太人的版本中，神祇之輩如果做了宙斯在異教傳說中做的事，就會被判有罪。

　　書中進一步解釋說，「如今，靈與肉結合孕育出的巨人，應該被稱為世上的惡靈……他們的身體釋放出了邪惡的靈魂」（15.8-9）。關於後來被稱為惡魔的物種從何而來，這似乎可以作為一個解釋。這裡我們得出了一個結論，或者說，更像從異教神話中發現的一個觀點：神和人結合產生的後代更具神性——這個例子中，神和人結合的後代具有的是搗亂世界的邪惡力量。

其他非人的神祇們

　　根據古代猶太經典的記載，包括《聖經》以及創作於耶穌及其追隨者生活的年代前後一段時期的其他著作，除了上帝以外，有時還有其他人會被描述成神。首先要提到的，是神秘的經文

《但以理書》7 中記載的一個人物，這個人後來被稱為「人子」
（the Son of Man）。

人子

《但以理書》有點像《舊約聖經》版的《啟示錄》——現代原
教旨主義者認為，這本書描繪了從古至我們生活的時代，整個人
類歷史的藍圖。 持批判觀點的學者對這本書的看法則與現代原教
旨主義者完全不同，他們認為這本書描繪的就是作者所處年代、
所處地點的事件。 從表面上看，《但以理書》設定的年代背景是
西元前六世紀——但是學者們一直認為，這本書真實的創作年代
並非西元前六世紀，而是西元前二世紀末。

書中把但以理刻畫成了一個被流放到巴比倫的猶太俘虜，巴
比倫帝國在西元前 586 年毀滅了他的祖國。《但以理書》第七章
中描繪了一幅狂野的景象，他看到海中出現四頭野獸，一頭接著
一頭。 每頭野獸都令人望而生畏，非常恐怖，他們在世間橫行
肆虐。 然後，但以理看到「一個像人子的生靈」從「天堂的雲
層」中走來（《但以理書》7:13）。 這個生靈不是野獸，而是人的
樣貌，他不是從混亂的海面出現，而是來自神界。 於是，給世
間帶來毀滅的野獸受到審判，被剝奪了力量，地上的王國交到了
「像是人子」之人的手上。

但以理無法理解眼前的景象，幸運的是——就像那些揭示天
堂真相的啟示錄中描繪的那樣——一位天使站在旁邊向他講解。
四頭野獸分別代表一個即將到來的王國，這幾個王國會相繼更
迭，在各自的時期統治世界。 最終，第四頭野獸消失之後，一個

像人一樣的生靈會被授予統治世界的權力。

　　根據天使對這幅景象的解釋，我們得知，統治權將被賜予至高之神的聖民（《但以理書》7:27）。這可能是說，四頭野獸分別代表一個王國，「像人子一樣的生靈」也代表了一個王國。四頭野獸分別代表：巴比倫王國、米底王國、波斯王國和希臘王國，這四個王國會相繼統治世界。而像人子一樣的生靈，代表的是以色列王國，以色列王國將重新恢復它應有的地位，同時被賦予統治世界的權威。一些解讀者也思考過這個問題：既然那些野獸可以是國王（王國的領袖）的象徵，那麼，可能是天使的人子，就應該是以色列的領袖。[11]

　　但是，放到《但以理書》創作的年代背景下加以解讀，也就是西元前二世紀，一些猶太人認為「像人子一樣的生靈」實際上是未來的救世主，世界的審判者，他會向上帝的敵人展開神聖的復仇，給那些始終信仰上帝的人以至高的獎賞。這個人就是「人子」。《以諾一書》中的描述最為詳盡，前面介紹《守望者之書》（《以諾一書》1-36）時，我們提到過《以諾一書》。另一方面，在《以諾一書》中的第37-71章，我們稱這部分為《以諾類撰》（Similitudes），人子指的是另一個著名的人物。

　　《以諾類撰》的成書時間存在爭議。一些學者認為這部分的成書時間是西元一世紀末；也可能稍早，成書於耶穌生活的年代前後。[12] 對解答我們的問題而言，這些典籍的創作時間並不是很重要。其中描繪的重要人物「人子」，才是最重要的。《以諾類撰》中記錄了許多與他有關的偉大而光榮的事蹟——這裡認為他是一位神祇，而不是如前面說的，他代表以色列國。書中說「在

創造太陽和月亮之前，在創造群星之前」，他就獲得了名字（《以諾一書》48.2-3）。

書中說，整個世界都會俯身跪拜他。在創造之前，他藏身於上帝面前；但他一直是上帝選定的，他向義人和聖者啟示萬靈之主的智慧，他們會「因祂的名獲得救贖」，「他們得著生命，祂就心滿意足」（48.2-7）。到時間的盡頭，當所有死者都復活時，他，「被選定者」，將坐於上帝的王座（51.3）坐上這「榮耀的王座」時，他將「審判天上眾聖者的一切作為，把他們的行為放在天平上稱一稱」（61.8）。他自己是永生的：「他永遠不會從地上消失或滅亡。」而且「所有邪惡都會在他面前消失」（69.79）。他將要「使君王和大能者離開他們安舒的座位，又要使強壯的離開他們的寶座。他要消弭強壯者的政權，又要打碎眾人的牙。他要罷免王，廢黜他們的王位和國位。因為他們並不榮耀和頌讚他，也不服從他；其實就是他把王位賜給他們的」（46.2-6）。

這位世間的審判者被稱為彌賽亞（messiah）——這個名詞在下一章會進行更詳細的介紹。現在我們只需要知道這是一個希伯來單詞，意思是「受膏者」，一開始用來指代以色列的王，上帝的受膏者（換言之，上帝挑選和喜愛的人）。而上帝指定的統治者並不是單純的凡人，他具有神格，他會永存，他坐在上帝旁邊自己的王座之上，他將在時間的盡頭審判惡人和義人。換句話說，他被提升到了神的高度，擔任上帝的職責，在地上執行上帝的審判。實際上，這是一個地位崇高的角色，卻又無法達到上帝那樣至高無上的高度。

令人驚訝的是，《以諾類撰》後面的部分，第70—71章，確

認了人子的身分，說他就是以諾本人。而在後面出現的這個觀點中，則人子就是一個人，普通的凡人，後來被提升到了上帝旁邊的高位。[13] 人子以這樣崇高的身分受到義人的崇拜和讚頌。

天堂中的兩股勢力

我在前面提到過，早期猶太經典中出現了許多反對天使崇拜的描述，這表明天使曾受到過崇拜——否則沒有理由禁止這種行為。現在，我們看到人子也受到了崇拜。有人可能會說，坐在上帝身旁神界王座上的任何人或神，都可以受到崇拜。如果你願意向俗世的王躬身跪拜，當然也理應向這世上的終極審判者躬身跪拜。

在一項有趣且令人信服的研究中，古代猶太教領域的學者艾倫・西格爾（Alan Segal）認為，早期的拉比特別關心一個問題：在上帝居住的天堂，存在著第二股力量，部分猶太教徒普遍持有這一觀點。西格爾遵循猶太教史料來源中的叫法，將上帝和另一股勢力，稱為「天堂中的兩股勢力。」[14] 我們剛探討過的，與神共用地位和權勢的人子，就是這類帶有神性的角色。

很明顯，有人想要分享這種神聖榮譽，而那些意圖規範猶太人所想所信的拉比們發現這種想法讓人感到不安，因此拉比們開始攻擊這些人。拉比們的攻擊起到了效果，或多或少壓制了那些持這種觀點的人。

西格爾的縝密分析顯示，那些持「異端」觀點的人宣稱：第二股勢力可能是某種類型的天使，也可能是一種擁有神聖特徵的神秘化身，在某個層面上等同於上帝（下面會詳細探討）。

異端者對這個觀點的贊同，源於他們對《聖經》中特定篇章的理解，比如其中提到天主的使者時，會用他們自己的聖名。 另外，《但以理書》7 提到的「像人子一樣的神靈」，這個人物完全獨立於上帝，但是被賦予了永恆的權力和統治。 其他篇章中也有可以推導出存在「兩股勢力」的段落，例如《創世紀》1:26，上帝創造人類時說「 我們要照著我們的形象，按著我們的樣式造人。」上帝說這番話時為什麼要用複數「我們」？按照天堂兩股勢力的異端之說，是因為他身邊還有其他神祇。 這個人也可能是《出埃及記》24:9-10 中記錄的，「以色列長老」看到的那個坐在神座上的人。 這個人被稱為以色列的上帝，但是人確實看到了他。 其他文獻，即便是《出埃及記》，則特別強調了沒有人能活著見到上帝（《出埃及記》33:20）。 但是他們確實活著見到了上帝。 那麼他們見到的必然不是上帝，而是神界的第二股勢力。

西元二世紀、三世紀、四世紀，以及後來的拉比們將這種觀點視作異端邪說。 不過，還是那個道理： 他們的譴責恰恰證明當時有猶太人持有這樣的觀點，拉比們如此認真地表態，很可能是因為持有這種觀點的猶太人不在少數。 西格爾認為，這種異端邪說的起源，可以追溯至基督紀元一世紀，巴勒斯坦地區。 他堅信，散佈這種觀點始作俑者是基督徒，他們將基督提升到了上帝的高度。 但是，並不是只有基督徒才相信神界存在兩股勢力。從他們對《希伯來聖經》某些篇章的解釋來看，一些不信奉基督的猶太人也持有這樣的觀點。

神的本質

我們常覺得，學者們喜歡無緣無故地使用一些術語，實際上有些情況學者們只能用那些術語描述。讀研究所的時候，我們會略帶嘲弄地反問：描述同一件事物的時候，如果已經有晦澀難懂的拉丁語或德語術語，我們為什麼要用一個清晰準確的英語術語？因為有些罕見的術語沒有合適的單詞可以代替，比如「原質」hypostasis（複數 hypostases）這個詞就是其中之一。意思大致相同的近義詞可能是「人格」personification——但是也不完全相同，這並不是一個你在雜貨店排隊時會聽到的常用詞。

「原質」hypostasis 這個詞源自希臘語，指的是某件事物的實質或本質。我用這個詞，是想表達一種區別於上帝，能獨立呈現的上帝特徵或性質。大家可以想像一下，比如，上帝是智慧的。意思是說他有智慧。反過來說，就成了智慧是上帝「擁有」的東西，智慧獨立於上帝，只是上帝恰巧擁有它。如果是這樣，人們就可以把「智慧」想像成脫離上帝而存在，既然它是上帝的智慧，那麼他就可以是上帝身旁的神聖存在，同時它也是上帝本質的一部分，是上帝的一部分。

我們發現，有些猶太思想家就曾把智慧想像成上帝的一種原質，在某個層面獨立於上帝的一個元素，但是從另一個層面來講，又完全屬於上帝。智慧和上帝一起，是一個神聖的存在，也可以被當成上帝（因為它正是上帝的智慧）。古代猶太文本中也提到過其他原質，但是在這裡我們只探討其中兩個——上帝的智慧，以及有時會被視作智慧外在表現的語言（希臘語，logos）。

·智慧

將智慧視作一種上帝的原質——上帝的一個方面，一個脫離於上帝又是上帝本身的化身——這個觀點來源於《希伯來聖經》中一篇動人的篇章《箴言》8。 在這裡，智慧被描繪成了話語，並表示智慧是上帝的第一個創造：

> 在耶和華造化的起頭，
> 在抬出創造萬物之先，就有了我。
> 從亙古，從太初，
> 未有世界之前，我已出生……
> 大山未曾奠定，小山未有之先，
> 我已出生。（8:22–23, 25）

智慧被創造出來之後，上帝創造了天堂和地上。 實際上，他創造萬物時，都有智慧相伴：

> 他立高天，我在那裡。
> 他在淵面的周圍，劃出圓圈，
> 上使蒼穹堅硬，下使淵源穩固，
> 為滄海定出界限，使水不越過他的命令，立定大地的根基……
> 那時，我在他那裡為工師，日日為他所喜愛，
> 踴躍在他為人預備可住之地，也喜悅住在世人之間。（8:27–28, 30–31）

神用他的智慧創造萬物，以至於人們視智慧為共同創造者。
此外，正如《聖經》中描繪的，上帝給了萬物生命，因此生命也
是智慧的造物：

> *因為尋得我的，就尋得生命，*
> *也必蒙天主的恩惠；*
> *得罪我的，卻害了自己的性命：*
> *恨惡我的，都喜愛死亡。（8:35–36）*

當然，解讀這段內容的時候，也可以不把智慧理解為上帝的
一部分，獨立於上帝，與上帝相伴的某種人格化的存在。我們
可以只把這種描述理解為單純的比喻，世界是一個令人驚歎的地
方，對這個世界的創造源於上帝智慧的先見之明，萬物應怎樣，
上帝恰好就那樣造了它。此外，如果你將智慧理解為造物的方
式，遵循它的規律去生活，你就能過上幸福美滿的生活。但是有
些猶太讀者讀到這部分內容時，更願意按照字面意思進行解讀，
他們將智慧視作真實存在的個體，認為這些文字是智慧親述的言
談，他就伴在上帝身邊，是上帝的一種表現形式。

這種觀點導致一些猶太思想家將智慧誇大為一種上帝的原
質。一本名為《所羅門的智慧》的猶太偽經描述得最明確。

據說這本書的作者是所羅門國王——《聖經》中記載的有史
以來最聰明之人——實際上，他長眠幾個世紀之後，這本書才
出現。尤其在第7—9章，我們找到一首歌頌智慧的讚歌，「純

粹的全能者榮耀的表現……她是永恆之光的反射，一塵不染的鏡子，是他美好的形象」（《所羅門的智慧》7:25-26；這裡用「她」指代智慧——有時甚至用「智慧女士」——因為在希臘語中，智慧是個陰性詞）；「她是上帝所知所識的初學者，是他工作中的助手」（8:4）。

書中指出，「你（上帝）創造世界時，智慧在那裡」（9:9）——不僅如此，她是真的就在上帝的神座旁邊（9:10）。在以色列人出埃及時，乃至貫穿這個國家整個歷史，是智慧給以色列帶去了救世主（10-11 章）。有意思的是，據說智慧不僅做了《希伯來聖經》中記載的上帝所做之事（造物、出埃及），還做了上帝的「天使」做的事——比如，《創世紀》19 中記載的，讓亞伯拉罕的姪子羅得（Lot）倖免於摧毀了索多瑪和蛾摩拉的大火（10:6）。

從這個意義來看，智慧也可以被視作一位天使，甚至是地位崇高的天主的使者；但是作為一種原質，又有些不同。它是上帝的一個方面，被認為是伴隨在上帝身邊的存在，應該得到和上帝本身同等的榮耀和敬畏。

·語言

從某些方面來說，探討神的原質時，最難的部分是語言Word——希臘語：「邏各斯」Logos。因為在猶太世界之外，在希臘哲學家之間，這個詞有一段漫長、重要且複雜的歷史。若想對有關「邏各斯」的哲學思考展開充分討論，需要進行全面的研究[15]。但是在這裡，關於「邏各斯」這個詞在猶太哲學界的應

用，我可以提供適當的背景資料，特別是關於最著名的古代哲學家，亞歷山大的斐洛（西元前 20 年—西元 50 年）。

所謂「斯多噶學派」的古希臘哲學家們，對神聖的邏各斯展開過非常廣泛的討論。「邏各斯」這個詞確實是「語言」的意思——也就是你說出的話語——但是它還承載了更深刻、更豐富的內涵，與「語言」的定義存在著細微的差別。很明顯，這個詞是英語邏輯「logic」的詞源——Logos 還有原因（reason）的意思——也就是，這個詞要表達的意思是「其中是有因果關係的」以及「這個觀點很合理」。

斯多噶學派認為「邏各斯」——原因——是一種注入到萬事萬物中的神聖元素。實際上，事情的發展都是有邏輯可言的，如果你想理解這個世界——更重要的，如果你想弄明白，如何才能更好地在這個世界上生活——那你就要去弄懂它的基本邏輯。事實證明，你是可以做到的，因為「邏各斯」不僅是自然界中固有的存在，在人類身上也能找到。我們自己有一部分是「邏各斯」給予的，當我們將我們的思維應用到這個世界時，我們會理解它。如果我們理解這個世界，我們就能知道如何在世界上生活。如果我們的理解能夠遞進，我們就能過上和諧、寧靜、富足的生活。但是如果我們不能理解這個世界，以及世界的運作方式，如果我們不能與世界和諧相處，則我們就會生活悲慘，日子過得和不會說話的動物差不多。

有一些思想家站到了西元前五世紀偉大思想家柏拉圖的行列，他們從另一個角度理解「邏各斯」。在柏拉圖式的思維中，精神現實與物質世界之間存在巨大的鴻溝。在這種思維中，神是

純粹的精神。 但是，純粹的精神怎麼能與純粹的物質進行接觸呢？ 除非有某種連結，某種能讓精神世界和物質世界產生聯繫的媒介。 對於柏拉圖主義者來說，「邏各斯」就是這種媒介。 神的「邏各斯」使得神和非神，精神世界和物質世界建立起了聯繫。

　　我們肉身中存在「邏各斯」，因為我們也能和神取得聯繫，即便我們完全植根於物質世界。 從某種意義來講，通往幸福和滿足的道路，是我們擺脫外在的物質附屬，登上精神巔峰的途徑。 除了要擺脫其他物質附屬，這同樣意味著我們不應該太依附於我們的身體。 享受身體的愉悅，認為愉悅是終極的美好，會讓我們變得依賴。 實際並非如此，愉悅並不是終極的美好。 愉悅只能讓我們渴望更多，讓我們更依賴於物質。 如果我們想找到生活真正的意義，獲得滿足感，我們就要超越物質。 這就意味著，我們要讓自己內在的那部分「邏各斯」連接上天地萬物的「邏各斯」。

　　就某些方面而言，那些對猶太經文爛熟於心的猶太思想家，很容易與斯多噶學派和柏拉圖學派的觀點產生共鳴。 在《希伯來聖經》中，上帝通過說出一個一個「詞」創造了萬物：「上帝說： 要有光。 於是就有了光。」上帝說出他的「邏各斯」，造物發生。 邏各斯出自上帝，既然它是上帝的邏各斯，在一定程度上它就是上帝。 但是當上帝將它釋放出來，說出來，它就脫離上帝，成為一個與上帝截然不同的實體。 有時，人們會將這個實體理解為一個不同於上帝的人。 邏各斯在某些猶太圈子裡被視作一種原質。

　　在《希伯來聖經》中，上帝的話語有時也被認定為天主自己

（例如，《撒母耳記上》3:1, 6）。 亞歷山大的斐洛深受柏拉圖式思維的影響，在他看來，邏各斯是理解上帝和這個世界的關鍵。

斐洛堅持認為邏各斯是萬物中的至高者，上帝的形象由它而來，萬事萬物遵循它的秩序。 上帝的邏各斯是創造人類的公式。造物和制定萬物的秩序，被認為是智慧的責任，在這裡我們不難發現，邏各斯也在承擔智慧的職能。 在某種意義上，實際上是智慧「孕育」了邏各斯。 如果說智慧是內在於人的東西，那麼邏各斯就是這個人說話時，智慧的外在表現。 如果這樣理解，我們就可以說，智慧孕育了邏各斯，實際上這也是斐洛堅持的觀點。尤有甚者，邏各斯之於世界，就如同思維之於身體。

既然邏各斯是神的邏各斯，那麼邏各斯自身就是神聖的，人們可以以神的名號稱呼他。 因此，斐洛稱呼邏各斯為「神的形象 image of God」、「神的名 Name of God」，以及「長男」（例如：《論農業》51）[16]。 他在其中一處指出，神「將他『神』的頭銜給予了他的邏各斯（《夢》1.230）。 因為邏各斯是神，神是神，斐洛有時會提到「兩位神」，有時也會稱邏各斯為「第二位神」（《論創世紀》》（Questions on Genesis）2.62）。 但是，對於斐洛來說，特指的那位神「the God」和非特指的一位神「a god」，是有差別的（對應的是希臘語中的 o theos 和 theos）。 邏各斯是後者。

作為一個脫離了神的神聖存在，邏各斯更像是本章開頭提到的「天主的使者」。 實際上，斐洛有時也會明確地指出，邏各斯就是天主的使者（例如，《名字的變更》（Changing of Names）87，以及《夢》239）。 當上帝在人類面前現身時，是邏各斯使得

他出現。 根據斐洛的著作，再結合他對聖經的瞭解，我們能看出斐洛那柏拉圖式的思維印記。 斐洛認為，神不會直接與物質世界接觸，他通過他的邏各斯與世界接觸。 神不會直接對我們說話，他會通過他的邏各斯向我們傳達。

　　總而言之，在斐洛看來，邏各斯是一種無形的存在，他存在於神之外，是神的思維能力； 他偶爾會變成神的真實形象，以「像人一樣」的形態出現，人們因此可以知道他的存在，與他互動。 從一個層面來講，邏各斯是一個脫離於神的神聖存在，但是從另一個層面來講，他也是神。

變成神的人類

　　猶太教堅持一神論，對於那些想知道，在這一前提下耶穌怎麼會變成神的人來說，更值得重視的是： 猶太經文中指出，不僅天使、上帝的各種原質，以及其他神聖實體，可以被稱為神，人也可以被稱為神。 其實《聖經》中也可以找到這樣的篇章。 在異教徒的圈子裡，皇帝被認為是神的兒子，在某種意義上甚至就是神本身； 而在古代猶太人眼中，以色列的王也被視作神之子，甚至也被視作是神。

以色列的王

　　人們認為，以色列的王與上帝之間存在不尋常的親密關係，在這層意義上，被認為是神的兒子。 在這個問題上不存在任何爭議。 這樣的觀點在《希伯來聖經》中隨處可見。《撒母耳記下》7中記載了一段關鍵資訊。 在記述這段歷史的時候，以色列史上已

經有兩位國王：第一任國王，掃羅（Saul），記述的時候相當矛盾；第二位是以色列黃金時代的偉大國王，大衛。

雖然大衛有很多優秀的品質，但是他也有不少惡習，出於這個原因，在他向上帝表達想要建造一座神廟的願望時，上帝拒絕了他。故事發生的背景，是猶太人出埃及之後，大衛稱王兩個多世紀之前，以色列人在一個臨時搭建的搭帳篷裡祭拜上帝。這個時候，以色列人已經融入這片土地，大衛想為上帝建造永久的住所，一座房舍。但是上帝拒絕了他。相反，上帝要為大衛建造一座（比喻意義的）「房舍」。大衛將來會有一個兒子（指的是所羅門），他的兒子會為神建造神廟，從他的兒子那裡，上帝會為大衛建起一座房舍——一個王朝。此外，上帝會親自挑選大衛的兒子，當做自己的兒子收養他：「我會養大你的後代，他來自你的身體，我會建立起他的王國。他必為我的名建造殿宇，我必堅定他的國位，直到永遠。我要做他的父，他要做我的子。（《撒母耳記下》7:12–14）

這段關於上帝認所羅門王為養子的描述，與《希伯來聖經》中「神之子」的用法一致。我們已經提到過類似天使的，「神聖議會」的成員。他們都是神聖的，與神關係親密，充當神的顧問、僕人和職工。雖說，有些成員也會墮落，就像《創世紀》6 中紀錄的小插曲那樣。不僅如此，以色列國本身有時也會被稱為「神之子」，例如《何西阿書》11:1——「從埃及召出我的兒子來。」這裡再次提到以色列是神的兒子，因為它和神之間有不同尋常的緊密關係，得到了神的愛和特殊的恩惠；此外，上帝正是通過以色列在世間實現他的意志。

　　作為以色列的領袖，國王自然也是神的兒子，甚至在某個特殊層面來講，他應該是那個「特指的」神之子。在《詩篇》89 中，詩人說大衛是神的受膏者（就是字面的意思，接受油膏的塗抹，做為受到神特殊喜愛的標誌，第 20 節），他被描述為神的「長子，世上最高的君主」（第 27 節）。在《詩篇》2 中還有更值得注意的描述，可能是在國王的加冕典禮上（接受油膏塗抹時），上帝對國王說：「你是我的兒子，我今日生你」（第 7 節）。根據這裡的描述，國王與神之間不只是簡單的收養關係，他實際上是神生的。神給了他生命。

　　人的兒子是人，就像狗的兒子是狗，貓的兒子是貓一樣。既然如此，那麼神的兒子是什麼？令很多非研究型的《聖經》讀者感到驚訝的是，實際上《聖經》中有很多篇章直接用神，指代以色列的王。

　　《希伯來聖經》學者約翰·柯林斯（John Collins）指出，這一概念似乎源於埃及人的思維方式，他們將自己的國王，也就是法老當成一個擁有神性的人。[17] 埃及人雖然認為自己的國王是神，但是這並不表示國王的地位等同於偉大的天神，不像羅馬皇帝那樣被認為等同於朱庇特和瑪爾斯。但是不管怎麼說，《希伯來聖經》中不少地方直指以色列的王是神。

　　正如我們前面談到過的，在埃及和羅馬世界，神界是分等級的，猶太世界也是如此。我們發現，在描述以色列的王時，用了很多讓那些認為神界與人界之間存在巨大鴻溝（在基督紀元四世紀發展出的思路基礎之上形成的觀點）的讀者感到驚訝的，極度崇高的片語。在《聖經》中，國王被稱為主和神「Lord and

God」。

例如,《詩篇》110:1:「天主 LORD 對我主 Lord 說,『你坐在我的右邊,等我使你仇敵做你的腳凳。』」其中第一個 LORD——在英語文獻中普遍以大寫字母印刷——指的是《希伯來聖經》中神的名字 YHWH,經常寫做 Yahweh,中文音譯耶和華。人們認為 YHWH 這四個希伯來字母代表的名字非常特殊,傳統猶太教中,這個名字是不發音的。有時人們會以 Tetragrammaton(希臘語「四個字母」的意思)代之。第二個「Lord」,指代的是希伯來文中 adonai,這個詞在希伯來文中可以表示天主上帝 Lord God,但是也有主人的意思。例如,奴隸應該稱他的主人為「adonai」。這段描述中,令人震驚的是 YHWH 耶和華與「我主」交談,讓他「坐在我的右邊」。任何與神同在的人都可以分享歸屬於神的榮耀、地位和榮譽。這裡不存在身分或絕對平等的問題——國王,坐在神的右邊,表述的很清楚——這裡提到的也不是全能的上帝本身。

後面的表述更清楚:神會征服國王的敵人,把他放在國王的腳下。神這麼做,是為了一個被自己提升的人,他先把那個人提升到了與自己的神座齊平的高度。國王被描繪成了一個生活在上帝面前,高於所有生靈的神聖之人。

在《詩篇》45:6-7 中,還有更直白的描述,在下面的詩句中,國王直接被稱呼為神:

神啊 O God,你的寶座是永永遠遠的,
你的國權是正直的;

你狹隘公義，恨惡罪惡。
所以神 God，就是你的神 God，
用喜樂油膏你，勝過膏你的同伴。

很明顯，一開始的 O God，指的並不是全能的上帝，而是國王，因為後面寫了：全能的上帝是國王自己的神，並且用油膏塗抹他——古代以色列國王加冕儀式上的標準活動。也就是說，上帝既「膏抹」國王，又將他提升到所有生靈之上，甚至到了神的高度。國王就是某種意義上的神。當然不等於全能的上帝，但依然是神。

在《以賽亞書》第九章中還提到了一個更令人驚訝的例子，講的是慶祝給予人民一個新國王。如果你聽過亨德爾（Handel）的聖詠曲《彌賽亞》，對這句話應該不陌生。但是與亨德爾描述的不同，《以賽亞書》中的這個篇章描述的似乎不只是國王的誕生，更主要的是國王作為神之子的誕生，換句話說，描述的是國王的加冕。在這次加冕中，一個「孩子」被賜給了人民——也就是說，國王成了「神之子」。這裡把國王描述成了一個非常了不起的人：

因有一嬰孩為我們而生，
有一子賜給我們；
政權必擔在他的肩上；
他名稱為奇妙策士，全能的神，
永在的父，和平的君。

他的政權與平安必加增無窮，

他必在大衛的寶座上，治理他的國。（《以賽亞書》9:6-7）

最後一句話清楚地表明，這個篇章描述的是以色列的國王。這位國王繼承的是大衛的王國；很多學者認為這位國王是被以賽亞預言過命運的國王希西家（Hezekiah）。希西家被讚為「神之子」，他是偉大的統治者，也是一位會帶來無盡和平的國王。很明顯，這個人不是全能的神，因為他的權威會「加增無窮」，而上帝的權威是沒有增長空間的，上帝的權威從一開始就是無窮無盡、完完全全的。儘管如此，這段描述對國王的描述已經足夠令人震驚。國王被描述為「全能的神」、「永在的父」。作為「神之子」，他被提升到了神的等級，擁有神的地位、權威和能力——如此一來，他完全可以被稱為神。

作為神的摩西

在古代猶太經典中，以色列國王作為一個人類，希西家受到了神一般的讚美，甚至逕以「神」一詞稱呼他。有趣的是，得到這種待遇的並非只有他一個。被稱為人民的救贖者，偉大的立法者的摩西，也是如此。這一慣例始於《妥拉》，《出埃及記》4中的一個段落。內容是，上帝委託摩西去找埃及法老，要求法老釋放被奴役的以色列人。摩西沒有應允上帝的要求，對上帝說他不是一個雄辯之人，「我本是拙口笨舌的」（《出埃及記》4:10）。上帝不接受他的藉口：人類說話的能力就是他給予的。摩西繼續表示拒絕，最後上帝做出妥協：讓摩西的兄長亞倫（Aaron）

與他同行，做他的發言人。 上帝發表了一段值得注意的言論：
「〔亞綸〕要替你對百姓說話，你要以他當做口，他要把你當做
神」（《出埃及記》4:16）。 這裡，摩西沒有直接被稱作「神」，
但他要扮演神的角色。 上帝想傳達給法老的指示，要通過摩西轉
述給亞綸。 在這個意義上，摩西要「當做神」。

　　後來，一些猶太人在這條資訊的基礎上，做出更進一步的
推斷。 他們表示，實際上摩西就是神。 前面提到過的，來自亞
歷山大的斐洛，在他的著作中對這一觀點做出了最明確的表述。
我們前面提到過，希臘哲學思想對斐洛影響極深，而且他特別
熱衷於展示猶太經典如何表達和支持了偉大的希臘哲學家們的學
說（或者說，在《希伯來聖經中》怎麼會找到希臘哲學家們的學
說）。 對於斐洛來說，猶太教義體現了世界上最偉大的哲學家們
思想的精髓。

　　斐洛是一位高產的寫作者，至今我們仍保有他的很多作
品，其中包括摩西的傳記。 斐洛在傳記中高度讚揚這位猶太立
法者，說他是有極高學識和見地的人。 在這部摩西傳記，以及
其他著作中，斐洛大肆頌揚摩西本人和他頒佈的律法。 對於斐
洛來說，摩西是「從古至今最偉大最完美的人」（《摩西生平》
Life of Moses1.1）。 在對上面引用的《出埃及》4:16 所做出的解釋
中，斐洛指出，摩西以神的姿態出現在他人面前——但是他本
質上並不是真的神（《差的攻擊好的》The Worse Attacks the Better
161-62）。 斐洛在這裡採納了神界分等級的觀點。 實際上，他一
直認為，摩西「是一步一步變成神的」（《亞伯和該隱的獻祭》
Sacrifices of Abel and Cain 9-10）。 他表示，摩西是一位先知，而

且是神的朋友，「只要他有需要，他就能順理成章地擁有神的一切」（《摩西生平》1.156）。 因此有些人才會懷疑，摩西不僅擁有人類的頭腦，還具備「神的智慧」（《摩西生平》1.27）。

在《希伯來聖經》中，摩西上西奈山獨自與上帝交談，他直接從上帝的手中接過了律法（《出埃及記》19-20）。 斐洛表示，由於摩西對上帝的凝神注視，「他享受到了與宇宙的父和創造者更深層次的交流」（《摩西生平》1.158）。 因此，摩西將成為神的繼承者： 他將繼承他的「整個世界」（《摩西生平》1.157）。 此外，據斐洛說，摩西雖然不是全能的上帝本身，但是「人們稱他為神，以及整個民族的王。」（《摩西生平》1.158）。 在這裡，我們看到摩西獲得了和以色列的國王，以及羅馬皇帝一樣的稱號： 神。

和其他與神關係特別密切，受神青睞的人類一樣——摩西與神的關係如此密切，以至於他被視作某種意義上的神——摩西在生命的最後階段，被上帝提升到了永恆的階級：「他離開此處，進入天堂，在那裡安身，脫離凡人的生活而成為不朽，他被天父召喚，現在天父將它改變，他從一個由靈魂和身體組成的複合體，變成單一的肉體，將他徹底改造成最光明的精神」（《摩西生平》2.228）。

斐洛在其他著作中的陳述更直白：「他放棄、丟下了所有人類，他被變成了神，如此，這個人變成了神的親信，變成了真神」（《論出埃及記》3.29）。 一個強有力、智慧、偉大的人，在他死後，被變成了神。 有時，斐洛甚至進一步把摩西想像成一位之前就已經存在的神靈，被暫時送到地球上：「神差他去地上，使他住在那裡，賦予他非凡的才能，如同國王和統治者們擁有

的……但是上帝封他為神，把全部身軀和支配身軀的頭腦，至於他的統治和奴役之下」（《論犧牲》Sacrifices 8-10）。

擁有神格的猶太人

異教徒們信奉很多神，有時會把人類想像成某種意義上的神。瞭解到這一點，可能並不會令人覺得十分驚訝。對於大多數人來說，更讓人驚訝的是，猶太人中也有人信奉多神。

幾乎可以肯定，到耶穌和他的追隨者們生活的時代，大多數猶太人都是一神論者。但是，雖然他們都相信只有一位全能的神，大部分人並不否認還有其他的神聖存在，比如，天使、智天使、熾天使、權天使、神力、原質。此外，在神和人之間還存在某種意義上的連續體。神界存在一個譜系：天主的使者，在聖經中出現過，他們可以是天使，也可以是神。天使是神，可以被崇拜，他們也可以偽裝成人類。人類可以變成天使。人類可以被稱為神之子，甚至逕稱為神。這並不表示他們是創造天堂和人間的唯一神；但是確實代表他們可以分享唯一神擁有的權威、身分和能力。

因此，即便在嚴格的一神論體系中，還是有其他的神體，神界還是存在分級的可能性。即便是耶穌生活的時代，在猶太人心目中，神界與人界之間也不是絕對的分裂，或者存在不可逾越的鴻溝。因此，如果一個人想知道，天使是否可以被認為是神，他必須在提問中加上「在哪種意義上？」這幾個字。談及人類時，也是如此。比如，國王，或者摩西，或者人子以諾，或者其他被認為是神的人，必須要解釋在哪種意義上他們會被認為是神。

這個人是被神認作養子嗎？這個人是在神的干預下出生的嗎？這個人是被變成了天使嗎？這個人是被提升至上帝的神座，與他共治世間嗎？還是別的什麼？

我們研究早期基督徒對耶穌的看法時，必須先提出這些問題。是的，我會證明，在耶穌死後不久，因為相信他死而復活，一些追隨者因此聲稱他是神。但是，在哪種意義上？或者說，在哪些意義上？用複數是因為我們會發現，不同的基督徒對此有不同的理解。

但是在開始討論這個問題之前，我們要先研究一下耶穌這個人——也就是歷史上的耶穌。他走在加利利塵土飛揚的小路上時，他的追隨者們認為他是神嗎？他自己認為他是神嗎？

注釋

1. 權威記錄參見E. P. 桑德森（E. P. Sanders）的《猶太主義：實踐和信仰西元前，63年－西元66年》（費城：三一國際出版社，1992）。

2. 參見勞倫 T. 斯塔克布魯克（Loren T. Stuckenbruck）的學術討論性著作《天使崇拜和基督論》（圖賓根：摩爾‧茲貝克出版社，1995），以及查理斯 A. 吉申的《天使基督論：前身和早起證據》（萊登：E. J. 布里爾，1998）。

3. 《哈珀柯林斯聖經研究》編輯，哈樂德 W. 阿特里奇（Harold W. Attridge）（三藩市：Haoper One, 2006），88。

4. 查理斯‧吉申《天使基督論》，68。

5. 注意撒旦在《約伯記》1、2中並不是現在我們以為的意思，而是指代原告者。指的是在神界的法庭上扮演「檢察官」的天使。

6. J. Z. 史密斯（J. Z. Smith）譯，詹姆斯 H‧查理斯沃斯（James H. Charlesworth）編輯，《舊約偽經》卷一，《啟示文學和證據》（戈登城：雙日，1983），稍作修改。

7. A. F. J. 克利金（A. F. J. Klijn）譯，「2（敘利亞啟示錄）《巴魯書》」，查理斯沃斯編輯，《舊約偽經》卷一。

8. F. I. 安德森（F. I. Andersen）譯，查理斯沃斯編輯，《舊約偽經》卷一。

9. 拉里 W. 哈達多（Larry W. Hurtado）《一神，一主：早期基督教的奉獻和古代猶太一神教》（倫敦：SCM出版社，1988），82。

10. E.以撒（E. Isaac）譯，查理斯沃斯編輯，《舊約偽經》卷一。

11. 參見約翰 J・柯林斯（John J. Collins）「前基督時代猶太教救世主論：概述」，馬格努斯・澤特霍爾姆（Magnus Zetterholm）編輯，《早期猶太主義和基督論中的救世主》（明尼阿波利斯：堡壘出版社，2007）16。

12. 邁克爾 A・尼布（Michael A. Knibb）「以諾，類撰（《以諾一書》37-71），約翰 C・柯林斯（John C. Collins）和丹尼爾 C. 哈羅（Daniel C. Harlow）《早期猶太主義埃德曼詞典》（急流城，密西根州：埃爾德曼斯，2010），587。

13. 尼布，「以諾，類撰」587。

14. 艾倫 F・西格爾（Alan F. Segal）《天堂中的兩股勢力：早期拉比關於基督論和斯諾提主義的報告》（萊登：E. J.布里爾，1977）。

15. 詳細內容，參見大衛・諾爾・弗萊德曼（David Noel Freedman,）編輯的《安克爾聖經詞典》卷四湯瑪斯・托賓的「Logos」詞條。（戈登城：雙日，1992），348-56。

16. 有關斐洛的全部內容出自C. D. 揚（C. D. Yonge）翻譯的《斐洛著作》（重印：麻塞諸塞州，皮博迪：亨德里克森，1993）。

17. 約翰 J・柯林斯與阿德拉・亞布羅・科斯（Adela Yarbro Collins）合著的《做為神之子的國王和激素會主：聖經和相關文獻中神、人和天使救世主類的人物》中約翰 J・柯林斯撰寫的「國王做為神之子」，（急流城，密西根：埃爾德曼斯，2008），1-24。

第三章

耶穌認為自己是神嗎？

　　我於 20 世紀 70 年代進入慕迪聖經學院（Moody Bible Institute）時，學校要求每位學生在每個學期都要做類似於基督教牧師的工作。當時我和大多數同學一樣，完全沒有受過訓練，沒有資格做這種事，不過我推測慕迪聖經學院相信在職培訓是可行的。因此，我們一個學期必須每週花兩到三小時去「挨家挨戶佈道」，兩個人一組，試著讓人們在短時間內改變摩門教傳教士的原教旨主義思想。

　　另一個學期，我在慕迪基督電臺當深夜諮詢師。人們會打電話到電臺，問有關《聖經》或生活方面的問題，我為他們提供「所有的答案」。我當時才 18 歲。還有一個學期，我每週有一個下午在庫克郡醫院（Cook County Hospital）做牧師。這件事遠超出了我的能力範圍。

　　後來，我升到高年級之後，我的室友比爾和我決定，我們要去教堂裡做我們該做的青年牧師。我們通過學院，聯繫到了位於芝加哥南郊奧克朗（Oak Lawn）一家很大的教堂。那是一座三一福音聖約教堂（Trinity Evangelical Covenant Church）——這個教

堂屬於一個從路德派分裂出來，起源於瑞典教會運動的小教派。

　　比爾和我每週三、週六晚上，以及周日一整天，去教堂做一些青年牧師該做的事——主持祈禱、研究聖經、社交活動、靜修，等等。比爾做了一年，我後兩個學年在惠頓（Wheaton）讀的，加起來在這裡一共待了三年。那裡的孩子（有高中生，有大學生）都很棒。關於那些日子特別美好的回憶，至今依然留存在我的腦海中。

　　那個教會的牧師虔誠、智慧，而且精力充沛，是一個有活力，真正關心人的傳道者。他的名字叫埃文·戈蘭森（Evan Goranson），這三年來，他一直是我的良師，教我如何做一位牧師。我對戈蘭森牧師唯一不十分認同的地方是，我認為他有點太自由開放了。（那段時間，即便是電視上佈道的著名牧師比爾·葛拉漢（Billy Graham），在我看來也太過自由開放了。）但是作為一位神職人員，戈蘭森牧師是這個世界上最有愛心的人之一，他把心思更多放在幫助有需要的人上（無論多大規模的教堂，都有很多需要幫助的人），而不是去跟人憤怒地爭辯宗教問題。我現在已經知道，實際上他的宗教觀念是非常傳統、保守的。

　　數年後，我在普林斯頓神學院（Princeton Theological Seminary）進修時，感覺這種形式的傳統宗教觀念越來越無法令人滿意，於是我開始懷疑關於信仰的最基本問題，其中就包括耶穌的神性問題。那段時間，我逐漸發現，在《新約聖經》中，耶穌幾乎從來沒有被明確地稱為神過。我發現《新約聖經》的一些作者並沒有把耶穌和神劃等號。我對這一點印象特別深刻：只有在《約翰福音》中有耶穌聲稱自己是神的描述，而《約翰福音》

是四部福音書中的最後一部，也是最具神學色彩的一部。 但是，如果耶穌真的稱自己為神，其他福音書中難道不會提到這個事實嗎？ 還是他們只是想忽略掉這部分？

對神學理論產生質疑後，我便陷入痛苦掙扎。 在這個過程中，我回到芝加哥，去三一教堂拜訪戈蘭森牧師。 那一刻的記憶在我腦海中栩栩如生。 我們開著他的車，我開始把我對《聖經》，以及對之前我認為極其神聖的觀點所提的質疑，說給他聽。 他對此表示同情，因為他一直比較開放，幾乎從不教條。他的觀點是，我們只需堅持基本原則。 他告訴我要記住耶穌曾經說過：「我是道路、真理、生命。 若不借著我，沒有人能到父那裡去」（《約翰福音》14:6）。 這才是最重要的。

然後我問他，「但是，如果耶穌從來沒有這麼說過呢？」他先是大吃一驚，他是個好牧師，開始有眼淚從他眼睛中湧出來。看到他這樣，我很難過，但是我能做些什麼呢？你不可能因為別人特別希望你相信一件事，你就真的相信。

這章的問題是，耶穌有沒有這樣說過？據說是發生在他身上的其他那些事，真的發生過嗎？他是否真的聲稱：他來自天堂，可以引領人民回到他的父親身邊？他是否真的說過，他在降世之前就存在？他是否真的說過他和神是平等的？如果他真的這樣說過，那他的追隨者也這樣說，就是理所當然的了——因為是他告訴他們的。 但是如果他沒說過自己是神，那我們就需要為他的追隨者們在他死後這樣說，找到其他的解釋才行。

歷史上的耶穌：問題和方法

如果要深入研究歷史上的耶穌，我們需要的不是一本書，而是一系列的書，比如《新約聖經》學者和《邊緣猶太人》（A Marginal Jew）的作者，聖母大學教授約翰‧邁耶編撰的令人印象深刻的四冊書（冊數還會增加）。對於那些想在短時間內快速瞭解相關資訊的讀者來說，可以看我寫的《耶穌：天啟的末日先知》（Jesus：Apocalyptic Prophet of the New Millennium），或者 E. P. 桑德斯（E. P. Sanders）、格札‧維姆斯（E. P. Sanders）、戴爾‧艾利森（Dale Allison）、保拉‧弗雷德里克森（Paula Fredriksen）以及其他學者的佳作。[1] 這些書的內容方向各不相同，在很大程度上是因為它們的作者於宗教信仰（或者無信仰）、個性、背景和接受的教育培訓各不相同。但是他們全都認為：耶穌沒有在佈道期間聲稱自己是神。

我們需要這些書的原因是，不能簡單地把福音書中對耶穌所說、所做的描述，看作歷史的真實記錄。如果福音書是如實記錄耶穌生活的，值得信賴的傳記，那歷史學界就沒有必要強調研究古代聖經語言（希伯來語和希臘語）的需求，以及強調耶穌的歷史背景在第一世紀巴勒斯坦世界的重要性了。而且也不必認為，充分理解作為歷史來源中的福音書人物，乃是還原耶穌真正所言所行的基礎。我們只需要閱讀《聖經》，相信其中記錄的事真實發生過就行了。原教旨主義者對待《聖經》就是照單全收。你會發現原教旨主義者無法走在批判式學者的前面，他們從不懷疑的態度就是原因之一。

我想用幾個簡單的段落解釋一下，為什麼批判式學者會有不

一樣的想法，以及他們解讀福音書的方法？因為，他們認為《新約聖經》沒有完完整整記錄耶穌的言談，也沒有如實呈現他的生活。

福音書的問題

首先要強調的是，我們想瞭解過去的任何人物，都需要有資訊來源。這似乎是顯而易見的，但出於某種原因，當談及耶穌時，人們似乎認為他們知道耶穌是誰，知道他說了什麼，或者他做了什麼，就好像他們能從環境中吸取這些知識一樣。然而，實際上你所知道的關於耶穌的任何事情，或者你認為你知道的，都是有資訊來源的，或者有人告訴過你，或者你讀過某人寫的東西。但是這些人是從哪裡得到他們的資訊的，是什麼使他們成為權威，你為什麼認為他們是對的？關於耶穌的每一個故事（或任何其他歷史人物），要麼是準確的歷史記錄（他真的說了或做了），要麼是虛構的，要麼是兩者的結合。

要想瞭解耶穌生活的細節是否在歷史上真實發生過，唯一的方法就是調查我們的資訊來源。你、我和你的主日學校老師可以得到的消息來源都是一樣的。關於耶穌的故事，從他生活的年代開始，一直通過口頭和書面流傳。不用說，去年才開始講的故事肯定是編造的。一百年前開始流傳的故事也是如此。如果我們想要歷史上的可靠記錄，我們的資訊來源要可以在追溯到耶穌生活的年代。也就是說，我們需要的是古代的資訊來源。

我們當然有古代的資訊來源，但它們沒有我們想要的那麼古老。我們的第一位基督教作家是使徒保羅，他寫作的時間是耶穌

死後 20 到 30 年。《新約聖經》中收錄了保羅的一些信件。可能也有比保羅寫得更早的其他基督教作家，但是他們的作品都沒有留存下來。保羅的問題是，實際上他自己並不認識耶穌，他沒有告訴我們太多關於耶穌的教導、活動或經歷。我有時會給我的學生們留一個作業，讓他們閱讀保羅的所有作品，並列出保羅明確表示是耶穌所說和所做的一切。我的學生驚訝地發現，把這些全羅列出來，連一張三乘五寸的卡片都不需要。（順便說一句，保羅從來沒有說過耶穌聲稱自己是神。）

關於歷史上的耶穌，我們能獲得的第二早的資訊來源是《新約聖經》中的福音書。事實證明，對於我們來說，這些福音書是最好的來源。說它們是最好的，不是因為它們恰巧屬於《新約聖經》的組成部分，而是因為它們也是最早記錄耶穌生平與復活事蹟的文字。但是，即使它們是我們可用的最好的資訊來源，實際上它們還是不如我們所期望的那麼好。這當然是有原因的。

首先，它們不是由目擊者寫的。我們稱這些書為《馬太福音》、《馬可福音》、《路加福音》、《約翰福音》，因為它們是以耶穌的兩個塵世門徒馬太和約翰，以及其他使徒的兩個親密夥伴馬可和路加命名的。其中，馬太是稅吏，約翰是耶穌心愛的門徒，馬可是使徒彼得的秘書，路加是保羅的旅伴。但是，實際上這些書都是匿名撰寫的，作者們從來沒有承認過，在這些文字流傳了很多年之後，才有人聲稱他們是這些書的作者。首次確認他們是這些書的作者，已是在這些書完成之後一百年。

有很充分的理由認為，傳統上對福音書作者的認定是不正確的。首先，正如我們從《新約》中獲知的，耶穌的追隨者們都

是未受過教育的下層人，他們來自巴勒斯坦，說的是亞拉姆語
（Aramaic）。 這些書不可能是這樣的人寫的。 福音書的作者是
受過高等教育的、講希臘語的後世基督徒。 他們很可能是在耶穌
的門徒全部，或幾乎全部死後寫的。 他們分佈在世界不同的地
方，用不同的語言，生活在較晚的世代。 至於為什麼後來的基督
徒聲稱那些作者是耶穌的同行者，或者至少與使徒有關，其實不
難理解： 對於想要瞭解真實的耶穌的人，這樣說，會讓那些描述
顯得比較權威。

　　學者們通常把新約聖經福音書創作的日期，認定為西元一
世紀後半期。 大多數人都認為耶穌是在西元 30 年前後去世的。
馬可是第一個寫福音的人，《馬可福音》成書時間大約在西元
65－70 年； 馬太和路加寫福音書的時間比馬可晚二十年，成書
時間大約是西元 80－85 年； 約翰是最後寫的，成書時間大約是
西元 90－95 年。 在這裡，重要的是其間涉及的時間差距。 留存
下來的對耶穌生平的最早記述，是在他死後 35 到 40 年寫就的。
現在流傳的這幾部經典福音書，最晚的是在他死後 60 到 65 年寫
的。 顯然，這與耶穌生活的年代相差了很長時間。

　　如果這些作者不是目擊者，不是來自巴勒斯坦，甚至說的語
言與耶穌都不相同，那麼他們獲知的資訊又是從何而來呢？ 在這
個問題上，歷史學者之間沒有太多的分歧。 耶穌死後，他的追隨
者開始相信他會在死後復活。 而且他們認為，讓人們相信耶穌的
死亡和復活即是神遣的彌賽亞之死亡和復活，以及通過相信他的
死亡和復活，一個人可以享有永恆的生命，乃是使徒們的使命。
那些「見證」過耶穌生涯的早期基督徒們必須說服人們，耶穌真

的是上帝選中的救世主,而且他們必須講述他的故事。 於是他們就這樣做了。

他們講述了他生命結束時發生的事情——十字架,空蕩蕩的墳墓,他活生生地站在他的追隨者面前。 他們還講述了耶穌在這些事發生之前的生活——他的教導,他創造的奇蹟,他與猶太領導人的辯論,他被逮捕和審判,等等。

這些故事流傳開來。 任何皈依成為耶穌追隨者的人,都可以講述這些故事,他們也確實這樣做了。 皈依者會告訴他的妻子;如果她皈依了,她會告訴她的女鄰居; 如果女鄰居皈依了,她會告訴她的丈夫; 如果丈夫皈依了,他會告訴他的商業夥伴; 如果他商業夥伴皈依了,他會去另一個城市出差,告訴他的商業夥伴; 如果另一個城市的商業夥伴皈依了,他會告訴他的妻子; 如果他的妻子皈依了,她會告訴她的鄰居……就這樣一直傳播下去。 在大眾傳播、國家媒體報導,乃至識字人數顯著提升之前(當時只有大約 10% 的人口能夠閱讀和寫作,因此大多都是口頭交流),講故事是唯一的傳播交流方式。

但是,到底是什麼人在講耶穌的故事呢? 只是使徒? 不可能只是使徒。 只是使徒認可的人? 不可能。 只是那些核實過真相,保證沒有改變故事中的任何細節,只講述真正發生的事件和確切情況的人?他們會怎麼做? 這些故事是口口相傳的,年復一年,在世界不同地區那麼多人之間流傳,轉換了不同的語言,無法保證一個人對另一個人講述關於耶穌的言行時不會出現不一致的地方。 人人都知道這樣流傳的故事會怎麼樣。 細節改變,情節新增,事件誇大,令人印象深刻的敘述會被加工得更加深刻,

等等。

　　最終，一位作者在他的教堂裡聽到了這些故事，假設他是羅馬城的「馬可」。他記錄下了這些故事。十年或十五年後，另一個城市的另一位作者閱讀了馬可的敘述，決定寫下自己的版本，他寫的東西部分基於馬可的記錄，部分基於他在自己的社區聽到的故事。福音書就這樣出現了。

　　這些就是我們現在擁有的福音書。三百多年來，學者們對它們進行了細緻的研究，其中的一個確切研究結果是，福音書確實存在著許多差異、矛盾和歷史問題。[2] 為什麼會這樣？更準確的提問應該是，「怎麼可能不是這樣？」福音書中當然包含了被修改、誇大和美化的非史實資訊和故事。這些書中的詞句，不是坐在耶穌腳邊的人記錄的。情況完全不同。這些是為了傳達有關耶穌的「好消息」的書（福音 gospel 一詞的意思就是好消息）。

　　也就是說，他們的作者講述什麼內容，怎麼講述，都會影響他們的既得利益。他們想宣揚耶穌。他們並不打算提供傳記性的資訊；而生活在兩千年之後的批判學家需要的卻是真實的傳記性資訊。所以，批判學家們在書寫歷史或編纂歷史的標準方面，與福音書作者們的標準，存在明顯的差異。福音書的作者們寫的東西是為了當時服務的，他們想要說服人們相信他們看到的有關耶穌的真相。他們的書寫建立在他們聽到和讀到的故事基礎之上。所有的一切都要追溯到口口相傳的年代。

　　如今，有些人聲稱，植根於口頭傳說的文化，在傳播時會小心得多，因為只有這樣才能確保被告知和複述的傳說沒有發生重大變化。事實證明，這只是現代人臆想的。研究過口述文化的

人類學家表示，事實正好相反。 只有文字記載的字詞文化才關心事實的準確複製，這是因為在字詞文化中，可以檢查來源，看是否有人更改了一個故事。 在口述文化中，人們普遍能預料到故事確實會發生變化，每當一個講故事的人在新的背景下講述一個故事時，故事的內容都會發生變化。 新背景需要新的講述故事的方式。 因此，歷史上在講述和複述的過程中，內容發生更改，這一點，在口述文化中不認為是一個問題。[3]

於是，福音書中的故事當然存在與事實不一致、修飾事實、虛構事實的問題和歷史真實性的問題。 這意味著，福音書不能被視作對歷史上真實發生過的事情之準確描述。 那這是否意味著，在搜尋歷史資訊這件事上，福音書毫無用處？ 不，這意味著我們要用嚴格的方法幫助我們去檢驗這些書。 須知，當時的作者寫這些書是有目的的，他們是為了傳揚耶穌的「好消息」，我們的目的是： 知道耶穌真正說了什麼和做了什麼。

方法

在這裡，我只能對現代新約學者為處理這類資訊來源設計的方法，做一個簡要的總結。 我要強調一下，福音書實際上是我們唯一可用的來源。[4] 我們沒有任何來自西元一世紀希臘人和羅馬人（異教徒）的有關耶穌的記錄，直到他死後八十年，才有人提到他的名字。 在非基督教、猶太教的資訊來源中，我們只能找到猶太歷史學家約瑟夫斯（Josephus）的兩則簡短評論。 固然，除了《新約聖經》中的福音書，還有其他福音書，但是寫得都比新約福音書晚，而且這幾部福音書中的人物都很有傳奇色彩。 有幾

部福音書可以為我們提供一些額外的資訊，比如《多馬福音》和《彼得福音》，這兩部福音書都是現代發現的，但是歸根結柢，它們提供的資訊還是不夠多。因此，我們大體上還是要依靠《新約》的四部福音書。

幾乎所有人都同意，即使是被收入《新約》的福音書，作為我們瞭解歷史上耶穌的資訊來源，也是非常有問題的；但是，關於他說了什麼，做了什麼，經歷了什麼，在這些福音書所有的修飾和變更中，確實包含了一些具有歷史意義的精準回憶。問題是，如何從後來的更改和編造中找出歷史上的準確資訊。

學者們已經確定，一些書面記錄是相互獨立的，也就是說，它們傳承了那些來源於口頭傳說的獨立故事線中的全部或部分故事。例如，人們普遍認為，《約翰福音》的資訊並不來源於其他三部福音書。《馬太福音》、《馬可福音》、《路加福音》這三部福音書被稱為「對觀福音」（Synoptic Gospels），因為它們非常相似。對觀 Synoptic 的意思是「一起看」：這三部福音書可以平行對列在一張紙中，一起看，因為它們講述了許多相同的故事；通常故事排序相同，用詞也相同。這幾乎可以肯定，作者之間相互抄襲，或者更確切地說，正如學者們幾乎普遍相信的那樣，是因為其中兩位作者，馬太和路加，抄襲了之前的馬可。

馬太和路加知道的很多故事，都出自《馬可福音》。但是他們撰寫的福音書中也有一些在《馬可福音》中找不到的篇章。這些篇章記述的大部分是耶穌的話語。十九世紀以來，學者們提出了一個論點，他們認為馬太和路加有另一個資訊來源，為他們提供《馬可福音》中沒有的內容。由於另一個來源主要由話語

組成，這些（德國）學者稱其為「話語來源」。 德語中的來源（source）是 Quelle，所以今天的學者說是「Q」信源──這個已丟失的來源，為馬太和路加提供了許多話語素材。

馬太的福音書中記錄了一些在其他福音書中找不到的故事，顯然這些故事是他從其他地方獲知的，所以學者們稱這些故事的來源為 M 信源，並加以討論。 路加的福音書中也有和別人不一樣的故事，他的故事來源被稱為 L 信源。 M 和 L 信源可能分別有各自的書面資料； 有可能是多個書面資料； 也可能是書面和口頭來源的組合。 但為了簡便起見，只簡單地稱它們為 M 信源和 L 信源。

因此，在福音書中，不僅有馬太、馬可、路加和約翰的福音書（還有多馬和彼得的福音書），還有獨立的 Q、M 和 L 信源。這三個信源可能相互獨立，與馬可、約翰都沒有關係。

換句話說，我們有許多獨立流傳的線索，但記錄的都是耶穌的生活。 幾乎所有批判學者都認為這是事實，而鑒於這一事實，我們能評估哪些福音故事比其他故事更有可能是真實的。 **如果一個故事能在這些獨立流傳的線索中找到，那麼這個故事就更有可能來源於耶穌本身的生活。 這個判斷標準被稱為「獨立認證準則」。** 另一方面，如果一個故事，或者一種說法，或者耶穌的某個行為，只能在一個來源中找到，無法從獨立來源那裡得到證實，那麼它就不太可能是真實的。

我來舉幾個例子。 在《馬可福音》、《約翰福音》和 Q 信源中，都說充滿激情的末世傳道者施洗約翰和耶穌關係密切。 根據這些能得到什麼結論？ 答案是，耶穌可能與充滿激情的末世傳道

者施洗約翰有關係。 或者再舉一個明顯的例子：《馬可福音》和《約翰福音》中，都說耶穌被本丟·彼拉多釘死在十字架上，在 M 和 L 信源中，各有獨立的記述。 所以可能發生的情況是： 羅馬總督彼拉多下令，把耶穌釘死在十字架上。 或者舉一個反例。《馬太福音》（來源於 M 信源）中說，耶穌出生的時候，有智者跟隨著一顆星星來敬拜身為嬰兒的耶穌。 可惜，在《馬可福音》Q 信源、L 信源、《約翰福音》或其他任何地方都沒有這樣的記錄。 這件事可能發生過，但是按照「獨立認證準則」，不能確定這件事真的發生過。

　　第二個標準是基於這樣一個事實，即： 在所有這些獨立來源中發現的陳述，都是通過口頭傳說傳遞到他們的作者身上的，在口頭傳說中，故事發生改變是為了故事講述者的利益，因為他們的目的是改變他人，或者告知那些已經被改變成對待事物的看法「正確」的人。 但如果是這樣的話，那麼福音書中的任何不符合早期基督徒想要把耶穌「描述成的樣子」的故事，或者任何講述這件事會違背基督徒利益的故事，都可能具有很高的歷史真實性。

　　這邏輯應該是顯而易見的。 基督徒不會編造違背他們觀點或利益的故事，如果他們講了這樣的故事，那只能是因為那件事就是真的那樣發生的。 這種方法論原則有時被稱為「**不同標準原則**」。 **意思是，如果一個關於耶穌的傳說與早期基督徒想要說的關於他的話不同，那麼這個傳說有可能在歷史上真實發生過。**

　　我來舉例說明一下。《馬可福音》M 信源、L 信源和《約翰福音》中說耶穌是在拿撒勒長大的，因此這件事得到了多方證明。 而且，這個故事不像被修飾過的，因為這件事會令後來的基

督徒感到尷尬。 拿撒勒是一個沒有人聽說過的小村莊，根本沒人聽說過這個地方。 誰會產生神之子來自那種地方的想法？實在想不到為什麼會有人編造這樣的說法，所以耶穌可能真的來自那裡。

第二個例子： 耶穌被施洗約翰施洗的說法讓基督徒感到不適，因為約翰給人們施洗，表明那個人的罪得到了寬恕（正如新約所說的，受洗是「為了贖罪」）。 此外，在早期的教會中，人人都知道，施洗的人在精神上優於受洗的人。 那麼，誰會編造一個故事，說上帝的兒子因他的罪受洗，或者說誰會編造一個故事，說有人優於上帝的兒子？如果沒有人會編造這樣的故事，為什麼會出現這樣的描述？答案是，因為耶穌真的接受了約翰的洗禮。

或者再舉一個反例。 在《馬可福音》中，耶穌三次預言，他必須去耶路撒冷，他會被眾人拒絕，被釘在十字架上，然後從死後復活。 一個基督徒為什麼在講述這段故事時，會聲稱耶穌在他受難之前說出這些話，有合理的解釋嗎？當然有。 後來的基督徒不希望任何人認為，耶穌被捕被送上十字架這件事完全出乎他的預料； 他們很可能希望他預測到了自己身上會發生什麼事。 基督徒們相信，耶穌升入了天堂，他們也相信，他知道自己會升入天堂。 鑒於這正是基督徒想要編造的故事，我們就不能確定耶穌真的做出了這些預測。 他可能確實做出了預測，但是按照「不同標準原則」，不能證明耶穌真的做出過預測。

最後，學者們特別熱衷於思考一個問題： 耶穌的傳說是否真的能融入一世紀巴勒斯坦猶太人的背景。《新約聖經》之外的一些福音書描繪了耶穌的教學觀點，這些觀點與我們合理地定位在

耶穌自己的歷史和文化環境中的觀點截然不同。其中的教導用語很明顯不是一世紀巴勒斯坦猶太人會說的話。這種判斷標準被稱為「語境可信度標準」。

最後這個標準認為，如果我們想瞭解耶穌生平的言行，一定要瞭解他生活的歷史背景。無論是什麼時候，如果你脫離背景解讀某件事，你往往會誤解它。若想更好地瞭解任何歷史人物，便不能忽視他所處的背景。因此，在進一步敘述之前，我要說一些有關耶穌的背景之事，然後我們可以從這個背景中瞭解他的資訊和言談，運用我剛才介紹的方法，來看一看他是否聲稱過自己是神。

耶穌的歷史和文化背景

廣義地說，應該把耶穌當做一世紀的猶太人看待。在第二章中，我討論了當時猶太教的基本宗教觀點。耶穌應該像大多數猶太人一樣，相信有一個真正的神，天地的創造者，選擇以色列作為他的子民，並把自己的律法賜給他們。就像那個時代所有虔誠的猶太人一樣，遵守摩西的律法對於耶穌來說至關重要。

福音書中提到過後來的一些爭議，說耶穌違反了律法——例如，安息日的律法——但是實際上，幾乎沒有任何案例表明他做了違反律法的事。他違反的是當時其他猶太教領導人對律法的理解和解釋，特別是法利賽人（Pharisees），為了確保人民遵守律法，他們制定了複雜的規則。大多數猶太人沒有遵循這些附加的規則，耶穌也沒有。在這個問題上，他可能和大多數猶太人一樣。（法利賽人在制定這些規則時是很實際的：他們只是相信一個

人應該盡一切可能去按照神的要求行事，所以制定政策來實現這個目的。）[5]

　　猶太人對歷史上耶穌的理解，其中最重要一個方面，是他那個時代的許多猶太人所共有的一種世界觀，學者們稱之為「天啓末日論」（apocalypticism）。其中的「末日」具有「天啟」的意思。猶太天啟論者認為，神已經向他們揭示了天堂的秘密，這些秘密可以讓人們理解塵世的現實。特別是他們相信神很快就會介入這個痛苦和苦難的世界，推翻控制這個時代的邪惡勢力，帶來一個不再有苦難，不再有不公義的美好王國。這個天啓末日的觀點，從耶穌時代的猶太人來源那裡得到了很好的證明：這是《死海古卷》中的一個著名觀點（《死海古卷》是 1974 年發現的一系列文獻，創作者是耶穌時代的猶太人，發現地離耶穌生活的地方不遠），在沒有被收入《聖經》的其他猶太文本中也有相關記述；施洗約翰相信末日論，法利賽人也是如此；整個耶穌生活的世界都相信末日論。在證明耶穌幾乎肯定也持有這一觀點前，這裡，我先為這個觀點總結四個主要原則。

・二元論

　　猶太世界的天啓末日論者是二元論者——我的意思是，他們認為現實有兩個基本組成部分：善的力量和惡的力量。當然，神掌管一切美好的事物；但對於這些猶太人來說，神有一個私人對手，魔鬼，他負責所有邪惡的事物。上帝有天使在他身邊，魔鬼有他自己的惡魔在他身邊。上帝有能力賜予生命和公義；魔鬼有能力施與死亡，宣揚罪惡。對猶太世界的末日論者來說，善與

惡的力量正在進行一場宇宙之戰，一切事物，以及每個人，都必須選邊站。沒有中立的空間。每個人要不就站在善良和上帝的一邊，否則就站在邪惡和魔鬼的一邊。

這種宇宙二元論，也體現在歷史場景中。這個世界的歷史分為兩個階段：由邪惡力量控制的當下這個時代，以及至高無上的上帝統治的未來時代。不難看出，現在是一個邪惡的時代。想想所有的戰爭、饑荒、乾旱、颶風、地震、天生殘缺、仇恨、壓迫和不公正。邪惡的力量正在掌控世界，他們正在獲得力量。但上帝會介入，通過一場地動天搖的浩劫以進行審判，推翻邪惡的力量，把他的美好王國帶給世人。

・悲觀主義

對於現在這個邪惡世界能夠得到改善的可能性，猶太世界的天啓末日論者感到悲觀。邪惡的力量比我們凡人強大得多，即使人們能抗拒它們，也無法克服它們。沒有人能使這個世界最終成為一個較好的地方，無論做了多少好事，無論作出了多少明智的政治決定，無論開發了多少有用的技術。總之，這個時代是糟糕的，而且只會變得更糟，直到時代結束，那時候所有的地獄才會真的崩塌。

・審判

但是，天啓末日論者認為，當事情糟糕到極限時，上帝會以一種強大的審判行為進行干預。在前一章中，我們看到《以諾一書》中描述了未來將成為世間審判者的，強而有力的「人子」。

以諾首先接受了天啓末日的世界觀，並堅持認為，有朝一日，神將通過他的代表——人子來審判塵世和天堂所有邪惡的力量。

其他天啓末日論者也認為審判終將到來，神將摧毀與祂和祂的人民為敵的邪惡力量，祂將證明那些選擇與祂站在一起，並因此遭受痛苦的人是無辜的。祂會從天堂派一個救世主來，一個新的王國會取代這個時代的邪惡王國。在祂的王國裡，不會再有痛苦、窮困或苦難，那些進入上帝之國的人，將生活在一個永恆的烏托邦世界中。

終將到來的審判不僅會影響當時的人。它既會影響活人也會影響死人。天啓末日論者的想法是：在這場激動人心的行動中，隨著末日的到來，死者將會復活。所有的人都會被帶回他們的肉體，面對審判，結果可能是懲罰，也可能是獎勵。對於那些站在上帝這一邊，卻被邪惡力量及其塵世代表壓迫的人來說，這是令人欣慰的。他們將獲得獎勵。另外，人們不應該認為可以與邪惡的力量站在一邊，從而取得成功（因為邪惡是掌管這個時代的力量），壓迫他人，變得強大，然後死亡，便可逃脫審判。沒有人能逃脫審判。上帝會將所有死去的人復活，審判他們，不管他們願意與否。

但是，這保證會到來的末日到底何時到來？實際上，天啓末日論者主張，很快就會到來。

末日將至

猶太的天啓末日論者認為，世界已經變得無比糟糕。邪惡的力量被充分地釋放出來，站在上帝一邊的義人們的生活因此變得

痛苦。 但是，痛苦已經接近尾聲了。 人們需要稍微再多堅持一會兒，保持信仰。 上帝很快就會介入，並建立祂的美好王國。

　　但是要堅持到什麼時候？ 受苦的人們還要等多久？「我實在告訴你們，站在這裡的，有人在沒有嘗到死味以前，必要看到上帝之國大有能力來到。」這些是《馬可福音》9:1 中記載耶穌所說的話。 他認為世界末日很快就會到來，在他的門徒都死亡之前。或者，正如他在其他地方說的，「我實實在在告訴你們，這世代還沒有過去，這些事就都要成就。」（《馬可福音》13:30）。

　　在最早的福音書中，即「對觀福音書」中，耶穌被描繪成一個末日預言家，預言時代即將結束，神的美好王國即將到來。 但是我們怎麼知道這種描繪是正確的？ 如果福音書中包含的有關耶穌的傳說，是在口頭傳說的過程中被人發明出來或更改過的，我們怎麼能說天啟末日的傳說不是由他後來的追隨者附加到他身上的？

　　實際上，有很好的理由認為，天啟末日是耶穌自己的觀點，而不僅僅是他的追隨者的觀點。 不要忘了，我們需要將嚴格的方法論原則應用到對福音書的研究上，核實那些記錄在歷史上，真實發生過的事情。 我們這樣做的時候，可以很清楚地知道： 耶穌強烈地認可天啟末日的觀點，實際上，他在塵世所做的宣言，其核心透露的就是天啟末日的資訊。

　　在瞭解他是否認為自己是神這個問題上，這將是一個關鍵因素。 下面我來解釋一些證據。[6]

天啟末世論者耶穌

我在前面指出過，如果要通過福音書還原真實的歷史傳說，我們要尋找許多獨立而可以作為輔證的言論和行為。在這裡，我要特別補充一點，我們要從最早的資訊來源，尋找這種獨立而可以作為證明的傳說。

由於傳說會隨著時間的推移發生改變，因此距離耶穌生活的時代以及記錄他生活的信源時間越久，流傳的說法被更改，甚至被編造的機會就越多。所以我們需要的是最早的資訊來源。《約翰福音》是幾部福音書中成書最晚的，大約是耶穌死後60到65年之後寫成的。幾部對觀福音書的成書相對較早。對觀福音書的資訊來源，甚至尤早於對觀福音書。如果我們發現，傳統上已證明最早出的福音書《馬可福音》，以及《馬太福音》和《路加福音》的資訊來源Q信源，再加上其他兩部福音書的兩個獨立資訊來源M和L信源，都可予以證實，那麼，我們獲得的就是較早期的獨立傳說。這些傳說，即是可信度最高的。

獨立證實耶穌的末日訊息

如後面所見，我們正好能找到耶穌持天啟末日論觀點的證據。相關傳說都能在我們找到的最早那些信源中，得到獨立證實。

・來自《馬可福音》

在那些日子，那災難以後，日子要變黑了，月亮也不放光，眾星要從天上墜落，天勢都要震動；那時他們要看見人子有大

能力，大榮耀，駕雲降臨。他要拆遣天使，把他的選民，從四方，從地極直到天邊，都招集了來……我實在告訴你們，這世代還沒有過去，這些事都要成就。（《馬可福音》13:24-27, 30）

・來自Q信源

因為人子在他降臨的日子，好像閃電，從天這邊一閃，直照到天那邊……諾亞的日子怎樣，人子的日子也要怎樣。那時候的人又吃又喝，又娶又嫁，到諾亞進方舟的那日，洪水就來，把他們全都滅了……人子顯現的日子也要這樣。（《路加福音》17:24，26-27，30；見《馬太福音》24:27, 37-39）

・來自M信源

將稗子薅出來，用火焚燒，世界的末了，也要如此。人子要差遣使者，把一切叫人跌倒的，和作惡的，從他國裡挑出來。丟在火爐裡，在那裡必要哀哭切齒。那時義人在他們父的國裡，要發出光來，像太陽一樣。（《馬太福音》13:40-43）

・來自L信源

你們要謹慎，恐怕因貪食醉酒並今生的思慮，累住你們的心，那日子就如同網羅忽然降臨到你們。因為那日子要這樣降到全地上一切居住的人。你們要時時警醒，常常祈求，是你們能逃避這一切要來的事，得以站立在人子面前。《路加福音》21:34-36

這些只是樣例。我需要強調，挑選出這些內容來證明我的

觀點，並不只是有意無意地挑選些我想要的內容。 我要尋找的資訊，是可以在我們所有早期來源中取得獨立證明的末日宣言，結果我發現，我們找到的正是耶穌所作的天啓宣言。

　　值得注意的是，這個末日啟示的資訊被淡化了，到後面幾乎被消除了，我們後來的消息來源顯示，最後甚至開始遭到反對（據稱是耶穌在反對！）這實在讓人震驚。 但發生這種事也不難理解。

　　如果耶穌預言，即將到來的世界末日將會在他這一代人之內到來，在他的門徒們全部死亡之前，那麼如果到時候末日沒有來臨，他的門徒會怎麼想？門徒可能會得出結論，認為耶穌是錯誤的。 但是那門徒想繼續效忠於他，那他可能會改變耶穌宣佈的消息，使他不再談論即將到來的世界末日。 因此，我們最後的經典福音，在第一個世代之後寫的《約翰福音》中不再出現耶穌宣佈末世將至的資訊，是必然的。 在《約翰福音》中，耶穌宣揚的是完全不一樣的東西。 甚至在後來的《多馬福音》中，耶穌在佈道中還公然反對末日將至的觀點（2，113）。 隨著時間的推移，世界末日的資訊漸漸被認為是一種誤導，甚至是危險的。 於是，耶穌佈道的傳說被改變了。

　　但在我們多方求證的最早來源中，所有人都看到過耶穌關於預言末日的描述。 幾乎可以肯定，耶穌的確傳達過這樣的信息。正如我們即將看到的，在弄清耶穌實際上怎樣看待自己這個問題上，天啓末日觀是一個關鍵點； **據此，他認為自己不是神，而是一個人**。

　　我再次強調，重要的是，耶穌的任何傳說都要放在一個相對

合理的一世紀巴勒斯坦猶太民族的背景下驗證。毫無疑問，這些關於耶穌的天啓末日論就是這樣驗證的。我們從《死海古卷》，以及包括《以諾一書》和其他的啟示錄在內的那個時代中其他猶太作品得知，世界末日論在當時非常流行。在那個時代，耶穌散佈的信息並不是十分罕見。其他猶太傳教士也在宣揚類似的信息。

但是這個預告末日的信息能通過我們的「不同標準原則」的驗證嗎？一些學者聲稱，它不能通過驗證。他們認為，實際上這些話是他後來的追隨者附加到耶穌身上的，是那些人認為世界很快就會崩潰，而不是耶穌。我認為這一觀點是完全錯誤的，有兩個原因：首先，末日預言中的一些說法絕對能通過不同標準的驗證；還有一個更重大的原因，那就是耶穌的天啟末日宣言可以通過兩個方面來證明，即他是如何開始傳道工作的，以及後來發生了什麼。

不同標準和耶穌的信息

在最早期「對觀福音書」的資訊來源中，一些有關天啟末世的說法，和早期基督徒想附加到耶穌身上的說法不太一樣。我給大家舉三個例子：

首先，在我上面引用的關於「人子」的說法中，有一個特點，許多人想都沒想就掩飾過去了。雖然這有點複雜，但確實存在這個問題。

早期的基督徒，包括福音書的作者，認為耶穌是人子，是降臨塵世的宇宙審判者，他很快就會回到天堂。實際上，福音書中多次認定耶穌是人子。這種認定，是否通過了不同標準的認證？

顯然沒有：如果你認為耶穌是宇宙的審判者，你說出「耶穌被認定為人子」這樣的話是一件很容易的事。但是，如果你說的是，耶穌實際上沒有被認定為人子呢？或者更進一步，如果你說的是，好像耶穌說，另外一個人才是「人子」呢？這些說法，基督徒不太會作過多修飾，因為他們認為耶穌就是人子。

再看看上面給出的說法。沒有任何線索表明，耶穌在談論人子將來到世上執行審判時，說的是自己。後世讀到的人之所以會自然地認為他在談論自己，要麼是因為他們相信耶穌是人子，要麼是因為他們知道福音書中的某些地方認定他是人子。但是在這些說法中，沒有一處能讓人做出如此的認定。這些說法，從措辭方式上看，並不像早期基督徒的發明。

或者考慮《馬可福音》8:38 提到的另一個說法。注意這句話：「凡在這淫亂和罪惡的世代，把我和我的道當作可恥的，人子在他父的榮耀裡，同聖天使降臨的時候，也要把那人當作可恥的。」現在，任何已經認為耶穌是人子的人，都可能理所當然地認為，他在這裡談論的是自己──無論誰為耶穌感到羞恥，耶穌從天上來時都會為他感到羞愧（也就是說，他會審判這人）。但是，實際上這裡並不是這樣說的。相反，實際上說的是，如果有人為耶穌感到羞恥，那麼人子從天上來，也會為那個人感到羞恥。這句話裡沒有任何能讓你認為耶穌在談論自己的暗示。一位讀者如果認為耶穌是在說自己是人子，那是這位讀者把自己先前的解讀帶到了這段文字中，而不是從文字中讀出來這個意思。

早期的基督徒不太可能編造關於人子的這種說法。你可以想像有人發明了一種說法，清清楚楚地說明耶穌就是在談論自己：

「如果你這樣對我，那麼我，人子，就會這樣對你。」但是，基督徒不太可能編造一種說法，把耶穌和人子區分開來。 這意味著，上述那句話較有可能是真實的。

　　我要舉的第二個例子，是整部聖經中我最喜歡的段落之一，內容是對綿羊和山羊的末日審判（《馬太福音》25:31-46； 這部分出自 M 信源）： 有人告訴我們，人子在天使面前，坐在寶座上，對俗世做出審判。 他把所有的人聚集在他面前，把他們分開，「好像牧羊的分別綿羊、山羊一樣」（25:32）。「綿羊」在他的右邊，「山羊」在他的左邊。

　　他先對「綿羊」說，歡迎他們到上帝的國度，這裡是特別為他們預備的。 為什麼允許他們進入這個光榮的國度？「因為我餓了，你給我吃。 渴了，你們給我喝。 我做旅客，你們那留住我。 我赤裸身體，你們給我穿。 我病了，你們看顧我。 我在監裡，你們來看我。」（25:35-36）義人們大吃一驚，不明白審判者的話： 他們從來沒有為他做過這些事，實際上他們以前從來沒有見過他。 審判者對他們說：「我實話告訴你們，這些事你們既做在我這弟兄中一個最小的身上，就是做在我身上了」（25:40）。然後他對「山羊」說話，要把他們送到「那為魔鬼和他的使者所準備的永火裡去」（25:41），他把原因告訴了他們： 當他餓的時候，他們沒有給他飯吃。 當他渴的時候，沒有給他水喝。 當他做旅人之時，沒有歡迎他。 當他赤裸身體的時候，沒有給他穿衣服穿。 當他生病和坐牢的時候，沒有來看他。 他們也不明白，因為他們以前也從來沒有見過他，所以他們怎麼會拒絕幫助他呢？他對他們說：「我實話告訴你們，這些事你們既不做在我這

弟兄中一個最小的身上，就是不做在我身上了」（25:45）。所以我們得知，八十七個罪人要接受永恆的懲罰，而義人們則獲得永生。

這段描述十分值得注意。幾乎可以肯定，這些話非常像是耶穌說的。為什麼？因為早期基督徒對於一個人如何獲得永生，根本不是這樣思考的。早期的基督教教會教導人們說，一個人可以通過相信耶穌的死亡和復活而得到救贖。例如，使徒保羅非常堅定地認為，人們不能通過做律法要求他們做的事情，或者通過做任何事情，來獲得他們的救贖。如果有可能的話，基督就沒有理由死了（例如，見《加拉太書》2:15-16,21）。

即使在馬太寫的福音書中，聚焦的也是耶穌通過他的死亡和復活帶來的救贖。然而，在上面有關耶穌的這個說法中，人們獲得永生不是因為他們信仰基督（他們從來沒有見過或聽說過人子），而是因為他們為有需要的人做了好事。這不是早期基督徒發明的說法。實際上，它體現了耶穌的觀點：人子要審判俗世，凡幫助別人的，必得永生。

我的第三個例子，是一種說法，幾乎可以肯定，這個說法通過了「不同標準原則」的驗證。這是一個關於預示大災變的說法，對我們在本章後面的討論很重要。

在 Q 信源保存的這種說法中，耶穌告訴他的十二個門徒，在「復興的時候，人子坐在榮耀的寶座上，你們也要坐在十二個寶座上，審判以色列十二個支派」（《馬太福音》19:28；見《路加福音》22:30）。想瞭解為什麼這句話可能是耶穌說的，並不需要太多的思考，這句話顯然不是在他死後被他的追隨者附加在他身

上的。

　　耶穌死後，所有人都知道他遭到自己的一個追隨者猶大背叛。（這件事確實發生過：在所有地方都得到了獨立的證明，而且通過了不同標準的驗證。誰會編造一個故事，說耶穌對他自己的追隨者影響如此之小？）但是耶穌的這句話是對誰說的呢？所有的十二門徒。包括猶大。他告訴他們，他們都將成為未來神國的統治者，包括猶大。沒有基督徒會編造一種說法，說耶穌的背叛者，猶大，將成為未來王國的統治者。因為基督徒不會編造這樣的說法，所以幾乎可以肯定，這種說法來源於歷史上的耶穌真實發生的事蹟。

開始和結束是中間的關鍵

　　以上這些我所蒐集的論述，綜合起來看，業已說服了一個多世紀以來的大多數新約批判學者，相信耶穌最好被理解為曾經宣示過天啟末日的信息。我在這裡要給出的最後一個理由，是在我看來所有的論據中最有說服力的。這個論據非常的好，我真希望它是我想出來的。[7] 論據是，我們相對肯定地知道耶穌是如何開始他的佈道，我們同樣肯定地知道後來發生了什麼。唯一連接開始和結束的就是中間——耶穌自己的佈道和他的宣言。

　　讓我解釋一下。我前面指出，我們有很好的證據——獨立的證明和不同標準原則——判斷耶穌是如何開始他的公共活動的——經由受施洗約翰的洗禮。施洗約翰是誰？一位熱情的、預示天啟末日的傳道者，他宣稱世界末日很快就要到來，人們必須悔改，為迎接世界末日做準備。

　　關於施洗約翰的話，倖存下來的最精彩記錄是在 Q 信源的一段聲明中，他對人群說：「誰指示你們逃避將來的憤怒？你們要結出果實來……現在斧子已經放在樹根上，凡不結好果子的樹，就砍下來丟在火裡「（《路加福音》3:7-9）。這是一個徹頭徹尾的末日啟示性質的信息。神的憤怒就要來了。人們需要準備（通過「結出好果子」）。如果他們不準備呢？他們會像樹一樣被砍倒，扔進火裡。什麼時候會發生？隨時準備開始：斧頭已經在樹的根部，已經做好砍切的準備。

　　在耶穌還沒有開始佈道時，他與施洗約翰有聯繫。大多數學者認為，耶穌與約翰分開之前，一開始是約翰的門徒或追隨者。在一世紀的猶太人世界，有很多可供耶穌選擇的教派。例如，他可以加入法利賽人，或者搬到耶路撒冷，專心在神廟禮拜，或者和其他宗教領袖一起。但是，他選擇與即預示天啓末日的傳道者一起。這一定是因為耶穌同意他宣揚的信息。於是，耶穌開始作為一個世界末日論者四處佈道。

　　但這個特別論點的關鍵是：耶穌之後的佈道，也是以預言天啓末日為導向。而耶穌死後立即發生了什麼？基督教會開始出現。他的門徒開始說服人們相信耶穌的預言。那時這些早期基督徒相信什麼？我們所有的證據都表明：他們也是世界末日論者。他們認為耶穌很快就會從天上返回，在大地上進行審判。正如我在前面提到的，最早的基督教作家是保羅。他的觀點徹底植根於世界末日的思想。他確信末日即將來臨，他認為當審判日到來時，他自己會活下來（《撒羅尼迦前書》4:17；《哥林多前書》15:51-53）。

　　通過熱情的天啓末日論傳道士施洗約翰，耶穌開始他的佈道生涯，而在他死後，狂熱的末日論信徒群體出現了。 耶穌的佈道生涯以天啓末日論開始，以天啓末日論結束。 那麼，中間怎麼可能不是？

　　如果耶穌只是在一開始相信世界末日，人們可能會說，耶穌已經不再相信施洗者的末日信息，他的追隨者也不再認可世界末日的觀點。 但他們確實認可這樣的觀點，所以這說不通。 或者，如果他到最後才相信世界末日，人們可能會說，耶穌本人並不持有這樣的觀點，而是他的追隨者後來相信這個觀點，於是他們倒過來把這件事附會到耶穌身上。 但是，實際上，耶穌剛開始他的佈道生涯，就是個徹頭徹尾的末日論者； 所以這也說不通。

　　由於耶穌一開始成為傳教士的時候，就與施洗約翰有關，再加上末日論群體在他成為傳教士後興起，於是這個身分本身就具有這樣的特性，傳教士會宣告末日，並告訴大家，即將到來的人子會審判俗世，把上帝的美好國度帶給人們。

耶穌認為自己是誰？

　　在以上討論中，我一直關注的是耶穌所宣告信息的特點。 我不想用任何想像性的暗示，來強調耶穌宣告的信息是論證耶穌真實歷史的關鍵線索，或者對試圖理解他生活的學者來說非常重要。 然而有人可能會說，耶穌所表現的各種行為，他所參與的各種爭論，乃至導致他死亡的各個事件，在末日論的框架內，所有這些都是合理的； 較為全面的研究，也證明了這一點。[8] 但是，我對這本書的興趣在於一個神學／宗教問題，即，耶穌是如

何（以及何時）被認為是神的？我的論點是，這不是耶穌自己在
公開佈道期間所宣導的。恰恰相反，他散佈的信息是有關即將到
來的死亡和救贖的末日宣告：他向世人宣告，人子很快會降臨，
在雲端對俗世進行審判，人們需要為這場歷史上的大災變做好準
備；他宣示，一個新的王國即將到來，義人的正義將得到伸張和
回報，因為他們仍然忠於上帝，做上帝希望他們做的事情，即使
那樣做給他們帶來了痛苦。

　　但是耶穌，也就是作為使者的他自己呢？他會在即將到來的
王國裡扮演什麼角色？關於這兩個問題，我想從弄清楚耶穌最早
期的追隨者是怎樣談論他的，開始思考。

　　基督運動早期，用到耶穌身上的最常見的描述性稱呼是「基
督」（Christ）。有時我不得不告訴我的學生，基督不是耶穌的
姓。大多數生活在耶穌時代的人，除了上層羅馬精英，都沒有姓
氏，所以他不叫耶穌‧基督，也沒有叫約瑟‧基督、馬利亞‧基
督的人。基督是一個稱號，實際上，基督是希伯來語，對應的
是希臘語中的彌賽亞，救世主。提到耶穌基督時，要表達的是：
耶穌是彌賽亞。

　　有理由認為，耶穌的一些追隨者認為他不只死後是彌賽亞，
活著的時候也是。還有更多的理由認為，耶穌自己說過他是彌
賽亞。為了檢視這些理由，我們首先要簡單地審視一下，「彌賽
亞」這個詞對一世紀的巴勒斯坦猶太人來說，意味著什麼。

猶太人的彌賽亞

我們從各種猶太著作中得知，彌賽亞這個詞有好幾種解讀

方式。[9]首先，我要強調一下我前面提到過的：在希伯來語中，「messiah」一詞的意思是「受膏者」。在這種背景下接受塗抹油脂，意思是「神所選擇和特別尊敬的」。通常有「為了實現神的目的，在地球上促成他的意志」的意思。正如我們前面提到過的，在《以諾一書》中，稱人子為受膏者。

這是一個有點不尋常的解釋，因為他本應是在未來大審判中的角色；但也說得通，確實有一些猶太人會這樣解釋它。如果不是神聖的、可能像天使般的存在，誰被描述為神的特殊選擇最合適？誰會來摧毀邪惡的力量，建立神的王國？從《以諾一書》中我們得知，一些猶太人確實認為，這個未來的審判者是上帝派來的彌賽亞，無論他被稱為人子或其他什麼。

這個詞不是用來指稱神聖的、天使般的存在，而是指一個人，這種情況更常見。例如，我們從《死海古卷》中得知，一些猶太人有這樣的想法，特別是那些深刻銘記《妥拉》中儀式和律法的人，他們認為未來的以色列統治者將是一位偉大而強有力的牧師；《死海古卷》中認為這位教士統治者即是彌賽亞。他是上帝的受膏者，是經文的權威解釋者，他將通過向人民解釋上帝的律法，根據需要，執行律法，統治人民。這個解釋也是合理的，因為在希伯來聖經中，教士有時被認為是神的受膏者。

對這個詞更普遍的理解，並不涉及如天使般存在的審判者，或權威教士，而是另一種不同的統治者。同樣，正如我們已經看到的：以色列國王被理解為神的「受膏者」，是出類拔萃的人。掃羅通過受膏的儀式，成為以色列的第一任國王（《撒母耳記上》10:1）。第二任國王大大衛也是如此（《撒母耳記上》16:13）。他

家族的繼承人們也是如此。

這是對「彌賽亞」一詞最廣義的理解，關鍵是，正如前面討論過的，據說上帝在《撒母耳記下》7 中向大衛許下了諾言： 他答應給大衛的兒子所羅門「做父親」。 從這個意義來說，國王是「神的兒子」，但上帝承諾的第二件事同樣重要，他告訴大衛：「你的家和你的國必在我面前永遠建立，你的國位也必堅定，直到永遠」（《撒母耳記下》7:16）。 對於上帝來說這是一件簡單的事。 大衛會一直有一個後裔在王位上。 上帝答應過的。

結果，大衛的後裔確實在位很長一段時間 —— 大約四個世紀。 但是，有時歷史會阻斷期望的延續，這個歷史事件發生在西元前 586 年。 當時巴比倫的政治勢力崛起，摧毀了猶太國 —— 摧毀了它的首都耶路撒冷，以及所羅門建造的神廟 —— 把大衛的後裔趕下了王座。

後來的猶太人回顧這場災難，想要知道它怎麼會發生。 上帝曾承諾，即使大衛的「兒子」不服從上帝，上帝仍然會給他榮譽，統治以色列的永遠會是大衛的血脈。 但是事情發生了變化。是上帝收回他的諾言了嗎？ 一些猶太思想家傾向於相信，上帝的承諾不是無效的，而是會在未來的某個時候實現。 大衛王的血脈暫時離開了王位，但上帝會記住他的諾言。 因此，還是會有一個受膏者來 —— 一個像大衛一樣的未來國王，他的一個後裔，將重建大衛的王國，使以色列再次成為一個偉大和光榮的獨立國家，成為其他所有國家羨慕的對象。 這個未來被指定的人 —— 彌賽亞 —— 一定會和他最偉大的祖先，那個強大的戰士和老練的政治家大衛一樣出色。 他將推翻佔領「應許之地」的壓迫者，重建

王朝和國家。 那將是一個輝煌的時代。

　　有些猶太人對未來的彌賽亞有這樣的期望，從政治角度看待他： 作為一個偉大而強有力的國王，他將通過軍事力量復興猶太人的王國，拿起劍來處置他的敵人。 其他猶太人，特別是較相信天啓預言的，預期未來發生的事將會更加不可思議： 當上帝親自干預歷史的過程時，他會讓以色列再次成為通過他的彌賽亞統治的王國。 那些最熱衷於世界末日預言的人認為，未來的王國將不是普通的有官僚機構和腐敗存在的、非選拔制的政治制度，實際上會是上帝之國，一個烏托邦式的國家，在那裡不會有任何邪惡、痛苦或苦難。

作為彌賽亞的耶穌

　　有充分的理由認為，耶穌的追隨者在他活著的時候就相信，他可能就是即將到來的受膏者。 在此，兩組資訊必須結合起來看，才能認識它們的全部力量。 第一個是我前面提到過的，「基督」（即，受膏者、彌賽亞）是早期基督徒用於耶穌的最常見的描述性稱呼，以至於他們經常稱他為基督而不是耶穌（因此，儘管我在前面開了個小玩笑，但是基督確實開始充當他的名字）。 這是非常令人驚訝的，因為據我們所知，耶穌在他的生命中沒有做過任何讓別人認為他是受膏者的事。

　　也就是說，他沒有到天空的雲端去審判活人死人； 他不是祭司； 他從來沒有組建軍隊，把羅馬人趕出應許之地，把以色列建立成一個至高無上的國家。 那麼，為什麼他的追隨者如此普遍地以「基督」稱呼他？

這個問題涉及第二個事實。 今天許多基督徒認為，因為他的死亡和復生，耶穌最早的追隨者斷定他就是彌賽亞： 如果耶穌為世人的罪而死，並在死後復活，那他一定是彌賽亞。 但這樣的想法恰恰是錯誤的，因為你可能已經從前面我說的話推斷出來了。古代猶太人沒有期待——零期望——未來的彌賽亞會死亡，並在死亡後復活。 那不是彌賽亞應該做的。 無論任何猶太人，對彌賽亞有什麼具體的想法（作為全世界的審判者、非凡的祭司、強大的戰士），他們都認為，他會是一個偉大和有力的人物，他會是以色列偉大的統治者。 耶穌當然不是那樣的人。 耶穌不但沒有摧毀敵人，反倒被敵人摧毀——被逮捕，受折磨，被釘死，這是羅馬人認知中最痛苦、最屈辱的死亡形式，簡而言之，耶穌與猶太人期望的彌賽亞正好相反。

後來，基督徒開始與猶太人就這個問題進行激烈和長期的爭論。 基督徒聲稱： 實際上《希伯來聖經》預測，未來的彌賽亞會死亡並在死後復活。 他們指出了《聖經》中的一些篇章，其中提到一個先受難，後得清白的人，例如《以賽亞書》53 和《詩篇》22 中的段落。 但是，猶太人有一個現成的回應： 這些段落不是談論彌賽亞。 你自己去閱讀這些篇章，就會發現，實際上，彌賽亞這個詞從來沒有在這些篇章中出現過。

無論你是否選擇將這些段落解讀為，其中的人物指的就是彌賽亞，即使文字中並沒有明確地提到彌賽亞，在現階段，這都不是我的重點。 在這裡，我的意思是，在基督教出現之前，沒有猶太人把這些段落中描述的人解讀為彌賽亞。 彌賽亞是一個強大的人物，他可以戰勝敵人，建立神的王國； 但是耶穌被敵人摧毀

了。 對大多數猶太人來說，這已經足夠得出結論了。 從彌賽亞的定義上看，耶穌不是彌賽亞。

　　但這馬上就會帶來問題。 如果相信耶穌是為世人的罪而死，並在死後復活，不會讓任何猶太人認為他因此一定是彌賽亞，那麼我們如何解釋基督徒在耶穌死後立即宣稱——不是否認他的死，而正是因為他的死——他是彌賽亞？ 唯一可信的解釋是，他們在耶穌死後這樣稱呼他，是因為他們在他生前就這樣稱呼他。

　　許多學者認為，這樣的設想是最合理的。 在他的佈道生涯中，耶穌帶來了希望和期望，他可能是彌賽亞。 他的門徒期望他成就大事。 也許他會組建一支軍隊。 也許他會召喚神的憤怒使之降臨到敵人的身上。 他總會做些什麼，並在行將成為以色列未來的統治者。 被釘死在十字架上的結局，完全否定了這樣的想望，並向門徒展示了他們錯得多麼離譜。 耶穌被他的敵人殺死了，所以他終究不是彌賽亞。 但是，後來他們開始相信耶穌在死後復活了，這再次證實了先前被否定的信念。 他真的是彌賽亞。 但不是我們原先想的那樣！

　　在接下來的兩章，我的思路將是： 探索對耶穌復活的信仰。 在這個階段，我只想提出最基本的觀點： 耶穌的追隨者一定認為他在死前就是某種意義上的彌賽亞，因為關於他死亡或復活時發生的任何事情，都不會讓他們在後來萌生這個想法。 彌賽亞是不應該有死亡或復活的經歷的。

耶穌對於自己作為彌賽亞的理解

　　關於「耶穌是如何理解自己的」這個問題，我們能說些什麼

呢？他會自稱彌賽亞嗎？如果答案是肯定的，他這樣自稱是什麼意思？他會自稱神嗎？在這裡，我想表達一個明確的立場：**耶穌自稱彌賽亞，是；自稱神，沒有。**

我認為，在一個非常具體和特殊的意義上，有很好的理由認為，耶穌確實把自己想像成了彌賽亞。彌賽亞被認為是以色列人民未來的統治者。但作為一個天啓末日論者，耶穌並不認為未來的王國將通過政治鬥爭或軍事作戰來贏得。他認為，未來的王國會由人子建立，人子要來審判眾人和一切反對上帝的事。然後王國就會到來。我想耶穌相信他自己會成為那個王國的國王。

有幾個理由導致我這麼想。首先，讓我們回到我之前談到的關於門徒的看法。他們明確地認為，並討論過，在塵世生活期間的耶穌是彌賽亞。但事實上，他從來沒有做過任何讓人們認為他是彌賽亞的事。他很可能是一個和平主義者（「愛你的敵人」，「換另一個臉頰」，「和平締造者是受到祝福的」等等），但這並不能使他成為一個領導者候選人，成為猶太武裝部隊的將軍。

他沒有號召人們暴力推翻羅馬軍隊。談到即將到來的人子時，他說的是別人，而不是他自己。所以，如果耶穌積極從事的活動中，沒有一件事會讓任何人懷疑他標榜自己是彌賽亞，為什麼在他公開佈道期間，他的追隨者幾乎肯定他就是彌賽亞，還這樣稱呼他？最早的解釋是，這是因為耶穌告訴他的追隨者：他是彌賽亞。

但是他說的「彌賽亞」救世主是什麼意思，必須在他天啓末日宣言這個更廣泛的背景下理解。正如我們所看到的，耶穌告訴他的門徒——包括猶大在內——他們將坐在十二個寶座上統治未

來以色列王國的十二個部落。 但誰會是最終的國王？

耶穌現在是他們的主人（=lord）。 接下來他就不是他們的主君（=Lord）了嗎？是他召集他們來，命令他們，吩咐他們，並應許他們將來在王國中有寶座給他們。 幾乎無法想像，他不會在那個王國裡扮演一個角色，如果他現在是門徒們的領袖，那麼他將來肯定也是門徒們的領袖。 耶穌一定認為，他很快就會成為由人子帶來的上帝之國的國王。 未來以色列國王的代表性稱謂是什麼？ 彌賽亞。 從這個意義來看，耶穌一定曾告知他的門徒，他是彌賽亞。

另外兩個線索使這一判斷更加確定。 第一個又與福音書故事中的猶太壞人猶大有關；第二個涉及羅馬壞人本丟·彼拉多。 先說猶大。 關於猶大是誰，以及他為什麼背叛耶穌的猜測層出不窮。[10] 正如我前面提到過的，毫無疑問，猶大確實背叛了耶穌，但是他到底為什麼要這樣做？關於這一點，有很多不同的解釋意見，但它們與我想在這裡提出的觀點無關。 相反，我想反思猶大實際上背叛了什麼。

根據福音書的描述，這個答案非常簡單。 當耶穌在他生命的最後一周來到都城耶路撒冷，為慶祝一年一度的逾越節，去到聖殿。 他在聖殿裡引起了一場騷亂 —— 以啟示性的方式預言，聖殿將在即將到來的審判中被摧毀。 地方當局因此立即警覺起來。 管轄聖殿和耶路撒冷人民的猶太領導階層是撒都該派（Sadducees）。 他們屬於猶太貴族，許多人是管理聖殿和祭品的祭司； 其中就有最主要的執政官，即大祭司。 祭司集團負責維持人民之間的秩序，這在很大程度上是因為： 掌權的羅馬人允許當

地貴族管理自己的事務，只要當地沒有騷亂，他們就可以隨心所欲。 但逾越節是一個煽動性的日子，這個節日本身就會激起民族主義情緒和反叛思想。

因為逾越節紀念的是《希伯來聖經》中著名的一段故事，當時上帝指引摩西帶領以色列人民逃脫了埃及奴隸制的枷鎖。 猶太人每年都要慶祝出埃及事件，因為來自世界各地的猶太人都記得，上帝曾為他們的利益出手干預，使他們免受外國統治。 逾越節的晚餐是節日的高潮，他們不只是為過去的事件慶祝。 許多猶太人希望、甚至期待，上帝很久以前借摩西之手做的事，可以借他們的某個領袖之手，在今天再做一次。

所有人都知道，當民族主義情緒達到狂熱的程度時，就會發生起義。 因此，每年的這個時候，住在沿海城市凱撒利亞的羅馬總督都會帶軍隊來到耶路撒冷，平息任何可能發生的騷亂。 撒都該人有意對等投入，維持和平。 他們願意與羅馬人合作，以換取神在《妥拉》中指示的，在聖殿敬拜上帝的席位。

那麼，當這個來自加利利的外鄉人，拿撒勒的耶穌，出現在城裡宣講他激烈的末日啟示信息，說武裝部隊將會被摧毀，還預言在這場推翻上帝所反對的一切之行動中，他們熱愛的聖殿會在衝突中被摧毀，他們會怎麼想？ 他們肯定不會友好地接受他的信息，或接待這位信使，他們會一直盯著他。

我們所知的資料在在都顯示，耶穌在耶路撒冷度過了一周，直到逾越節晚餐，期間他一直在宣講即將到來的末日啟示信息（見《馬可福音》13；《馬太福音》24-25）。 因此，他聚集起了越來越多的人。 人們聽他講道。 有些人接受了他的信息。 運動的

聲勢與日俱增。所以，猶太領導者們決定採取行動。

猶大就是在這裡參與進來的。福音書中說，猶大似乎被雇來帶領當權者去指認耶穌，這樣他們就可以在聚集的人群不在時逮捕他。我對這些記錄一直心存懷疑。如果當權者想悄悄地逮捕耶穌，為什麼不悄悄地跟蹤他？為什麼會需要一個內應？

有理由認為，實際上，猶大不是以這種形式背叛的。這裡有兩個事實需要記住。第一個事實是我們已經提到過的，沒有任何記錄顯示，耶穌曾經在公共場合宣稱自己是猶太人的王，彌賽亞。這個信息不是出自他的口中。他說的是，未來的王國是由人子帶來的。他總是讓自己置身事外。

第二個事實是，當權者逮捕耶穌並將他交給本丟‧彼拉多時，對他提出的指控一直是：他自稱是猶太人之王。如果耶穌從來沒有在公開場合宣稱他是未來的國王，那麼在他接受審判時對他提出的指控，外人怎麼知道？[11] 最簡單的答案是，這正是猶大背叛的地方。

猶大是知情人之一，耶穌向門徒們透露了他對未來的展望：猶大和其他十一個門徒都將成為未來王國的統治者，耶穌將是國王。出於某種原因——我們永遠不會知道為什麼——猶大成了一名叛徒，背叛了自己的立場和他的主人。[12] 他告訴猶太當局，耶穌在私下教導了什麼，這正是猶太當局想要的。於是當局逮捕了耶穌，把他交給總督。

現在我們來說說本丟‧彼拉多。作為猶太省的總督，彼拉多擁有生殺大權。羅馬帝國沒有當今很多國家都有的類似聯邦刑法之類的東西。負責統治各省的總督，有兩項主要任務：為羅馬政

府徵稅和維持和平。 他們可以採取任何必要的手段實現這兩個目標。 因此，例如，任何被認為是麻煩製造者的人，可以被無情和迅速地處決。 總督可以宣佈死刑，並要求立即執行。 沒有正當程序，也沒有陪審團審判或上訴的可能。 在有問題的時代，會通過迅速和果斷的「司法」來處理有問題的人，這裡的「司法」通常是暴力的。

根據我們現有的記錄，耶穌在彼拉多面前接受審判的時間很短。 彼拉多問他是不是真的為猶太人之王。 幾乎可以肯定，這就是對耶穌的真實指控。 這在許多獨立見證者那裡中，已得到了多重證明，無論是指控本身，還是掛在十字架上的標牌上（例如，《馬可福音》15:2，26）寫的罪名。 此外，對耶穌的指控並不是基督徒們發明出來的。 即使基督徒逐漸認識到耶穌是彌賽亞，但是據我們所知，他們從來沒有施加給他「猶太人之王」的稱號。 如果是基督徒發明了這個罪名，而假借彼拉多之口，那他問的應該是，「你是救世主嗎？」但是福音書中並沒有這樣寫。 耶穌的罪名是自稱為「猶太人之王。」

證據表明耶穌確實認為他是猶太人之王，這就是他被殺害的原因。 如果彼拉多問他，他是否真的自稱為「猶太人之王」，耶穌可以簡單地加以否認，然後說自己不想惹麻煩，從來沒有當國王的期望或意圖。 應該就是這樣。 既然對他的指控是，他自稱是猶太人之王，而他的回答即使不是直接承認，至少是沒有否認。 彼拉多遂做了一般的總督在這種情況下通常會做的決定。 他下令，把耶穌當做麻煩製造者和覬覦政權者，加以處決。

耶穌是被指控叛亂、造反，而政治叛亂犯當然要被釘在十字

架上。

　　耶穌之所以不能否認他自稱是猶太人之王，是因為他真的曾自稱是猶太人之王。當然，以純粹天啓的意義來看，他的意思是：當神國降臨時，他將成為國王。但彼拉多對神學方面的美好憧憬不感興趣。在彼拉多看來，只有羅馬人才能任命某人為國王，任何其他想要成為國王的人，只有通過造反才能實現。

　　於是彼拉多下令，將耶穌就地釘死在十字架上。一些絕對可信的記錄顯示，士兵們粗暴地對待他，嘲笑他，鞭打他，然後把他釘在十字架上。據說，當天上午也裁定了另外兩起類似的案件。也許次日、再次日還會裁定幾起這樣的案件。在這種情況下，他們把耶穌和另外兩個犯人帶到一個公共處決的場地，把他們都固定在十字架上。根據我們所能看到的最早描述，耶穌被釘在十字架上之後，存活了不到六個小時。

耶穌是否聲稱自己是神？

　　簡而言之，我認為對於歷史上的耶穌，以及他對自己的理解，我們已經有一定的認識。他認為自己是一個先知，預言了當前邪惡時代的結束，以及未來的以色列國王將在屆時到來。但是，他有沒有自稱為神？

　　在經典福音書中的最後一部《約翰福音》中，耶穌確實聲稱是神。我們將在第 7 章細細研究相關段落。但是無需細讀，我們就能注意到，在這部福音書中，耶穌確實做了一個有關自己的不尋常的聲明。在說到猶太人的始祖亞伯拉罕（生活在 1800 年前）時，耶穌告訴他的反對者，「我實在告訴你，還沒有亞伯拉罕，

就有了我（「Truly I tell you, before Abraham was, I am」）（8:58）。
這句話中「I am」，勾起了所有熟悉希伯來聖經者的心弦。 在
《出埃及記》中，在我們在第二章中提到的「燃燒灌木的故事」
中，摩西問上帝，他的名字是什麼，上帝告訴摩西，他的名字是
「我是 I am」。 看來耶穌不僅聲稱自己在亞伯拉罕之前存在，而
且被賦予了神自己的名字。 他的猶太反對者很清楚他說的是什麼
意思。 於是他們立即拿起石頭拋向他。

後面耶穌更加明確地宣稱「我與父原為一」（《約翰福音》
10:30）。 猶太反對者們再次拿石頭砸他。 後來，耶穌與自己的
門徒在一起吃最後的晚餐時，他的追隨者腓力（Philip）請求他告
訴大家「天父是誰」；耶穌回答說，「人看見了我，就是看見了
父」（14:9）。 在同一頓飯中，耶穌向上帝祈禱，談論上帝如何
「送他」到世上，並提到「你賜給我的榮耀……在創立世界以
前」（17:24）。

顯然，耶穌並沒有聲稱自己是天父（因為他是在祈禱，不是
在自言自語）。 所以他不是說自己和上帝是一樣的。 **但是他說，
他與神是平等的，並且從世界被創造之前，就一直這樣。** 這些都
是令人驚訝的抬升自己地位的說法。

但從歷史的角度來看，這些話根本不能認定是耶穌說的。 因
為這些話沒有通過我們任何標準的驗證。 這些話沒有在已知來源
中得到多重證明；它們只出現在最晚出以及最具神學色彩的《約
翰福音》中。 它們當然不會通過「不同標準原則」的驗證，因
為其中表達耶穌的觀點，恰好和福音書的作者約翰持有的觀點一
樣。 因此這些話根本不可信。 沒有記錄顯示任何一個巴勒斯坦的

猶太人曾如此自稱。**《約翰福音》中有關耶穌自稱為神的宣告，實際上是約翰自己獨特的神學觀點之一部分；根本不是對耶穌言論的歷史記錄。**

我們可以從不同角度看這件事。正如我前面指出的，我們有許多有關歷史上耶穌的早期來源：保羅的一些評論（包括來自耶穌教義的幾個引文）、《馬可福音》、Q 信源、M 信源、L 信源，更不用說完整的《馬太福音》和《路加福音》。我們沒有在其中的任何來源中，發現這種自我抬升的主張。如果耶穌在加利利遊走時，就宣稱自己是上帝派來的神聖人物──一個在世界創造之前就存在，實際上等同於上帝的人──難道會有比這令人震驚、令人愕然的話嗎？

但是，早期的消息來源從來沒有提到過這些事。他們（都是！）只是單純地決定不提起發生在耶穌身上最重要的這件事嗎？

幾乎可以肯定，《約翰福音》中耶穌自稱為神的描述，並沒有真實發生過。但是，耶穌有沒有可能認為自己是另一種意義的神？前面已經討論過，他不認為自己是人子，他也不認為自己是來自天堂的信使，要來審判俗世。

但他確實認為自己是未來王國的國王，彌賽亞。我們在前一章中提到，在經文的一些篇章中，國王被稱為神聖的存在，而不僅僅是一個凡人。難道耶穌不會認為自己是這種意義上的神嗎？

這當然是有可能的，但我認為事情不是這樣的，原因如下。在《希伯來聖經》，甚至在整個猶太傳說中，確實存在凡人被視作神祇的例子，比如，某位國王、摩西或以諾。但是這些話一直是別人說的，從來沒有人自己這樣說過。這與我們在埃及發現的

情況有很大的不同，比如，法老聲稱自己是神的直系血脈；或者亞歷山大大帝接受了超格的崇拜；或者一些羅馬皇帝，大肆宣揚他們是神。據我們所知，這在猶太王國中從未發生過。可能後來，國王的追隨者開始思考國王的地位和重要性時，會認為自己的國王是神。但是我們從沒發現過任何猶太國王宣稱自己是神。

耶穌會是例外嗎？是的，當然；任何事都有例外。不過，認為耶穌在這件事上例外，需要大量有說服力的證據。但實際上不存在這樣的證據。只有福音書中的最後一部《約翰福音》中記述過耶穌自稱為神，除此之外，沒有任何早期資訊來源有過這樣的描述。

有人可能會說，除了明確地自稱為神的宣告之外，還有其他理由，可以讓人懷疑耶穌認為自己是神。例如，他創造了驚人的奇蹟，這些事只有神才能做到；他原諒了人們的罪惡，這是神的特權；他接受崇拜，因為人們在他面前躬身，這表明他在迎接神的榮譽。

關於這些事情，有兩點要強調。首先，這些事並不是只有神可以做，人也可以。在《希伯來聖經》中，先知以利亞（Elijah）和以利沙（Elijah）通過神的力量，創造了奇蹟——包括治癒病人，讓死者復活——在《新約聖經》中，使徒彼得和保羅也能行奇蹟；但是，這並不會使他們當中的任何一個人成為神。當耶穌原諒罪惡時，他從來沒有像上帝說的那樣說「我原諒你 I forgive you」，而是說「你的罪被原諒了 your sins are forgiven」，這麼說的意思，是表示原諒罪惡的不是耶穌，而是上帝。為了榮耀在神廟獻祭的祭司，宣佈罪受寬恕的特權被賦予了

猶太祭司。耶穌也許聲稱他具有祭司般的特權，而不是上帝的特權。某些國王受到崇拜——即便在《聖經》（《馬太福音》18:26）中也有記述——那是通過人民的尊敬和服從。這裡，耶穌接受的崇拜可能源於他會是未來的君王。就其本身而言，沒有任何一件事，可以清楚地表明耶穌是神。

但更重要的是，這些事可能與歷史上的耶穌無關。相反，這些傳說可能是後來講故事的人附加到耶穌身上的，以提高他的顯赫地位和重要意義。回想一下本章的一個重點：福音書中的許多傳說，並不是來源於歷史上耶穌的生涯，而是講述故事的人所做的潤飾，他們試圖通過說服人們相信耶穌的優越性，而勸導他人皈依，並以此教導那些已經皈依的人。這些有關耶穌顯赫地位的傳說，無法通過「不同標準原則」的驗證，而且很可能是後來關於他的故事之虛假延伸——講述者是那些信徒，他們在他復活之後將他理解為某種意義上的神。

關於耶穌，我們可以相對肯定地知道，他的公開佈道和宣講，關注的都不是他自己的神性；實際上跟他的神性毫無關係。他的佈道和宣講，都是關於上帝的，關於上帝將要帶來的王國，以及那將要審判俗世的人子。耶穌宣稱，當未來王國降臨時，惡人將被摧毀，義人將被帶入王國——一個不再有痛苦、不幸或苦難的王國。耶穌的十二個門徒將是這個未來王國的統治者，耶穌將統治他們。耶穌沒有宣稱自己是神。他堅信並教導眾人，他是即將到來的上帝之國的未來國王，是尚未揭曉身分的，由上帝派來的彌賽亞。這是他想對信徒們傳達的信息，最後，他正是因為這個信息而被釘死在十字架上。

　　直到後來，他的徒眾相信他們被釘死在十字架上的主已在死後復活，他們才開始認為，他是某種意義上的神。

注釋

1. 戴爾・埃里森（Dale Allison）《拿撒勒的耶穌：千禧之年的預言家》（明尼阿波利斯：堡壘出版社，1998）；巴特 D・葉爾曼《耶穌：天啟的末日先知》（紐約：牛津大學出版社，1999）；保拉・弗里德里克森（paulaFredriksen）《拿撒勒的耶穌：猶太之王》（紐約：陳年出版社，1999）；約翰・梅爾（John Meier）《一個邊緣猶太人：重思歷史上的耶穌》卷四（紐約：雙日，1997-）；E. P. 桑德斯《歷史人物耶穌》（倫敦：埃倫・雷恩/企鵝出版社，1993）；格扎・沃姆斯（Geza Vermes）《猶太人耶穌：歷史學家讀福音書》（倫敦：柯林斯，1973）。
2. 我在《耶穌，被遮斷》中探討了這些差異、矛盾和歷史問題（三藩市：HarperOne,2009）。
3. 這些經典的研究型著作包括阿爾弗雷德 B・洛德（Alfred B. Lord）《故事歌手》（麻塞諸塞州，劍橋：哈佛大學出版社，1960），以及沃爾特・奧格（Walter Ong）的《口述與文學：語言的技術化》（倫敦：梅圖恩出版社，1982）。近期對這些所有這些研究的調查總結，參加斯蒂芬 E・揚（Stephen E.Young）《宗徒教父的耶穌傳說》（圖賓根：摩爾・茲貝克出版社，2011）。
4. 參見我在《耶穌：天啟的末日先知》中的討論，如果想更徹底的瞭解，參見梅爾的《一個邊緣的猶太人》卷一。
5. 權威記錄參見E. P. 桑德森（E. P. Sanders）的《猶太主義：實踐和信仰西元前，63年－西元66年》（費城：三一國際出版社，1992）。
6. 完整描述參見我的書《耶穌：天啟的末日先知》。
7. 許多年來我看過各種形式的相關談論，我必須承認，一開始是誰想到的，也不知道。
8. 參見我的書《耶穌：天啟的末日先知》。
9. 參見約翰 J・柯林斯的《權杖和星：死海古卷和其他古代文獻中的救世主》（紐約：雙日，1995）。
10. 參見我的書《遺失的猶大・伊斯卡洛的福音書》（紐約：牛津大學出版社，2006），153-70。
11. 我不相信耶穌騎馬來到耶路撒冷，左右歡呼，聲稱他是到來的救世主，這種描述符合史實。如果這種情景是真實的，耶穌應該會被逮捕。
12. 參見章節附註10中我的著作。

第四章
耶穌復活：我們無法獲知的

　　我每年會在全國各地舉辦很多講座，不僅在學院和大學，還為公民組織、神學院和教堂舉辦講座。我受邀到保守的福音派或教會演講時，幾乎總是會演變成一場公開辯論，在辯論中，我被要求與某位保守的福音派學者就一些共同感興趣的話題進行交流，例如：「歷史學家能證明耶穌死後復活了嗎？」或「我們有《新約聖經》的原始文本嗎？」或「聖經是否充分解釋了為什麼人會有苦難？」出於一些顯而易見的原因，現場觀眾往往對我要說的話並不感興趣，他們是想看自己一方的學者如何回應和反駁我的觀點。

　　我明白這一點，而且實際上很喜歡這種場合：辯論往往是生動的，觀眾幾乎總是樂於接受，而且很親切，即使他們認為我是黑暗面的危險代言人。

　　在較為自由的教會和世俗環境中，我通常較能自由發揮，觀眾們也更願意接受，他們渴望從歷史的角度，聽取學者們對早期基督教的歷史和《新約聖經》的看法。在這種場合，我通常談論歷史上的耶穌，列舉上一章中總結的觀點——耶穌應該被理解

為一個預見末日大災變的先知，他預期上帝很快就會介入人類事務，推翻邪惡的力量，在地球上建立一個美好的王國。正如我們所看到的，這種觀點並不是耶穌獨有的，可以在他那個時代其他相信天啓末日的猶太人的教義中找到。

我在演講中發表這樣的言論時，觀眾們通常會對我提出兩個問題。第一個是：「如果這是學者中廣泛持有的觀點，為什麼我以前從未聽說過？」恐怕這個問題有一個簡單、但令人不安的答案。大多數情況下，我對耶穌的看法與主流教派神學院（長老會、路德會、衛理公會、聖公會，等等）的主任牧師候選人，看法其實相似。當然，對有些地方會有不同見解。那麼，為什麼他們的教區信眾從來沒有聽說過這些觀點呢？因為他們的牧師還沒告訴他們。為什麼他們的牧師沒有告訴他們？我不確定，但是根據我與之前的神學院學生的談話，我認為許多牧師不想自找麻煩；或者他們不認為他們的教會「準備」聽學者們的話；亦或者他們不認為他們的教會想聽。所以他們不告訴教民們。

第二個問題在智力方面更具挑戰性：「如果耶穌時代的其他猶太人，也傳導了這種世界末日的觀點，那麼……為什麼耶穌如此重要？為什麼耶穌開創了世界上最大的宗教，基督教，其他發表末日啟示言論的教師們卻被歷史遺忘？為什麼耶穌在別人失敗的地方成功了？」

這是個很好的問題。有時，問這個問題的人會認為這個問題其實存在一個顯而易見的答案，即，耶穌一定是獨一無二的，與其他所有宣告這一信息的人完全不同。耶穌是神，而他們是人類，所以耶穌才開創了一個新的宗教，而他們沒有。順著這條思

路思考，基督教取得巨大成功的唯一解釋，只能是相信這一切的背後是上帝在主導。

但是，這個答案存在一個問題，它忽視了世界上其他所有偉大的宗教。難道我們要說，所有偉大和成功的宗教都來自神自己，他們的創始人都是「神」？摩西是神嗎？穆罕默德？佛陀？孔子？此外，基督教在古羅馬世界迅速傳播，並不一定表明神站在基督教的一邊。那些這樣說的人，應該多想想世界上其他宗教。

比如這個例子：社會學家羅德尼‧斯塔克（Rodney Stark）表示，在最初的三百年裡，基督教每十年以40%的速度增長。如果基督教在一世紀初只是一個相對較小的群體，但是到四世紀初大約已經發展到300萬信徒，那麼增長速度就是每年40%。令斯塔克感到震驚的是，摩門教教會自19世紀開始，增長率與基督教初期相同。正統的基督徒認為基督教的背後是神，否則的話，教徒的增長速度不會如此之快——那麼他們是否願意把這番話用到摩門教身上呢（基督徒們實際上不太支持摩門教）？

所以我們的問題還在：**是什麼使得耶穌如此特別**？事實上，正如我們即將得知的，並不是因為他宣告的那些信息。那些信息並沒有取得多麼大的成功。反而害他被釘在十字架上——這當然不是取得巨大成功的標誌。**聲稱耶穌在死後復生，才是使他不同於其他所有宣導類似信息之人的關鍵**。相信耶穌復活，絕對改變了一切。耶穌時代，其他宣揚世界末日的傳教士都沒有類似的傳說，這個傳說讓他成了獨一無二的人。

如果沒有對耶穌復活的信仰，他將只是猶太史冊上一個無足輕重的人物。只因為相信耶穌在死後復活，人們才開始推展將耶

穌提升到超人層面的運動。 而相信耶穌的復活，最終導致追隨者們聲稱耶穌是神。

你可能注意到，我寫前面的那些句子時，措辭非常小心。 **我沒有說復活是使耶穌成為神的原因。 我說的是，對復活的信仰導致他的一些追隨者聲稱他是神。** 這是因為，作為一名歷史學家，我認為我們不能從歷史上證明耶穌真的在死後復活了。 我也沒有說相反的話——歷史學家可以利用歷史學來證明耶穌沒有在死後復活。 我認為，當涉及諸如復活這類的奇蹟時，歷史科學對於還原史實起不到什麼幫助作用。

宗教信仰和歷史知識是兩種不同的「知道」方式。 在慕迪聖經學院時，我們發自內心地肯定了韓德爾在《彌賽亞》中寫的那句（摘自《希伯來聖經》中的《約伯記》）：「我知道我的救贖者活著」，但我們「知道」這個，並不是因為歷史調查的結果，而是因為我們的信仰。 無論耶穌是否因為復活，所以到今天還活著，或者過去是否真的發生過任何如此偉大的奇蹟，都不能通過歷史研究來「知道」，只能基於信仰。

這不是因為歷史學家一定要具備「懷疑精神」或「對宗教懷有不友善的世俗假設」，純粹是歷史研究本身的結果——無論是是由信徒還是由懷疑者來研究——這個問題，我會試著在這一章的後面做出解釋。

歷史學家能夠探討的，是那些不屬於奇蹟的、不需要信仰來瞭解的事件，例如，一些耶穌的追隨者（大多數？全部？）開始相信耶穌肉身在死後復活。 這一信仰，本身是一項歷史事實。但是，關於耶穌死亡其他方面的記述，在歷史上是有問題的。

在這一章和下一章中，我從歷史的角度討論了我們可以知道的事實，和我們不能得知的一些說法。 先從我們無法得知的，有關早期基督徒對耶穌復活的信仰說起。

為什麼歷史學家們無法討論耶穌復活

我前面強調過，歷史學家只能以現有的資料為基礎，去研究過去的歷史。 有一些資料描述了與耶穌復活相關的事件，要探索早期基督徒信仰的興起，第一步就是要檢查這些資料。 其中最重要的是《新約聖經》中的福音書，這些文字，是對發現耶穌的空墓，以及他被釘死之後在信徒面前以主的身分現身的最早描述。保羅的著作同樣對我們的探索至關重要，他以真正的熱情確認了他的信念，他相信耶穌肉身確實在死後復活了。

福音書中描繪的復活

我們已經知道，為什麼在那些想知道真正發生了什麼的歷史學家看來，福音書存在著很大的問題。 福音書中關於耶穌復活的描述尤其如此。

歷史學家研究過去發生的事件時，想要尋找的是這類來源嗎？ 福音書的寫作時間與真實事件發生的時間，相差40到65年，作者沒有看到事件發生，他們生活的地方與事件發生地不同，在不同時間用不同語言寫作。 除了這些之外，福音書之間存在很多歧異，有些實在天差地別。 實際上，幾部福音書關於耶穌復活的描寫，沒有一處細節是一致的。

在《馬太福音》28、《馬可福音》16、《路加福音》24，以及

《約翰福音》20-21 中可以找到相關描述。你可以一邊翻閱這些記錄，一邊問自己幾個基本問題：誰是第一個去墳墓的人？是抹大拉的馬利亞嗎（《約翰福音》）？還是馬利亞和另一個馬利亞（《馬太福音》）？還是馬利亞和另一個馬利亞和撒羅米（Salome）（《馬可福音》）？還是馬利亞、馬利亞、瓊安娜約亞拿（Joanna）和其他女人（《路加福音》）？

　　而當她們到達墳墓時，墓門的石頭已經移走了（《馬可福音》、《路加福音》和《約翰福音》），還是沒有移走（《馬太福音》）？他們在那裡看到誰了？一個天使（《馬太福音》），一個人（《馬可福音》），還是兩個人（《路加福音》）？她們是否立即去告訴了一些門徒她們看到了什麼（《約翰福音》），還是沒有告訴（《馬太福音》、《馬可福音》和《路加福音》）？那個人，或者那個在墳墓裡的人，讓女人們去做什麼？是去告訴門徒，耶穌會在加利利與他們相會嗎（《馬太福音》和《馬可福音》）？還是讓他們記住耶穌之前在加利利對他們說的話（《路加福音》）？那些女人應該轉達給門徒們的話，究竟是轉達了（《馬太福音》和《路加福音》），還是沒有轉達（《馬可福音》）？門徒們看到耶穌（《馬太福音》、《路加福音》和《約翰福音》）了嗎？[1] 他們在哪裡見過？——只在加利利（《馬太福音》），還是只在耶路撒冷（《路加福音》）？

　　除此之外，還有其他互相牴觸的地方，但上面這些已足以說明問題。我應該強調，**其中一些歧異幾乎無法協調，除非你在閱讀時刻意曲解**。例如，女人們顯然在墳墓裡遇到的是不同的人，讀到這裡時，怎樣面對這個問題？在《馬可福音》中，她們遇到

了一個人；在《路加福音》中，是兩個人；到了《馬太福音》又稱是一個天使。

　　由於讀者不能接受文本中存在確鑿的歧異，這種歧異有時會被強行統一，他們會說這些女人實際上在墳墓裡遇到了兩個天使。《馬太福音》中只提到了其中一個，但從來沒否認有第二個；另外，天使化作人形，所以《路加福音》中說是兩個人；《馬可福音》中把天使錯認成人，他只提到了一個，不是兩個，但是也沒有否認存在第二個，云云。

　　於是，這個問題就這麼輕鬆解決了！但是，實際上，這種解決方法十分不合理，因為如果按照這個方案，實際上是說，任何一部福音書都沒有描述出實際的情況：畢竟，沒有一部福音書說是兩個天使！這種解讀，相當於通過想像出一個與現存所有文本都不一樣的新文本，來協調四個文本之間的差異。當然只要願意，任何人都可以自由地構建自己的福音書，但對於解讀我們已經擁有的福音書來說，這可能不是最好的方法。

　　或者來看第二個例子，這個例子更明顯。《馬太福音》中明確地表示，門徒被告知去加利利，因為耶穌會在這裡與他們相見（28:7）。他們這樣做了（28:16），耶穌在這裡與他們相見，給他們最後的命令（28:17-20）。這裡的表達很明確，但是與《路加福音》中描述的完全不同。

　　在《路加福音》中，門徒沒有被告知去加利利。兩個男人在耶穌的空墓穴告訴前來的女人說，耶穌在加利利時，他宣稱自己死後會復活。由於沒有人告訴信徒們去加利利，所以他們沒有去。他們留在耶路撒冷。「正在那日」耶穌在耶路撒冷與他

們相見（24:13）。 耶穌與他們說話，特意告訴他們不要離開這座城市，直到他們得到聖靈的力量，而根據《使徒行傳》1-2，這一切將在 40 多天後發生。（也就是說，他們不會去加利利；《路加福音》24:49）。 耶穌帶領他們離開耶路撒冷，來到附近的伯大尼（Bethany），給他們最後的指示之後，便離開了（24:50-51）。 也是從《路加福音》，我們知道，門徒遵從了他的指令： 他們待在耶路撒冷城裡，在聖殿中禮拜（24:53）。 而根據《路加福音》的作者路加在《使徒行傳》中的記述，他們在耶路撒冷待了一個多月，一直到五旬節（《使徒行傳》1-2）。

這裡有一個明顯的牴觸。 在一部福音書中，門徒們立刻去了加利利，在另一部福音書中，他們始終沒去。 新約學者雷蒙德·布朗（Raymond Brown）——他本身是一位羅馬天主教牧師——強調：「有人重新調整，讓耶穌多次出現在十二門徒面前，先是耶路撒冷，然後是加利利，借此來調和福音書中的說法……認為耶穌與十二門徒相見，不管地點是耶路撒冷還是加利利，從本質上來講，不同的福音書記錄的是對同一件事的描述。 但我們必須拒絕這樣和稀泥的說法。」[2]

稍後，我們將進一步探討，這種牴觸對於重建事件的真實過程，是何等重要。 目前為止就足以說明問題： 最早的福音書說，耶穌被捕時，他的門徒逃離了現場（《馬可福音》14；《馬太福音》24:46）。 最早的記載也表明，門徒在加利利，就看到了復活的耶穌（《馬可福音》14:28 中暗示；《馬太福音》24）。 **其實，最合理的解釋是，門徒們因害怕被捕而逃離現場，他們離開耶路撒冷回到加利利的家中。** 正是在那裡，他們——至少其中一人，或

者大多數人——就開始聲稱看到耶穌復活。

有些人認為，如果耶穌真的在死後復活，那將是一件引起轟動的事件，目擊者們過於興奮，對事件細節的記憶當然會有些混亂。但到目前為止，我的觀點相當簡單。首先，我們面對的不是在場和目擊者。我們面對的是在幾十年後生活於不同土地上的作者，他們講的是不同的語言，他們故事的基礎是這些年來口頭流傳的傳說。第二，這些記錄並非只在幾個細節上有微小的差異；其中的矛盾點一個接著一個。這些不是歷史學家期待的那種，能幫助還原過去事實的來源。那麼，作為目擊者的保羅又如何呢？

使徒保羅的記錄

保羅的七封為學者們同意為真的書信中，反覆提起耶穌復活一事。歸到保羅名下的書信不止七封，學者認為只有這七封是保羅親筆[3]。《哥林多前書》15（所謂的「復活章」）表達得最清楚，或者說有力地闡述了保羅的觀點。保羅並不打算在這個章節中「證明」耶穌在死後復活了，但是有時會被人誤讀。相反，他正在和他的讀者一起假設：耶穌真的復活了；他想用這個假設來表達他更大膽的觀點，也就是：既然耶穌在死後肉體復活，很明顯，他的追隨者還沒有經歷過未來的復活。

對於保羅來說，復活不是一個與肉體無關的精神問題，他的反對者也這樣認為。復活是耶穌從天堂凱旋時，肉體會在世界末日永恆地復活。因此，哥林多的基督徒此時尚未體驗生命復活的輝煌。因為這個時刻還未到來，到來時，他們的肉體就會復活。

　　保羅開始討論耶穌的復活和信徒們未來的復活，引用了一個他的讀者已經知道的（他自己明確指出過），標準的基督教教義（即信仰陳述）：

　　3 我當日所領受又傳給你們的，第一，就是基督照聖經所說，為我們的罪死了，4 而且埋葬了，又照聖經所說，第三天復活了，5 並且顯給磯法看，然後顯給十二使徒看，6 後來一時顯給五百多弟兄看，其中一大半到如今還在，卻也有已經睡了的。7 以後顯給雅各看，再顯給眾使徒看，8 末了，也顯給我看；我如同未到產期而生的人一般。（《哥林多前書》15:3-8）

　　保羅的書信，是我們所能得到的第一批古代基督教著作；大部分是在西元 50 年寫的，比現存最早的福音書《馬可福音》早10 到 15 年。很難確認《哥林多前書》具體是什麼時候寫的；如果我們假設是保羅整個寫信時期的中期，也就是西元 55 年左右，那麼大約在耶穌死後 25 年。

　　令人驚訝的是，保羅指出，這段對信仰的陳述，是在他已經教導過哥林多的基督徒之後做出的，可能是在保羅勸導他們皈依時。因此，時間必須回溯到這個團體成立的時候，可能是四到五年前。此外，保羅表示，這份陳述不是他自己想出來的，而是他從其他人那裡「收到」的，這一點很重要。保羅在《哥林多前書》的其他地方用過這樣的語言（見 11:22-25），研究《新約聖經》的專家普遍認為，保羅是在表明，這個傳說在基督教教會中已經廣泛傳播，是一位基督教師長傳遞給他的，甚至可能是早期

的使徒親自教給他的。

　　換句話說，這就是新約學者所謂的一種「保羅書信之前的傳說」，在保羅寫這篇文字之前，甚至在第一次說服他們成為耶穌的追隨者，將之傳遞給哥林多人之前，就已經在流傳了。所以，這是關於耶穌的一個非常古老傳說。這是否可以追溯至保羅自己加入基督運動之前，保羅大約在西元 33 年加入，也就是耶穌死後三年[4]？如果真是如此，那就真的是夠古老了！

　　這篇書信中，本身有證據表明，它，或它的一部分，屬於「保羅書信之前」的知識，而且確定哪部分是原始版本並非沒有可能。

　　我們將在第 6 章中更充分地看到，保羅的著作和《使徒行傳》中有許多成文之前的傳說——即，信仰陳述的引文、詩歌，甚至是一些在僅存下來的文本出現之前，就在流傳的讚美詩。學者們設計了許多方法來檢測這些成文之前的傳說。首先，它們往往結構嚴密，陳述簡潔，這位作者——這裡指的是保羅——沒有在別處用過其中的單詞，語法結構也比較陌生。我們在這篇書信中就發現了這樣的情況。例如，「根據聖經」這個片語，在保羅著作中的其他地方找不到；動詞短語「他出現了」也沒有；也沒有提到過「十二信徒」。

　　幾乎可以確定，這篇書信包含了某種形式的「保羅書信之前」的教義。但是整個 3-8 節，都屬於教義的一部分嗎？第 6 節的後半部分（「其中一大半到如今還在」）和第 8 節（「末了，也顯給我看」）都是保羅對傳說的評論，所以他們不可能是原始教義的一部分。其實，有非常好的理由認為：出自原教義的，只是

3-5 節，而保羅根據自己知道的資訊，加了一些評論。 我們把原始的「保羅書信之前」的教義縮減至這三節的一個原因是，這樣可以形成一個嚴格的教義陳述，它的結構很漂亮。 它包含兩節，每節四個句子，兩部分句子嚴格對應（換句話說，第一節的第一個句子，與第二節的第一個語子對應，以此類推）。 原始的教義讀起來應該是這樣的：

1a 基督死了

2a 為我們的罪

3a 照聖經所說

4a 他被埋葬了

1b 基督復活了

2b 在第三天

3b 照聖經所說

4b 他在磯法面前現身了

　　第一節是關於耶穌的死，第二節是關於他的復活。 平行對應的陳述是這樣的：首先是對「事實」的陳述（1a：基督死了；1b：基督復活了）；然後是對事實的神學解釋（2a：他為我們的罪而死；2b：他在第三天復活），然後是在每一節中都有的陳述，即它是「根據聖經」（3a 和 3b，在希臘語中用詞完全相同）；最後是給這一說法，提供一個實質的證明（4a：他被埋葬了——表明他真的死了；4b：他在磯法面前現身了（即門徒彼得）——表明他真的復活了）。

　　這就是保羅在《哥林多前書》15 中引用的非常古老的「保羅書信之前」的傳說，最後他通過增添更多「證人」對其進行了擴展。 證人包括他自己，最後一個看到耶穌復活的人（大約在耶穌死後兩三年）。 一些學者認為，這種簡短的信仰陳述，原始版本是亞拉姆語，這意味著這段陳述，可能追溯到耶穌死後的最初幾年，在巴勒斯坦講亞拉姆語的耶穌追隨者身上； 其他學者對此並不確定。 不管怎麼說，它都是一段強大、簡潔和構造巧妙的教義陳述。

　　如果對原始陳述的重建是正確的，我們可以進行幾個既有趣又重要的觀察。 首先，如果每一節的第二個陳述，是對之前的「事實」陳述做出的「神學解釋」這種分析是正確的，那麼，耶穌在第三天復活，並不一定是對復活這件事的真實歷史重建，而可能是為了凸顯其意義的宗教學主張。

　　我要指出的是，福音書沒有說明耶穌是在哪一天復活的。 女人們第三天去墳墓，發現墳墓是空的。 但福音書中並沒有指出，他是在女人們到來的當天早上復活的。 他可能是前一天復活的，也可能比這個時間還早，他在下葬之後幾個小時就復活了，也不是沒有可能。 福音書對此什麼都沒說。

　　如果保羅的說法確實是宗教方面的解釋，而不是歷史主張，那就要弄清楚它的含義。 需要重點強調的是，據說「第三天」符合經文中的描述。 對所有早期基督教作者來說，他們看到的經文不會是《新約聖經》（那時候還沒有），而是《希伯來聖經》。學者們普遍認為，這一說法的作者是想指出，在第三天耶穌復活時，耶穌已經實現了希伯來先知何西阿的預言：「過兩天他必

使我們甦醒，第三天他必使我們興起，我們就在他面前得以存活。」（《何西阿書》6:2）。 其他學者——雖然我發現自己被他們中少數人的觀點所吸引——則認為參考的是《約拿書》，約拿在大魚的肚子裡待了三天三夜，在某種象徵意義上來講，這也有從死裡復活的意思（見《約拿書》2）。

　　福音書中記載，耶穌把他即將到來的死亡和復活比作「約拿的神蹟」（《馬太福音》12:39-41）。 無論來源於何西阿還是約拿，為什麼非要說復活發生在第三天？因為這就是經文中所預言的。這是一個神學的說法：耶穌的死亡和復活是按照計畫發生的。 這一點對後面非常重要，當我們談到耶穌最早的追隨者第一次認為他從死亡中復活時，我們由此能做出什麼判斷，以及基於什麼理由。

　　第二，認識到教義兩個部分的所有陳述，在每一方面都是嚴格平行的——除了一節，這一點很重要。 第二節包含一個名字，作為耶穌復活的的有形證據的一部分：「他在磯法面前現身了〔字面上：「他被磯法看到了」〕。 第一節的第四個陳述，沒有列出任何權威來源。 我們只是簡單地被告知，「他被埋葬了」——沒有特別指出被誰埋葬了。 這段教義的作者努力讓第一節的每一個陳述，都能與第二節一一對應上，這一點，我們也應該多考慮一下。

　　就算簡單地補充一下，說「他是由〔亞利馬太 Arimathea〕的約瑟埋葬的」，仍然保持精確地一一對應也是非常容易的。 為什麼作者不這樣做呢？我的直覺是，這是因為他對亞利馬太的約瑟埋葬耶穌一事毫無所知。 我應該指出，保羅從來沒有提到過亞

利馬太的約瑟，也沒提到過耶穌被埋葬的方式——在這段教義中沒有，在《哥林多前書》中的其餘部分沒有，在他的其他信件中同樣沒有。

有關亞利馬太的約瑟埋葬耶穌，是一個不尋常的傳說，似乎後來的人才知道是誰埋葬了耶穌。下面，我會說明，為什麼有理由懷疑這段傳說在歷史上是否準確。

這段教義經常被注意到的另一點——以及保羅在第五節到第八節進行的擴展——是保羅詳細記錄了見過耶穌復活後現身的人。想到這一點的原因是，在列出了所有看到耶穌復活的其他人之後，保羅表示他是「最後一個」。人們往往是這樣理解的，他想盡可能列出一份完整的清單。但是，這份名單實際上有些讓人震驚，很大程度上是因為保羅沒有提到任何女人。在福音書中，發現空墓的是女人，在《馬太福音》和《約翰福音》是女人率先看到了復活的耶穌。但是保羅從來沒有提到過誰發現了空墓，他也沒有提到復活之後的耶穌在女人面前現身——無論是這裡，還是他作品中的其他篇章。

關於第一點，多年來學者們一直認為，耶穌復活最早的「見證者」保羅，沒有提到過任何有關發現空墓穴的事，這一點非常重要。最早的關於耶穌復活的描述（《哥林多前書》15:3-5）提到了耶穌現身，沒有提到空墓穴，最早的福音書《馬可福音》中描述了發現空墓穴的情形，卻沒有提到耶穌現身的事（《馬可福音》16:1-8）。

這導致了一些學者，如新約專家丹尼爾‧史密斯（DanielSmith），認為這是兩套傳說——空墓和耶穌死後的出

現——可能是相互獨立的，後來才結合到一起，組成一個傳說——例如，在《馬太福音》和《路加福音》中[5]。如果是這樣的話，那麼耶穌復活的故事確實經過了擴充、美化、修改，甚至可能是在多年來講述和複述的漫長過程中，被編造出來的。

　　但是，這些故事的根基是什麼？關於耶穌的復活事件，我們從歷史的角度有什麼可說的嗎？

　　在這個問題上，我要先解釋一下，即便從個人的角度相信發生過這樣的事，為什麼歷史學家，或者相關領域的歷史工作者，不能用通過歷史學科的訓練獲得的知識，來確定耶穌是否真的在肉體死亡後又復活了。關於這個問題，我的觀點是：**如果歷史學家或其他人真的相信耶穌復活這件事，那是出自他們的信仰，而不是出自他們的歷史探究。** 我要強調的是，不相信耶穌死後復活的人（就像我一樣），卻也無法從歷史的角度做出反駁。這是因為，對耶穌復活的相信或不信，是一個信仰問題，而不是歷史問題。

復活和歷史學家

　　歷史學家之所以不能證明或反駁，上帝是否在過去創造了奇蹟——比如，讓耶穌在死後復活——不是因為歷史學家必須是有反超自然傾向的、世俗的人本主義者。我想強調這一點，是因為保守的基督教護教論者，為了在辯論中占上風，經常聲稱情況就是這樣。在他們看來，如果歷史學家沒有反超自然主義的傾向或臆斷，他們就會確認，歷史上有「證據」能證明耶穌在死後復活。

　　我應該指出，這些基督教護教論者幾乎從來沒有考慮過，過去其他奇蹟的所謂「證據」。有些奇蹟是有相對充分，甚至非常

充分的證據去支撐的： 例如，幾十名羅馬議員聲稱，羅穆盧斯國王被從他們中間搶進天堂； 成千上萬堅定的羅馬天主教徒可以證明，聖母馬利亞活生生地出現在他們面前——原教旨主義者和保守的福音派基督徒則對這些說法有所保留，儘管這方面的「證據」非常多。 當一個人不認為他們那個群體傳頌的奇蹟可以在歷史的角度上成立時，總是很喜歡高呼「反超自然偏見」； 當然更難說其他傳說系統中的奇蹟就容易得到證明。

　　但我在這裡的觀點是： 這些神聖的奇蹟，或任何其他奇蹟，在歷史的角度上都站不住腳。 保守的福音派基督教護教論者說，這是因為研究者有預設立場。 但是，原因並非如此。

　　首先要強調的是，每個人都有預設立場，無論是人過生活、思考深刻的思想、有宗教經歷，或是從事歷史探究，都不可能沒有預設立場。 沒有預設立場，精神生活就無法繼續。 但是，我們始終要面對一個問題： 對於手頭任務來說，什麼才是適當的預設立場？ 羅馬天主教信徒在面對人群時候的預設立場，不同於科學家探索大爆炸理論時的預設立場，也不同於歷史學家研究宗教裁判所時的預設立場。 所以我要強調，歷史學家作為歷史學家，確實會預設立場。 因此，瞭解歷史學家重建過去發生的事情時，所做的預設立場是很重要的。

　　大多數歷史學家都會同意，他們肯定對過去發生的事做過假設。 當然，我們不能按照科學試驗的方式，實實在在地證明過去發生了什麼。 然而我們可以重複科學實驗，這樣的話，我們就能得到一個概率，這個概率就幾乎可以肯定地告訴我們，下一次做實驗時會發生什麼。 歷史學家不能用過去的事件來做這件事，因

為他們不能重複過去。因此，歷史學家有不同的應對方式。他們不使用科學的「證據」，而是尋找其他形式的證據來證明以前發生的事情。然而，操作時的假設，是無法證明的，因為它實際上發生於現在之前。

尤有甚者，歷史學家假設，我們有一定概率可以確定過去發生的事情。有些事，有沒有發生過，我們是可以做出裁定的：猶太大屠殺有沒有發生（是的，它確實發生了），尤利烏斯·凱撒是否跨過了盧比孔河（是的，他做到了），拿撒勒人耶穌是否真的存在（是的，他確實存在）。歷史學家認為，過去的事有些（幾乎）肯定發生過，有些非常有可能發生過，有些可能發生過，有些或許發生過，有些可能沒發生過，有些一定沒發生過，諸如此類。北卡羅來納大學籃球隊焦油踵隊（TAR Heels）在2009年贏得了全美冠軍，這是（事實）確定的。他們在2013年的 NCAA 聯賽被堪薩斯州淘汰了，這也是（事實）確定的。（毫無疑問，若說這是一個大悲劇，但這是一種價值判斷，而不是歷史陳述。）

借助概率有可能確立過去發生了什麼（有些事情比其他事情更有可能），預設立場是假設存在歷史事件的「證據」，因此重建過去並不是純粹的猜測。歷史學家預設一些證據比其他證據更好。目擊者的報告通常優於多年、幾十年、或幾個世紀後的傳聞。多個來源若經廣泛證實沒有互相勾串，則這樣的證據遠優於，可能有勾串，也可能沒勾串的證據。

一個人對一個人或一件事進行過公正評論，另一個人對一個人或一件事為了滿足意識形態層面的要求，提出有利益關係的主

張，前者作為資訊來源肯定比後者為好。 簡而言之，歷史學家想要的是： 有許多證人，接近事件發生的時間，沒有偏見，互相支持對方的觀點，而且彼此沒有合謀。 對於所有重大歷史事件，我們需要的是這樣的史料來源！

這些都是歷史學家往往會分享的各種預設。 另一方面，一些預設顯然不適合那些想確定過去發生了什麼的歷史學家。 例如，如果一個歷史學家假設出一個結論，並試圖只找到支撐這些預設結論的證據，這就是不合適的。 調查需要在不影響其結果的情況下進行，只是單純地去查看到底發生了什麼。 同樣，當證據不適合他的個人觀點時，歷史學家便認為它無關緊要，這也是不合適的。

此外，歷史學家不適合預先假定一個過於稀奇的看法或世界觀。 如果「歷史學家」想要解釋美國建國和第一次世界大戰爆發，他認為其中一個主要原因是火星人入侵，大多數歷史學家都會聽不進去，實際上根本就不會被當做嚴肅的歷史討論。 這種觀點的預設不是普遍持有的觀念——在我們的經驗之外，有先進的生命形式，其中一些生活在我們太陽系內的另一個星球上，這些生命有時會訪問地球，他們的造訪決定了重要歷史事件的結果。

實際上，所有這些預設有可能是真實的，只是歷史學家不能用史學的方法來確定過去發生了這樣的事情。 由於它們是絕大多數人不會擁有的預設構想，歷史重建便不能以它們為基礎。 任何有這些預設構想的人，在進行歷史探究的時候，都必須讓這種預設噤聲，要壓制它，不要讓它影響自己的歷史研究。

對於歷史學家恰巧擁有的宗教和神學信仰來說，情況也是如

此：**信仰不能決定歷史探究的結果，因為並非大部分人都擁有同樣的信仰。**這就意味著歷史學家不能確定摩門教傳說中，天使摩羅乃（Moroni）是否給了約瑟·斯密啟示。這種觀點的前提是，天使存在，摩羅乃是其中之一，而約瑟·斯密的確被特別揀選以接受來自天上的啟示。這當然是宗教信仰，並不是建立在歷史證據之上的史實。也許真的有天使摩羅乃，也許他確實向約瑟·斯密揭示了真相，但歷史學家沒有辦法確定。這樣做，必須接受其他大多數歷史學家不持有的，特定的宗教觀點，例如，那些羅馬天主教徒、改革後的猶太教徒、佛教徒和不信教的鐵杆無神論者，都不會信服。歷史證據必須開放，供各種宗教信仰的人審查。

對過去出現的任何基督教奇蹟，若要相信，則都是以一套特定的宗教信仰為基礎的（猶太教奇蹟、穆斯林奇蹟、印度教奇蹟等，也是如此）。如果沒有這樣的信念，就不會認定奇蹟發生過。由於歷史學家不能做出這樣的假設，他們就無法證明這種奇蹟在歷史上發生過。

另一方面，有時某個過去發生的奇蹟被描述出來，故事中的要素可能就要接受歷史的探究，即便其中最基本的一個主張：神創造了奇蹟，從歷史證據的角度也不能被接受（因為歷史證據排除了任何特定的宗教信仰）。

讓我來說明一下。我祖母堅信，五旬節派的（強調聖靈的作用和《聖經》的絕對真理）傳教士奧勒·羅伯茨（Oral Roberts）可以通過祈禱和觸摸來治癒各種疾病，包括殘疾。理論上，歷史學家可能會研究一個案例：某個人在遇到奧勒·羅伯茨之前，有疾病的症狀，並在遇到他之後消失。歷史學家可以報告說，是

的，顯然這個人之前生病了，後來沒有生病。但歷史學家不能報告說——如果她真的是一名歷史學家的話——奧勒·羅伯茨通過神的力量治癒了這個人。

畢竟，還可能存在其他的解釋，可以開放給不帶任何宗教預設立場的學者們去檢驗，他們不會認為一切都是「神的解決方案」——例如，這是一種心理治療（即，一個人相信他會被治癒，大腦就治癒了疾病）；或者這個人只是表面上被治癒了（第二天他又會病得像狗一樣）；或者他一開始就沒有真的生病；或者這是一種騙局，或者，嗯，許多其他的解釋。這些其他「解釋」可以用來解釋同一份資料。另一方面，超自然的解釋不能被當做歷史學的答案。因為（1）歷史學家無法接觸超自然的領域，（2）超自然解釋需要一套宗教信仰，從事這種研究的歷史學家通常並不持有相應的信仰。

關於耶穌的復活也是如此。理論上來講，歷史學家可以研究傳說的各個方面。例如，理論上歷史學家可以研究：耶穌是否真的被埋葬在一個已知的墳墓裡，以及三天後，同一座墳墓是否被發現是空的，裡面沒有屍體。歷史學家不能得出的結論是，上帝因此就一定復活了他的肉體，把他帶上了天堂。

歷史學家無法獲得諸如此類的資訊，這一結論，需要一套並非所有歷史學家都持有的宗教預設。此外，為什麼一個埋葬了人的墓穴會變成空的墓穴，其實也可以想出其他合理的解釋：有人偷了屍體；有人決定把屍體搬到另一個墳墓等等；整個故事實際上是一個傳說，也就是說，埋葬和發現空墓穴都是後來的基督徒編造的傳說，目的是讓其他人相信真的有耶穌復活這件事。

歷史學家也可以研究，門徒是否在耶穌死後真的看見了他，或是產生了見到他的幻覺。其實，人們經常會產生幻覺。有時他們看到的東西在那裡，有時他們看到的東西不在那裡。（我將在下一章中更全面地討論這一點。）歷史學家不能得出結論，說門徒們在耶穌真的，實在的死了之後又看見耶穌，是因為耶穌在真正的，實在的死亡之後，被上帝從死人中復活，然後真的活生生地出現在信徒面前。這一結論，應是源於神學上的預設，而非歷史學家普遍持有的預設立場。

更進一步，理論上甚至可以說，耶穌被釘在十字架上，被埋葬，然後有人看到他肉身復活。理論上，歷史學家可以不訴諸神聖的因果關係，即認可這段描述——也就是，不用說是上帝讓耶穌從死亡中復活。這是因為，確實有很多瀕死體驗的例子，有些人看起來（或者真的？）已經死了，活過來後講述了自己的體驗。也就是說，其實人可以有這樣的經歷，並不一定需要相信超自然。當然，如果一個人死了九十五年，再活過來，那將是另一回事。在所謂的瀕死體驗中從來沒有發生過這樣的事。瀕死體驗是，一個人已經死了，或者看起來已經死了（我們卻認定他「死」了），在一段相對較短的時間內，以某種方式復活。耶穌是有過這種經歷嗎？

對此我深表懷疑，但這至少是一個看似合理的歷史結論。不太可信的歷史結論是：上帝使耶穌復活，給了他永生之軀，把他提升到天堂，坐到了上帝右手邊的神座上。這一結論植根於歷史學家之間並非廣泛擁有的宗教觀點，故是一個信仰問題，而不是歷史知識問題。

　　在這個階段，重要的是強調一個基礎要點。 對歷史學家來說，歷史，與「過去」，是不一樣的。 過去是以前發生過的一切； 歷史是我們可以用有根據的證據，確定過去發生了什麼。 歷史證據不是建立在一些人，但不是全部人，所持有的宗教和宗教假設之上的。 有很多發生在過去的事，我們無法去認定它是否真的發生了。 有時是因為我們的資訊來源太少。（例如，無法確定我祖父 1954 年 5 月 15 日午餐吃了什麼。）有時是因為史學家所建立的歷史，只是基於共有的預設。 而這些共有的預設，不是基於宗教和神學觀點。

　　我們能夠得出，「耶穌死後升入天堂，並被允許坐在上帝的右手邊，永遠不會再死」，這樣的結論，乃是基於宗教和神學觀點。 這是傳統的基督教信仰，但人們並不是基於歷史證據而心懷信仰的，乃是出於相信才接受耶穌復活之說。 出於同樣的原因，史學家無法得出這樣的結論： 與耶穌一起釘在十字架上的強盜被提升，成為第一個死後進入天堂的人，這段描述記錄在一本名為《亞利馬太的約瑟記事》（Narrative of Joseph of Arimathea）的福音中。 或者，正如許多目擊者所證明的那樣，神聖的無玷聖母馬利亞出現在她的數千名追隨者面前； 或者，正如我們後來根據目擊者的證詞基礎上所說的那樣，提亞那的阿波羅尼烏斯在他升入天堂後，出現在他的一個追隨者面前。 所有這些主張，都以宗教信仰為前提，而宗教信仰不能成為歷史預設的一部分。

　　考慮到以上這一切，關於歷史上的耶穌復活，我們還能說些什麼呢？如果我們無法得知，在歷史上，上帝是否真的讓他在死後復活，那我們能知道什麼？ 還有什麼是我們不知道的？ 正如

我們將看到的，有一件事，我們可以相對肯定地知道，那就是，相信耶穌死後復活，是理解為什麼基督徒開始認為耶穌是神的關鍵。但是，首先我們要先弄清，哪些事是我們無法獲知的。

復活：我們無法獲知的

除了復活本身——上帝的行為，祂將死去的耶穌復活——還有很多其他傳說，從歷史的角度都受到了懷疑。我即將提到的兩個，會讓讀者們有些吃驚：以我的判斷中，**我們無法得知耶穌是否得到了一個體面的葬禮，以及他的墳墓是否後來被發現是空的。**

這兩個傳說顯然是相生相伴的，因為如果第一個傳說在歷史上非屬真實，第二個傳說就毫無意義。如果耶穌從來沒有被埋葬在墳墓裡，就沒有人能發現他已經不在墳墓裡了（反過來不一定是這樣：理論上，耶穌可以被體面地埋葬，墳墓也從來沒有被發現是空的）。故而，在很多方面，第二個傳說是建立在第一個基礎之上的。因此，我會在第一傳說上投入更多的討論，解釋為什麼我們不能從歷史的角度判斷，亞利馬太的約瑟是否像福音書中描述的那樣埋葬了耶穌。

耶穌接受了體面的葬禮嗎？

根據我們能獲得的最早記述《馬可福音》，耶穌被一位以前完全不為人所知的人物，亞利馬太的約瑟埋葬，「一位受人尊敬的議士」（《馬可福音》15:43），也就是說，約瑟是猶太貴族，他所屬的猶太公會是由「祭司長、長老和文士」組成的統治機構（14:53）。根據《馬可福音》15:43 的描述，約瑟鼓起勇氣，向

彼拉多要耶穌的身體。彼拉多准許了約瑟的請求，約瑟從十字架上拿下耶穌的屍體，用一條亞麻的裹屍布包裹起來，「安放在磐石中鑿出來的墳墓裡，」然後滾了一塊大石蓋住（15:44-47）。抹大拉的馬利亞和另一個名為馬利亞的女人都看到安放他的地方（15:48）。

我要強調一下，所有這些描述——或非常類似的描述——在馬可的敘述都要有，只有這樣，接下來發生的事才合理，即在安息日的第二天，抹大拉的馬利亞和另兩個女人去墳墓，發現墳墓是空的。如果沒有耶穌的墳墓，或者沒有人知道墳墓在哪裡，那就無法宣告耶穌肉身復活。必須有一個被人知道的墳墓才行。

但是，真的有那個墳墓嗎？亞利馬太的約瑟真的埋葬了耶穌嗎？

・綜合考慮

關於耶穌被約瑟埋葬，有許多理由去懷疑這個傳說的真實性。首先，很難在馬可的敘事中，確認這一傳說的合理性。約瑟被認為是受人尊敬的猶太公會（Sanhedrin）成員，這就存在一個問題。馬可自己說，在前一天晚上舉行的耶穌審判中，猶太公會的「整個委員會」（不僅僅是其中一些或大部分成員，而是所有成員）試圖找到「應該處死耶穌」的證據（14:55）。在審判快要結束時，由於耶穌說他是上帝之子（14:62），於是「他們都定他該死的罪」（14:64）。換句話說，按照馬可的說法，這個不知名的人，約瑟，是耶穌被釘死的前一天晚上呼籲處死耶穌的人之一。那為什麼在耶穌死後，他會突然冒著風險（他必須鼓起

勇氣，暗示他這麼做有風險），為耶穌的屍體安排一個體面的葬禮，努力去做一件仁慈的事？馬可沒有給我們提供任何線索[6]。

我的直覺是，對審判的描述和對埋葬的描述，來自馬可承襲的不同傳說。或者，其中一個傳說是自己編造的，但是他忽略了顯而易見的矛盾之處？

無論如何，根據新約中其他篇章的描述，約瑟埋葬耶穌這件事，很明顯是一個歷史問題。我在前面指出，保羅表明沒有任何證據能讓人瞭解亞利馬太的約瑟，哪怕是一點點，同樣沒有證據表明的耶穌確實被一位「受人尊敬的議士」埋葬的事實。保羅在《哥林多前書》15:3-5 中引用的早期信條中沒有寫入這一信息，如果這段教義的作者知道這樣的事，他肯定會記錄下來，正如我們所看到的，由於他沒有命名埋葬耶穌的人，故而在教義的第二部分造成了不平衡，因為他寫下了目睹耶穌現身的人之名字（磯法）。由此可見，這段早期的教義對約瑟一無所知。保羅也對他一無所知。

此外，有關埋葬耶穌的另一個傳說，並沒有提到亞利馬太的約瑟。我前面提到過，《使徒行傳》的作者和《路加福音》作者是同一個人。在寫《路加福音》的時候，這位不為人所知的作者（我們稱他為路加，但我們並不知道他到底是誰）使用了一些早期的書面和口頭來源，他自己在書中明確地指出了這一點（《路加福音》1:1-4）。

今天的學者相信，他的參考來源之一是《馬可福音》，所以路加在他關於耶穌死亡和復活的版本中加入了亞利馬太的約瑟的故事。路加寫他的第二部著作《使徒行傳》時，另有其他可供借

鑒的參考來源。《使徒行傳》描述的不是耶穌的生平、死亡和復活，而是基督教教會後來在整個羅馬帝國的傳播。書中主要人物的演說佔據了《使徒行傳》的四分之一，其中以彼得和保羅為主——例如，說服人們相信耶穌，或指引那些已經相信的人。學者們早就認識到，那些演講是路加自己寫的，並不是使徒們在不同時間真實發表的言說。

　　路加是在他書中描述的事件發生幾十年後，才開始寫作的，事件發生的時候沒有人做筆記。就像值得信賴的歷史學家希臘人修昔底德（Thucydides）明確告訴我們的那樣（《伯羅奔尼薩斯戰爭史》1.22.1-2），古代歷史學家作為一個整體，拼湊起了這些主要人物的演講。事實上，他們別無選擇。

　　此外，當路加寫這些演講時，他似乎部分基於早期的參考來源——就像他在福音書中記錄耶穌的教導時，參考了更早期的來源（例如《馬可福音》）一樣。但是，如果不同的傳說（例如演講）來自不同的來源，就不能保證它們之間不存在矛盾之處。而如果彼此間存在矛盾，肯定是因為有人更改了故事，或者編造了一些內容。

　　這使得《使徒行傳》13 中保羅的演講非常有趣。保羅在比西底的安提阿（Antioch of Pisidia），一個猶太教堂發表演說，他利用這個機會告訴會眾，耶路撒冷的猶太領導人因耶穌被殺而對神犯下了嚴重的罪行：「他們雖然查不出他有當死的罪來，還是求彼拉多殺他。既成就了經上指著他所記的一切話，就把他從木頭上取下來，放在墳墓裡。」（《使徒行傳》13:28-29）

　　總體上來看，這段描述似乎與福音書中關於耶穌死亡和埋葬

的說法一致——他死了，被埋葬了——但是在這裡，保羅說埋葬
耶穌的不是一個猶太公會的成員，而是整個公會。這是一個不一
樣的傳說。就像保羅信簡中一樣，這裡沒有提到約瑟。這個路
加之前（pre-Lukan）時代的傳說是否代表了一個更古老的傳說，
而不是在《馬可福音》中發現的關於亞利馬太的約瑟？這裡說耶
穌被一群猶太人埋葬，是否為流傳下來的與埋葬有關的最古老
傳說？

這個傳說流傳的年代更久，是說得通的。任何往發現空墓方
向發展的傳說，必須表明耶穌被妥善地安葬在墳墓裡。但是，
誰能去埋葬耶穌？根據所有的傳說，耶穌在耶路撒冷沒有任何家
屬，所以他不可能被埋入家族墓穴，或者讓家庭成員準備下葬所
需的東西。此外，這些記錄一直在說，他的追隨者都逃離了現
場，所以做這項工作的也不會是他們。羅馬人不打算去做這件
事，下面的描述會解釋清楚原因。現在只剩下一個選項。如果
耶穌的追隨者知道他「必須」被埋葬在墳墓裡——因為不這樣就
不可能有墓穴變空的故事——他們就不得不編造一個故事，來描
述墓穴，那麼唯一能做這件事的，只有猶太的當權者們。這就是
我們掌握的最古老的傳說，就像《使徒行傳》13:29 描述的那樣。
也許這就是《哥林多前書》15:4「他被埋葬了」這句話背後的
傳說。

隨著埋葬傳說的口口相傳，故事可能會經過加工潤色，變得
更具體。講故事的人喜歡在模糊的故事中添加細節，或者給傳說
中原本無名的人或群體取名字。這個傳統一直到新約時代之後很
長時間依然存在。我的老師布魯斯·梅茨格（Bruce Metzger）在

他的文章「無名者的名字」[7]對此進行了簡潔的闡釋。 他列舉了所有傳說中沒有名字，到新約故事中卻有名字的人物； 例如，耶穌出生時趕去朝拜的智者們在後來的傳說中就獲得了名字； 當眾譴責耶穌和兩個與他一起釘死在十字架上的強盜的猶太公會祭司，也有了名字。 在亞利馬太的約瑟故事中，我們找到一個較早的例子： 最初是一個模糊的說法，即未命名的猶太領導人埋葬了耶穌，後來故事就變成，做這件事的是一個被命名的特定領導人。

此外，在福音書傳說中，可以找到明確的證據證明，隨著時間的推移，故事會被美化，有一種傾向是在故事的「壞人」中可以找到「好人」。

例如，在馬可的福音書中，兩個和耶穌一起被釘在十字架上的罪犯，都在十字架上惡毒地嘲笑他； 在後來的《路加福音》中，只有一個這樣做，另一個承認對耶穌的信仰，並要求耶穌在他進入耶穌的王國時記住他（《路加福音》23:39-43）。 在約翰的福音書中，猶太公會一眾壞人中有一個好人，他想幫助埋葬耶穌，即尼哥底母（Nicodemus），他和約瑟一起按殯葬的規矩處理耶穌的屍體（《約翰福音》19:38-42）。

最值得注意的是本丟·彼拉多，他作為一個徹底的壞人，在最早的《馬可福音》中判處耶穌死刑。 但是在《馬太福音》中他是不情願的，在《路加福音》和《約翰福音》中他更是三次宣判耶穌無罪。 後來在新約之外的福音書中，彼拉多被描繪成一個越來越無辜的好人，以至於他竟然皈依成為耶穌的信徒。 在一定程度上，這樣持續減免彼拉多的責任，是為了指明耶穌無辜死亡所應歸責的真正責任人。 這些福音書作者生活的年代與真相發生年

代相隔甚遠，對於他們來說，肩負罪惡的是那些頑固的猶太人。但這種模式，也是試圖在耶穌那些敗德的對手中找到好人之過程的一部分。 說亞利馬太的約瑟乃是隱藏的崇拜者，甚至是耶穌的追隨者，可能是同一過程的一部分。

除了我剛才提出的綜合考慮之外，我還質疑了亞利馬太的約瑟埋葬耶穌的想法，我有三個更具體的理由，懷疑耶穌的屍體是否真的被體面地埋葬在一個後來被認為是空的墳墓裡。

· 羅馬人釘十字架的做法

有時，基督教護教論者認為，耶穌必須在星期五日落前從十字架上摘下來，因為第二天是安息日，若不摘下就違反了猶太律法，或者，允許一個人在安息日釘在十字架上，至少會讓猶太人覺得敏感。 不幸的是，歷史記錄表明恰恰相反。 不是猶太人殺了耶穌，所以關於什麼時候把他從十字架上放下來，他們沒有發言權。 此外，把耶穌釘在十字架上的羅馬人不會考慮去遵守猶太律法，而且實際上對猶太人是否會覺得敏感也沒有興趣。 恰恰相反。 當涉及到釘在十字架上的罪犯——在這個案例中，有人被指控犯有危害國家的罪行——通常不會受到絲毫的憐憫，而且不會在乎任何人是否對此覺得敏感。 釘在十字架上的目的，是盡可能充分地折磨和羞辱一個人，並向任何旁觀者展示，羅馬眼中的麻煩製造者會是什麼下場。 做為羞辱和毀滅的一部分，死後屍體要留在十字架上，成為食腐動物的目標。

學者約翰·多明尼克·克羅森（John Dominic Crossan）提出了一個相當難以入耳的想法，他說耶穌的肉體並沒有在死後復

活，而是被狗吃掉了[8]。我第一次聽到這個想法時，已經不是基督徒，所以沒有宗教上的憤怒，但我確實認為這有些過分，有些聳人聽聞。但那是在我對這件事做真正的研究之前。

我現在的觀點是，我們並不知道，也無法得知耶穌的屍體到底發生了什麼。但是目前從殘留下來的所有證據來看，他的想法是沒錯的，罪犯的屍體通常不是腐爛，就是淪為食腐動物的腹中餐。釘死在十字架上，意味著不願意讓公眾從事政治顛覆活動的行為，這種不願意並沒有隨著痛苦和死亡結束——它還會在後續對屍體的蹂躪中繼續存在。

這方面的證據來源廣泛。例如，在一個人的墓碑上，發現了一段古老的銘文，墓碑的主人在卡里亞市（Caria）被他的奴隸謀殺，銘文告訴我們，兇手被「掛起……成為野獸和猛禽的目標。[9]」羅馬作家賀拉斯（Horace）在他的一封信中說，一個奴隸聲稱沒有做任何錯事，他的主人回答說：「因此，你不會在十字架上餵食腐肉的烏鴉」（《書札》1.16.46-48）[10]。羅馬諷刺作家朱文納爾（juvenal）說「禿鷲從死牛、狗和屍體中衝出來，把一些腐肉帶給她的後代」（《諷刺》14.77-78）[11]。

古代最著名的解夢人，名叫阿特米多魯斯（Artemidorus），他相當於古希臘的佛洛伊德（Sigmund Freud）。阿特米多魯斯寫道，一個窮人如果夢到被釘在十字架上，是吉兆，因為「一個被釘在十字架上的人，被高升，他的物質足夠留住許多鳥」（《解夢》2.53）[12]。彼得羅尼烏斯（petronius）曾是尼祿皇帝的一位顧問，他在《薩蒂利孔》（satyricon）中講述了一個有點幽默的故事，講的是釘在十字架上的受害者被留在十字架上幾天。（第

11–12 章）。

　　不幸的是，所有古代世界的文學作品都沒有描述犯人受難的過程，所以我們只能猜測受難過程中的細節。 但是所有作品都提到被釘十字架的命運，這表明，死亡的時候被留作食腐動物的食物，是刑罰的一部分。 正如保守的基督教評論員馬丁・亨格爾（MartinHengel）曾經指出的那樣：「受刑者往往不會被埋葬，釘死在十字架上所受的苦難會更進一步。 被釘在十字架上的受害者成為野獸和獵物的食物，是一幅模式化的畫面。 這樣他就接受百分之百的羞辱。」[13]

　　我應該指出，其他保守的基督教評論員聲稱，這一規則有例外，如斐洛的著作所示，猶太人有時被允許埋葬釘在十字架上的人。 然而，事實上，這是對出自斐洛所示的證據之誤讀，簡單地引用他的話就可以可以看出來：

　　統治者管理他們的政府，他們應該尊重，不應該假裝尊重，要確實尊重他們的恩人，時常寬恕那些被判有罪的人，直到那些重要的慶祝活動，紀念著名的奧古斯都的生日結束……我知道有這樣的情況，在這種節日前夕，被釘在十字架上的人被放下來，他們的屍體被送到他們的親人那裡，因為人們認為，給他們埋葬，允許親人給他們舉辦葬禮，是好事。 在皇帝生日時，死者也應該得到某種優待，同時也應該保持節日的神聖。[14]

　　我們可以清楚地看到，這裡面提供了遵守規則的例外情況。 斐洛提到這種例外情況，正好說明它違背了既定的慣例。 兩件事

應該注意。 第一，這一點不是很重要，在斐洛提到的情況中，屍
體被取下來，以便將屍體交給被釘在十字架上者的家庭成員，進
行體面的埋葬——也就是說，這是對某些家庭的恩惠，人們可能
會認為，這些家庭是與高層有關係的精英家庭。 耶穌的家人與高
層沒有聯繫；他們沒有辦法在耶路撒冷埋葬任何人；他們甚至不
是從耶路撒冷來的；他們甚至不知道去向統治當局討要耶穌的屍
體；而且，在我們最早的敘述中，沒有一位他的親人，出現在這
個事件中，甚至他的母親也沒有。

　　更重要的一點是，斐洛提到的這些例外，是什麼時候發生
的，以及為什麼會發生：羅馬總督選擇羅馬皇帝生日的時候，換
句話說，是一個向羅馬領袖表達敬意的羅馬假日。 這與耶穌的受
難無關，耶穌的受難不是在皇帝生日發生的。 事件發生在猶太逾
越節——一個被普遍認為是醞釀反羅馬情緒的猶太節日，與斐洛
提到的場合恰恰相反。 而且，我們根本找不到總督在類似的情
況，施予特赦的例子，一個也沒找到。

　　總的來說，在羅馬常見的做法是，讓釘十字架的人，其屍體
在十字架上腐爛，被食腐動物攻擊，作為抑制犯罪的一部分。 我
沒有在任何古代的來源中發現任何相反的描述。 當然，總是有可
能出現例外。 但必須記住，基督教的故事講述者表示耶穌是規則
中的一個例外，有一個非常強有力的理由讓他這樣說： **如果耶穌
沒有被埋葬，就不能宣佈埋他墳墓是空的。**

‧希臘和羅馬讓犯人使用共墓的做法

　　我對耶穌被體面的埋葬，表示懷疑的第二個原因是：當時，

各種罪犯通常被胡亂地扔進同一個墓穴。 同樣，很多時候，很多地點，都有一系列的證據可以證明這一點。 一世紀的希臘歷史學家狄奧多羅斯‧西庫路斯（Diodorus Siculus）談到馬其頓的腓力（亞歷山大大帝的父親）在和洛里安人（Locrians）之間的戰爭中，損失了 20 個士兵。 當腓力向對方討要他們的屍體以便埋葬時，洛里安人拒絕了，他們表示「按照通常的法律，神廟的強盜應該被驅逐而不是被埋葬」（《歷史圖書館》Library of History 16.25.2）。[15] 大約西元 100 年，希臘作家狄奧多羅斯‧西庫路斯指出，在雅典，任何「因犯罪而在國家手中遭受痛苦」的人都被「拒絕埋葬，這樣將來就不會有邪惡的人之痕跡」（《論述》Discourses 31.85）。[16]

在羅馬人中，我們知道，屋大維（後來的凱撒‧奧古斯都，耶穌出生時的皇帝）結束戰鬥之後，他的一個俘虜乞求埋葬，屋大維回答說，「鳥兒很快就會解決這個問題」（蘇維托尼烏斯 Suetonius，《奧古斯都史》Augustus 13）。 羅馬歷史學家塔西佗告訴我們，一個人自殺是為了避免被國家處決，因為任何人在法律上受到宣判和處決，都要「沒收他的遺產，並被禁止埋葬」（《編年史》6.29h）。[17]

還是那句話，耶穌是一個例外，並非沒有可能，但是我們能找到的支持這種說法的證據相當薄弱。 被釘在十字架上的人通常被留在十字架上做為食腐動物的食物，對於可恥的罪行，把犯人的屍體扔進一個公墓也是懲罰的一部分，於是用不了多久，一具腐爛的屍體就無法與其他屍體區分開來。 當然，在有關耶穌的傳說中，他的屍體必須與其他人的屍體區分開來；否則，耶穌死後

肉體復活就無從談起了。

·本丟·彼拉多的政策

　　我懷疑葬禮傳說的第三個原因，與當時猶太地區的羅馬統治有關。 西元 26 年到 36 年統治猶太地區的羅馬總督本丟·彼拉多，是下令將耶穌釘死在十字架上的人，關於這樣一個重要的人物，我們掌握的資訊卻不多，這也是研究早期基督教的歷史學家最主要的遺憾之一。 然而，我們所知道的關於他的一切，都指向同一個方向： 他是一個凶殘、暴力、刻薄的統治者，他對向自己的目標展示仁慈和友善毫無興趣，對猶太人的感情毫不尊重。

　　倖存的史料中，有少量關於彼拉多統治的記錄，有一些硬幣是在他統治時期發行的，還有一段在現代的猶太城市凱撒利亞發現的銘文，上面提到了他。 新約中的記錄有點含混不清，原因在前面提到過。 隨著時間的推移，基督教作者，包括福音書的作者，把彼拉多描繪成越來越同情耶穌，越來越反對那些頑固的猶太人判處耶穌死刑。

　　我前面已經說過，對於彼拉多這種漸進的無罪化描述，有明顯的反猶太目的，所以在後來的福音書中──《馬太福音》、《路加福音》、《約翰福音》──描述審判耶穌時，都大大加油添醋了。 在《路加福音》的傳說中，我們可以更清楚地瞭解這個人是什麼樣子的，就像我們之前聽到的，非常負面，「彼拉多使加利利人的血攙雜在他們祭物中」（《路加福音》13:1）。 這聽起來像是彼拉多在履行宗教職責時謀殺了猶太人。 這是一幅令人不安的畫面。

但這段描述與我們從其他文學來源中瞭解到的彼拉多，是相吻合的，特別是一世紀猶太歷史學家約瑟夫斯（Josephus）的描述。約瑟斯講述了彼拉多當猶太總督時發生的兩件事。第一件事發生在他上任時。彼拉多第一次來到耶路撒冷時，在黑夜的籠罩下，他按照羅馬的標準把城裡佈置一番，其中有羅馬皇帝的塑像。

耶路撒冷的猶太人早晨起來，看見這些裝飾的時候，他們就被激怒了：聖城裡不允許出現摩西律法中明文禁止的形象，更不用說在別處被尊崇為神的外國統治者的形象了。一群猶太人來到他在凱撒利亞的宮殿，要求他移除那些裝飾，由此引發了持續五天的對峙。

彼拉多根本無意屈服於猶太人的要求（對照福音書中審判耶穌的故事！）。相反，在五天結束時，他指示他的部隊包圍三排猶太抗議者，並將他們砍成碎片。猶太人不但沒有退縮，反而伸出脖子，讓士兵們使勁的砍。他們寧死也不願屈服。彼拉多意識到他不能冷血地謀殺這樣的群眾，「對他們驚人的迷信感到驚訝」，命令取消塑像（《古猶太史》Antiquities of the Jews 18.3.1）。[18]

第二起事件引起了實質的暴力。彼拉多想修建一條水渠，為耶路撒冷提供淡水。這本是件好事，但是他卻下令掠奪聖殿的寶庫，為這個項目籌措資金。猶太當權者和人民被激怒，大聲抗議。彼拉多下令，讓他的士兵偽裝成群眾，攻擊人民，不是用劍，而是用棍棒。他們這樣做了，「許多」猶太人在襲擊中喪生，不少人在隨後的騷亂中被踐踏致死（《古猶太史》18.3.2）。

彼拉多不是一個仁慈的行政長官，他不會去善意地傾聽他所統治的人民的抗議。當猶太公會的一名成員善意地要求彼拉多為

一個被釘在十字架上的受害者提供一個體面的葬禮時，你覺得他是那種會為此打破傳統和政策的統治者嗎？在我們看來，他肯定不是。正如克羅森（Crossan）曾輕蔑地表示：「〔彼拉多〕是一位普通的二流羅馬總督，不考慮猶太人的宗教感情，面對手無寸鐵的人民的抗議時，他以暴力當做正常解決方案。」[19]

更生動的是斐洛的控訴，他生活在彼拉多的年代，在書中表明此人統治的特點是「他的貪婪，他的暴力，他的盜竊，他的攻擊，他的虐待行為，他經常處決未經審判的囚犯，他無休止的野蠻暴行」（《向蓋烏斯請願的使團》Embassy to Gaius 302）。[20]

正如我前面所說，關於耶穌復活的傳說，有些事我們是沒有辦法知道的。在這些傳說中，關於耶穌復活的一個預設是：耶穌有一個體面的葬禮，埋葬他的要麼是猶太公會的全體成員，要麼是其中一位著名成員亞利馬太的約瑟。作為一名歷史學者，我不認為我們可以肯定地說這種傳說是錯誤的，然而，如果有人堅定地表示耶穌被狗吃了，我也完全不以為然。

另一方面，我們當然不知道耶穌有一個體面葬禮的傳說是真的，實際上，有一些非常令人信服的理由讓人會去懷疑它的真實性。我個人也表示懷疑。如果羅馬人遵循他們的正常政策和習俗，如果彼拉多確實如我們所有的參考材料中描述的那樣，那麼幾乎不存在，耶穌在他遭到處決那天，被體面的埋葬在後來人可以明確辨認出墳墓裡的可能性。

空墓穴存在嗎？

發現空墓的有兩個先決條件，首先要有一個為人所知的墓

穴，其次它是被人發現的。但是，如果對是否有此墳墓產生了嚴重的懷疑，那麼對發現的描述也會產生懷疑。基督教護教論者經常表示，發現空墓是早期基督教運動歷史上最可靠的歷史資訊之一。我以前也這麼想。但這根本不是真的。鑒於我們對埋葬傳說的懷疑，有很多理由懷疑，是否真的有人發現了一座空墓。

此外，這意味著不相信耶穌在死後復活的歷史學家，不必非要去想出一個原因，去解釋為什麼墓穴是空的。護教論者通常會靠這樣的解釋在爭辯中取勝。任何說門徒偷了屍體的人，都會被攻擊，因為他們認為這樣內心有堅定信仰的道德人士永遠不會做這樣的事。

而任何說是羅馬人移動屍體的人，都會被護教論者喝止，聲稱羅馬人沒有理由這樣做，因為，既然他們要讓屍體示眾，他們就會繼續讓屍體在那裡示眾。任何人說，墳墓之所以是空的，是因為女人去了錯誤的墳墓，也都會遭到中傷，說他們沒有意識到：就算女人們去了錯誤的墓穴，也會有其他人——例如，一個不信教者——去到正確的墓穴，發現耶穌的屍體。任何聲稱耶穌從未真正死亡，只是陷入昏迷，最後醒來並離開墳墓的人，都會被護教人士嘲笑，因為他們認為，一個被折磨到只剩下一口氣的人，看起來像是死了的人，不可能推開墓穴上的石頭，以生命之主的姿態在他的門徒面前現身。

我不同意那些人提出的替代觀點，因為我不認為我們知道釘十字架後在耶穌身體發生了什麼。但僅僅從歷史的角度來看這件事，這些觀點中的任何一種，都比上帝將死去的耶穌復活這一說法更可信。

　　復活是奇蹟，因此可以無視所有的「概率」問題；否則，就不能稱之為奇蹟了。但說一個違背概率的事件，比一個單純不可能的事件，更有可能，這種說法就違背了概率的概念。當然，不太可能有人不出於任何目的移動了屍體，但是理論上沒有不可能發生的事。耶穌的追隨者當然也不可能偷走屍體，然後撒謊，但是，實際上人們往往做錯事，然後撒謊掩蓋。甚至宗教人士也是一樣。即使是成為宗教領袖的人。

　　任何人都不應該被這一說法敷衍過去：「沒有人願意為他已知曉的謊言而死。」我們不知道最後大多數門徒發生了什麼。我們當然沒有證據表明他們都是因為他們的信仰而犧牲的。相反，幾乎可以肯定的是，他們中的大多數都不是。因此，沒有必要談論任何為謊言而死的人。（此外，在歷史上有很多人們因謊言而死的例子，因為他們認為謊言會帶來更大的好處。但那不是我們要談的，我們只是並不知道大多數門徒是怎麼死的。）我的觀點是，關於為什麼一個墳墓會是空的，人們可以想到幾十個看似合理的場景，嚴格地說，這些場景中的任何一個都比那是上帝的作為更有可能。

　　但所有這些都是無關緊要的，總之，我們不知道墳墓是否被發現是空的，因為我們並不知道是否有墳墓。

　　在這方面，我應該強調，發現空墓似乎是一個出現較晚的傳說。第一次出現在《馬可福音》中，也就是耶穌死後大約 35 或 40 年後。至於我們最早的見證者保羅，對此什麼也沒說。

出現在墳墓的女人是編造出來的嗎？

基督教護教論者常辯稱，沒有人會編造發現空墓的故事，恰恰是因為故事中描述的是女人發現了墳墓。這一推理認為，那時候的人們普遍認為婦女是不可信的，而且法庭上都不會採納女性的證詞。根據這一觀點，關於被發現的墳墓，如果有人想編造發明一個說法，他們一定會說是發現者是可信的證人，是男性門徒發現的。[21]

我以前也認可這樣的觀點，認為它很有說服力。但現在，我已經對這件事進行過更深入的研究，我看到了這個觀點的缺陷。簡而言之，它的缺陷是想像力匱乏所致。誰會想出一個故事，顯示乃是由耶穌的女性追隨者，而不是男性追隨者，發現了墳墓，答案其實根本不難想像。

首先要指出的是，我們談論的不是一個會傳喚證人作證的猶太法院。我們說的是關於耶穌這個人的口頭傳說。那麼，誰會發明女人作為空墓的證人呢？嗯，首先，也許女人會。我們有充分的理由認為，婦女在早期基督教社區中是有地位的。我們從保羅的信簡中得知——例如《羅馬書》16 這類的段落——婦女在教會中起著至關重要的領導作用：擔任執事，主持各自家中的禮拜，從事傳教活動。保羅說，羅馬教會的一個女人，是「使徒中最重要的」（「《羅馬書》中提到的猶尼亞安（Junia）」16:7）。福音書中也顯示，在基督徒的宣教活動中，婦女非常佔有重要的地位。

歷史上，很可能就是這樣。女人在她們新成立的基督教團體中，非常投入地講述耶穌的故事，她們根據自己的情況，把女性

描繪成耶穌生死事件中的重要參與者，雖然她們本身並沒有真的做過這件事，但這種想法沒有什麼難以置信的。認為是由女性講故事的人指出，在發現耶穌的墳墓是空的之後，女性是最先相信復活的人，這根本不需要太多想像力。

此外，聲稱是女人發現了空墓的說法，從歷史的現實角度來看，也是最合理的。為埋葬屍體做準備通常是女人的工作，不是男人的。然則為什麼這些故事講述的會不是有關那些處理屍體的女人們的故事呢？此外，如果在故事中，她們去墳墓是要給屍體塗抹油膏，自然是她們發現墳墓是空的。

不僅如此，我們最早的消息來源說得很清楚，男門徒們逃離現場，沒有出席耶穌釘十字架的刑場。正如我前面所說的，這很可能是歷史事實——門徒們害怕自己因此失去生命，為了避免被捕而躲藏或逃離城鎮。他們會去哪裡？大概是回到加利利的家中，那裡距離耶路撒冷一百多英里，步行至少需要一個星期才能到達。如果那些人已經四散離開，或者已經回家，那誰會去墳墓？可能會是那些和使徒一同來到耶路撒冷的婦女，她們大概不需要害怕被捕。

此外，人們完全可以從文學的角度想像出，為什麼會有人「發明」婦女在空墓這個說法。我們假設是馬可編造了這個故事。我個人不認為他編造；當然，沒有辦法知道，不過我的懷疑是馬可從他聽到的傳說中得到了這個故事。但我們不妨假設他確實編造了這個故事。從文學角度來看，他這樣做有很多理由。你對馬可的福音書瞭解得越多，就越容易想到原因。我只給出一個原因。馬可在他的敘述中提出了一個特別的觀點，那就是男門

徒永遠不明白耶穌是誰。

　　雖然他們眼看他施行了所有的奇蹟，聽見他的所有教導，聽過也看過他所有的言行，然而他們從來不瞭解他。因此，在福音書的結尾，誰知道耶穌沒有永久地死去，而是復活了？是女人。不是他的男性門徒。女人從來不講，所以男門徒從來不瞭解耶穌。這些都和馬可的觀點，和他試圖從文學的角度所做的詮釋一致。

　　再說一遍，我不是說，我認為馬可編造了這個故事。但是，如果我們能很容易地設想到馬可編造它的原因，那麼認為他的一個或多個前輩可能有這樣做的理由，並不需要太大的思想飛躍。最後的結論就是：我們不能說沒人「有理由」編造女人發現空墓的故事。

對發現空墓穴的需求

　　簡而言之，有很多理由讓人想發明這樣一個說法：耶穌被埋葬在一個已知的墳墓裡，墓穴後來被發現是空的（有人會發現它）。最重要的是，發現空墓是宣告耶穌復活的核心。如果沒有空墓，耶穌就沒有可供復活的肉體。

　　我想強調一下「肉體」這個詞。沒有空墓，就沒有理由說耶穌肉體復活。對此，下一章我們將進行更充分的討論，一些早期的基督徒認為，耶穌是靈魂復活，他的肉體則腐爛了。最後這一觀點後來在基督教的諾斯替教派（Gnostics）群體中變得很重要。證據顯示，即使是正統福音書的作者所在的團體，也很重視這個觀點。福音書出現的越晚，就越試圖「證明」耶穌是肉體

復活，而不是簡單的靈魂復活。

　　在我們最早的福音《馬可福音》中，明確地顯示耶穌肉體復活，是因為墓穴是空的——耶穌的屍體不見了。在後來的《馬太福音中》，對耶穌肉體復活（不只是精神復活）表述得更清楚，因為耶穌在他的追隨者面前現身，還讓其中的一些人觸摸他（《馬太福音》28:9）。

　　在《路加福音》中，寫得更直白，當耶穌出現在他的門徒面前時，他直截了當地告訴他們，他有肉和骨，不是單純的「一個靈」，他讓他們親手去摸，親眼去看（《路加福音》24:39-40）。然後他在他們面前吃了一些食物，以證明自己所言非虛（24:41-43）。後來在《約翰福音》中，耶穌不僅為門徒做飯（《約翰福音》21:9-14），而且當其中一個門徒表示懷疑時，他邀請他把手指放在自己的傷口上，確認他果真在經歷過死亡、創傷和所有的一切之後，肉體復活了（20:24-29）。

　　關於復活是肉體層面的，有些基督徒表示懷疑。新約中的福音書強調，復活實際上是耶穌的肉體復活，一些沒有收錄入新約的其他福音書卻並不這麼認為。從一開始，早期的基督團體就針對這件事展開過激烈的辯論。如果是這樣的話，那麼空墓的傳說不僅要用來向不信的人表明耶穌復活了，還要用來向信徒表明復活指的不只是精神層面，也是肉體層面。

注釋

1. 學者們廣泛同意，《馬可福音》最後的12句是後來的抄書員添加的。這本書應該是在16:8結束。參見我寫的《錯引耶穌：改動聖經背後的故事及原因》（三藩市：哈珀三藩市出版社，2005），65-68。
2. 雷蒙德‧布朗，《救世主之死：從受難地到墳墓》（紐約，雙日，1994），106。

3. 學者們認為七封保羅真信分別為：《羅馬書》、《哥林多前書》、《哥林多後書》、《加拉太書》、《腓立比書》、《帖撒羅尼迦前書》和《腓利門書》。其他六封書信不是出自保羅之手，參見我寫的《偽造：以神之名－為什麼聖經的作者們和我們以為的不一樣》（三藩市：HarperOne,2011），92–114。

4. 關於保羅生活的年代表，歷史學家有很多爭論，但是根據他在一些信件中提到的，特別是《哥林多書》1-2，他明確地指出了「三年之後」以及「14年之後」，他在耶穌死後兩三年就成了他的追隨者，這一點是很清楚的，如果耶穌是西元30年死亡，保羅就是在西元32或33年成為他的追隨者。

5. 丹尼爾 A・史密斯（Daniel A. Smith）《重訪空墓：復活節的早起歷史》（明尼阿波利斯：堡壘出版社，2010）3。

6. 對於那些將這些描述視作真實歷史的人來說，最佳解決方案是，約瑟出於一種虔誠的心理，想為他人提供一個體面的葬禮——即便對方是自己的敵人——因為這樣做是「正確」的。但是在馬可的描述中，沒有任何這方面的線索，因此只看描述本身，葬禮傳說和審判傳說之間是矛盾的。

7. 布魯斯・梅茨格（Metzger）「新約中為無名者命名：基督教傳說增長的研究」。

8. 約翰・多明尼克・克羅森（John Dominic Crossan）「十字架下的狗」，《耶穌：革命傳記》第六章（三藩市：HarperOne, 1994）。

9. 引自馬丁・亨格爾（Martin Hengel）《受難》（明尼阿波利斯：堡壘出版社，1977），76。

10. 翻譯自《賀瑞斯作品集》，註冊地古登堡，
   http://www.gutenberg.org/files/14020/14020-h/14020-
   h.htm#THE_FIRST_BOOK_OF_THE_EPISTLES_OF_HORACE。

11. 引自亨格爾《受難》，54。

12. 翻譯自羅伯特 J・懷特（Robert J. White）的《解夢：阿特米多魯斯》（加州，托蘭斯：原著圖書，1975）。

13. 亨格爾《受難》，87。

14. 引自克蘭森「十字架下的狗」。

15. 《狄奧多羅斯・西庫路斯》查理斯・謝爾曼（Charles Sherman）譯，勒布古典圖書館，（麻塞諸塞州，劍橋：哈佛大學出版社，1940）。

16. 《狄奧・克里索斯托》J. W. J. 柯胡恩（W. Cohoon）和H・拉瑪・克羅斯比（H. Lamar Crosby）譯，勒布古典圖書館（麻塞諸塞州，劍橋：哈佛大學出版社，1931）。

17. 《塔西佗歷史》，柯利弗德 H・摩爾（Clifford H. Moore）和約翰・傑克森（John Jackson）譯，勒布古典圖書館（麻塞諸塞州，劍橋：哈佛大學出版社，1979）。

18. 《弗拉維奧・約瑟夫斯著作》，威廉・惠斯頓（William Whiston）譯，（急流城，密西根州：埃爾德曼斯，貝殼圖書，1979）。

19. 引自克蘭森「十字架下的狗」。

20. E・瑪麗・斯毛伍德（E. Mary Smallwood）譯《晉見蓋烏斯》，（萊登：E. J. 布里爾，1961）。

21. 參見邁克爾・R・利科納（Michael R.Licona）的《耶穌的復活：一種新的史學方法》（伊利諾州，道納斯格羅夫：大學校際出版社，2010），349-54。

第五章
耶穌復活：我們可以知道的

　　我收到過很多來自關心我是否失去信仰的人發來電子郵件。其中很多人對我說：我肯定從來沒有和耶穌建立起私人的聯繫；確實，我的信仰一直是理性的，我以自己的方式做出了「回應」。在他們的觀點中，如果我不是學者，不是受過高等教育的人，而是意識到，信仰耶穌是件關乎一個人的天父救主的事，那我就會始終留在信徒群體中。我從來不敢確定，為什麼陌生人這麼關心我。我在想，會不會是因為，我放棄信仰被人視作一種威脅，至少在那些被猜疑困擾的人眼中是這樣吧，他們從來沒有清楚地認識到，他們的信仰需要接受檢驗。

　　無論是不是這種情況，有一件事他們肯定是錯的，他們說我從來沒有和耶穌建立起私人的聯繫，事實並非如此。恰恰相反：耶穌和我的關係曾經非常緊密，這種狀況持續了好多年。他每日陪伴我，安慰我，指引我，是我的救主。

　　與此同時，保守的福音派基督教——我曾皈依的教派——注重的確實不完全是個人與神的關係。其中也有很強的思想性。這是當代宗教最諷刺的一點：跟地球上其他宗教團體相比，保守的

福音派教徒，特別是原教旨主義教徒，更像是啟蒙運動的孩子。

　　17 到 18 世紀的思想運動，也就是啟蒙運動興起的同時，理性思想開始取代天啟，被視作真正知識的根源。自然科學興起，技術蓬勃發展，哲學思想盛行。啟蒙運動導致宗教傳統日漸淡出許多受過教育者和受他們影響者的生活。啟蒙運動鼓勵大膽懷疑以奇蹟、超自然和天啟為基礎的宗教傳說。啟蒙運動通過強調人類思想的力量，消除了在宗教傳說中占主導地位的神話的影響力。啟蒙運動強調，對他或她認為的和相信的，要去進行客觀的驗證。

　　當我說，保守的福音派基督徒和原教旨主義者是啟蒙運動的孩子時，我的意思是，這個群體中思想家比其他任何人都更注重「客觀事實」——這種特別的注重，正是導致基督教在現代世界，特別是歐洲世界消亡的原因。所以福音派的注重客觀性，可謂相當諷刺。或者，也許這是一個試圖用火滅火的例子。但現實是，現代基督教護教論者強調客觀性的重要性，比任何人都更支持客觀真實——比全世界受過教育的大多數人都注重客觀。反而大學裡的知識份子卻不再動輒就夸談「客觀性」了，除非他們甘為知識界的邊緣人物。

　　然而基督教的護教論者就是這樣，當我是他們中的一員時，我也是這樣。這就是基督教護教論者們如此熱衷於「證明」耶穌復活真實發生過的原因。這是辯論武器庫中的一個常規武器：你可以客觀地看待復活的所有證據，並根據壓倒性的證據得出結論，上帝確實把死去的耶穌復活了。客觀確定的史料沒有其他解釋——例如，耶穌的墳墓是空的，他的門徒聲稱在事後看到他。

因此，護教論者把這兩個史料當做「事實」，並表明其他解釋都不可信（門徒偷了屍體，他們去了錯誤的墳墓，他們產生了幻覺，等等）。

如果一個人想玩「客觀性」遊戲（這是一個遊戲；刻意要使「客觀性」客觀地真實，這本身就不是客觀的行為），在這個辯論策略上找出破綻，相對來說不是什麼難事──這是我自己多年來使用過的一種策略。當時我是一個基督徒，試圖說服人們相信耶穌復活。前面已經討論過，有非常嚴肅的理由懷疑，「耶穌被體面地埋葬了」，以及「他的墳墓被發現是空的」這兩件事的真實性。此外，正如我所主張的，任何其他可能發生的情況──無論多麼不可能發生──都比發生一個偉大的奇蹟更有可能，因為奇蹟超越了所有的可能性（否則我們不會稱之為奇蹟）。

關於客觀地正確解讀史料，拋開爭論是否有意義不談，還有一個更大的問題──對奇蹟的相信乃是信仰的問題，而不是客觀地建立起來的知識。這就是為什麼一些歷史學家認為耶穌是被上帝復活的，而其他同樣優秀的歷史學家則不相信。這兩組歷史學家掌握的是相同的史料，但是使一個人成為信徒的，並不是史料。畢竟信仰不是歷史知識，歷史知識不是信仰。

同時，歷史學家可以在不預設相信或不信的前提下，談論復活傳說的某些方面。這不是要求歷史學家要有反超自然主義偏見的問題。這是要求擱置偏見──無論他們是超自然主義者還是反超自然主義者──來做歷史學家的工作：盡他們最大的能力，基於倖存的證據，重建過去可能發生的事，並承認從歷史的角度，有許多事情，我們不僅不知道，而且不可能知道。

在前一章中，我的主張是，考慮到我們目前的證據，關於耶穌復活的傳說，有些事情我們不可能知道（除了大問題本身——上帝是否把死去的耶穌復活）：我們不可能知道耶穌是否被埋葬了，因此，我們也不可能知道是否有人發現他的墳墓是空的。那麼，我們能知道什麼？

我們可以知道的，包括三件非常重要的事：（1）耶穌的一些追隨者認為，他在死後復活了；（2）他們相信這一點，因為他們中的一些人在他被釘十字架而死之後看到過他；（3）對這件事的相信，使他們重新評估耶穌是誰，於是這位來自加利利農村的猶太末日論傳道者被認為是某種意義上的神。

門徒的信仰

毫無疑問，歷史上，耶穌的一些追隨者相信他在死後復活——任何情況下，這一點都是沒有疑問的。這就是基督教的起源。如果沒有人認為耶穌已經復活，他就會消失在古代猶太世界的迷霧中，今天只會被視作另一個失敗的猶太先知。但是，耶穌的追隨者——或者，至少其中的一些人——樂意相信上帝釋出了一個偉大的奇蹟，恢復了耶穌的生命。耶穌的復活不僅僅是一種復甦，一種瀕死的經歷。對於耶穌的門徒來說，耶穌復活之後獲得一具不朽的肉體，並被提升到天堂，他目前生活在那裡，與全能的上帝共同行使權力。

我說「一些」他的追隨者，是因為並不完全確定所有的門徒都相信這一點，我會在下面做出解釋。現有的記錄根本不足以讓我們確切地知道，耶穌最親密的追隨者中，有誰相信這一個偉大

的奇蹟。 有些人顯然相信了，但我們能看到的記錄是在事實發生多年後寫的，我們幾乎沒有聽到關於「十二門徒」的任何消息。

　　另一個不確定的問題是，耶穌的復活和升天，是什麼時候開始的。 當然，按照傳統的說法，是在他死後第三天開始的。但是正如在分析《哥林多前書》15:3-5 時，我的主張： 耶穌在「第三天」復活的想法最初是一個宗教概念，而不是一個歷史資訊。 此外，如果耶穌被捕時，門徒從耶路撒冷逃到加利利，並且他們中的一些人在那裡「看到」了他，那麼他們就不可能在他死後的第一個星期天早上見到他。 如果他們在星期五逃跑，星期六，即安息日不能旅行； 從耶路撒冷到他們的家鄉迦百農（Capernaum）大約有 120 英里，步行至少要花一個星期。[1] 也許他們中的一些人，或者其中的一個人，在耶穌剛被釘上十字架後不久，就看到了耶穌的幻象——或許是在下個星期？之後再下個星期？下個月？我們根本沒有可以做出判斷的資訊來源。[2]

　　這是應該引起注意的，卻經常被早期基督教傳統的散漫觀察者所忽視，即使這是耶穌復活之後，第一批基督徒的普遍信仰，信仰的內容卻不統一，確切地說，「在死後復活」究竟是什麼意思，就不一致。

　　尤其，早期基督徒還對復活的性質進行了長期和激烈的辯論——特別是對復活了的肉體的性質。 在這裡，我選擇對三個方面進行探索，從早期教會的著作中尋找證據，分析耶穌復活的肉體實際上是什麼情況。

有靈魂的肉體復活

我從最早的記錄，即保羅的著作開始，還是他的「復活章」（《哥林多前書》15），這個章節之所以名為「復活章」，是因為其中討論的是耶穌的復活和信徒們未來的復活。保羅在這裡強調，耶穌死後「一個有靈魂的肉體」復活。這個片語對理解保羅對耶穌復活的看法很重要：耶穌是在肉體中復活的；但這具肉體是有靈魂的。

許多《哥林多前書》的讀者或者沒有重視這一點，或者產生了誤解。保羅強調：耶穌在死後「肉體」復活。保羅在《哥林多前書》15 中，有力地陳述了這一觀點，在某種意義上，整章都是為了說明這一點——準確地說，因為保羅在哥林多的反對者所持觀點與他不同。在他們的觀點中，耶穌是靈魂復活，而不是肉體復活，將來基督徒們也是靈魂復活——不是外在的軀體，而是內在的靈魂。這些反對者認為，到現在他們已經體驗了救贖的全部好處。保羅在信中諷刺了這一觀點，他在回覆中用諷刺的語言陳述了自己的觀點：「你們已經飽足了，已經豐富了，不用我們，自己就作王了。」（《哥林多前書》4:8）。

通過上下文，我們會發現，他並非說這是事實，而是諷刺他們。緊接著他對他們說，他希望這是真的；但是，並不是。現在這個邪惡時代是一個軟弱無力的時代。只有在未來的時代，當基督從天堂歸來時，他的追隨者才會享受救贖的全部好處，當他們脫離這些可憐的、卑微的、虛弱的、低劣的、凡人的肉體，才能得到驚人的、屬靈的、不朽的身體，如同耶穌自己在復活時所擁有的。

　　這就是《哥林多前書》15 的觀點。 信徒的肉體復活會像耶穌的肉體復活一樣。 這個事實——保羅認為這是事實——說明：復活尚未發生。 復活是肉體層面的（並非單純的靈魂層面），既然是肉體層面的，顯然復活還沒有發生，因為我們仍然生活在可悲的凡人肉體中。

　　耶穌復活之後的身體，不僅僅是屍體重新煥發生命，它是一具有「靈魂」的不朽身軀。 一具身軀，是的。 一具血肉之軀，是的。 一具與死亡和被埋葬的屍體密切相關的身軀，是的。 但是這具經過轉化的身軀，再也不會體會到疼痛、痛苦，或死亡。

　　保羅說，他的一些反對者嘲笑他說未來的復活是肉體復活的觀點：「或有人問，『人怎樣復活，帶著什麼身體來呢？』」他的回答很有說服力：「無知的人哪，你所種的，若不死，就不能生！」（《哥林多前書》15:35-36）。 他接著說，它就像一顆種子。 它作為一顆光禿禿的種子進入地下，但它會生長成一種活的植物。 身體是這樣的。 身體死去時，是一個微不足道的、赤裸的、死了的東西，然而復活後會煥發榮光。 因為「有天上的形體，也有地上的形體。 但天上形體的榮光是一樣，地上形體的榮光又是一樣」（15:40）。

　　然後他解釋說，「死人復活也是這樣：所種的是必朽壞的，復活的是不朽壞的； 所種的是羞辱的，復活的是榮耀的； 所種的是軟弱的，復活的是強壯的； 所種的是血氣的身體，復活的是靈性的身體。 若有血氣的身體，也必有靈性的身體」（15:42-44）。

　　因此，信徒們的身體復活昇華之後還是身體——它與現在的身體密切相關——但它是一個光榮的、不朽的、神聖的身體，是

現在的身體轉化而成的。保羅知道這一點，因為耶穌復活之後擁有的就是這樣的身體。

有一些現代讀者很難理解怎麼會有「靈性肉體」，以及靈性肉體是否還是真實的身體。之所以會出現這樣的疑問，是因為今天我們傾向於認為「靈魂」和「肉體」是兩個相反的東西，靈魂是無形的、非物質的，身體是可見的、物質的。對我們來說，靈魂是無形的，身體是由「材質」組成的。然而，大多數古代人並不是以這種方式看待靈魂和身體，這就是保羅可以談論靈性肉體的原因。

在古代，人們普遍認為，我們內在的靈魂也是由「材質」構成的，是物質的。但組成靈魂的是非常精緻的材料，無法用眼睛看到。（就像人們想像看到「鬼魂」時一樣——那裡有一些東西，由物質組成的，它是可以看到的，即使是純粹的靈魂。）[3] 保羅談到靈性肉體，他的意思是，組成這具身體的，不是由現在組成我們身體的笨重、粗笨的物質，而是高度精煉的靈性物質，這種物質在各個方面都是優越的，不受死亡的影響。未來的身體是這樣的，因為耶穌復活的身體就是這樣的。耶穌的身體確實是從墳墓裡出來的。但他的身體邁出墳墓時，已經被轉化了，那具身體由靈魂構成，復活之後變得不朽。

不只是現代讀者發現保羅的觀點令人困惑，也不只是現代讀者解讀出了他要表達但沒說出口的意思。我們知道，後來其他基督徒更將他所說的靈性肉體各自推論到了極端：有些人堅持認為，耶穌的肉體根本沒有復活，只是靈魂復活了；另一些人則堅持認為，他的身體與他的屍體有著緊密的聯繫，以至於復活之後

的軀體上仍然留下了所有死亡的痕跡。

靈魂復活

古代的一些基督徒——與保羅在哥林多的反對者想法相似——認為耶穌是靈魂復活，而不是肉體復活；他的身體已經死亡，在墳墓中腐爛；但他的靈魂還在，而且升到了天上。諾斯替教派的不同群體便非常重視這一觀點。

在此，我沒有必要對早期基督教諾斯替主義進行冗長的討論；有許多優秀的研究成果可供參考。[4]就我的目的而言，可以說，新約時代之後的各種團體，都聲稱代表耶穌和他的門徒的「原始」觀點，他們堅持認為我們所居住的物質世界是一個邪惡、墮落的地方，它與我們終將歸屬的更大、更純粹的精神領域是不一樣的。逃脫我們所處物質世界之陷阱的方法，是從我們的上面獲得秘密的「知識」（ = 真知，gnosis），得知我們是如何來到這裡的，以及我們如何回到我們靈魂的家園——天堂。在這種觀點中，耶穌是從天國下來為我們提供這一秘密知識的人。這些群體被稱為諾斯替派，因為他們強調真知／知識。

我將在第七章中更充分討論有關基督的這一觀點，在這個階段只要強調以下這一點就夠了：對許多諾斯替派基督徒來說，耶穌基督不是一個人，實際上是兩個人——來自天上的神聖存在，暫時寄居在耶穌的物質性人類肉體上。在這種觀點中，物質的肉體，是屬於物質世界，屬於創造它的較低階的神，在耶穌的死亡和復活後被轉化，肉身被殺死，但是其中和肉體區隔開來的神靈沒有被觸及。神聖的靈魂回到了它的天堂之家，身體卻被留在地

上腐敗。

在這種觀點中，身體並沒有像保羅所說的那樣，轉化成了靈性肉體；而是被遺棄在墳墓裡。在受難過後，靈魂繼續存活——實際上它不需要「復活」。它只是在釘十字架受難中逃脫了肉體。

你可以在一本名為《科普特的彼得啟示錄》（Coptic Apocalypse of Peter）的書中找到這一觀點，這本書於 1945 年在埃及城鎮拿戈瑪第（Nag Hammadi）附近，與一批諾斯特教派的著作一起被發現。這份文稿說的是彼得親眼所見，對耶穌受難的第一手描述。令人震驚的是——而且確實非常奇怪——當彼得正在和耶穌說話時，他看到另一個耶穌被釘在十字架上。所以這裡顯然同時有兩個耶穌。更重要的是，彼得看到還有第三個人在十字架上方盤旋，笑著。這人也是耶穌。彼得會因此感到困惑完全可以理解，在困惑中彼得問耶穌（他正在與之交談的人）他看到的是什麼。救世主告訴彼得，他們不是在釘死他，而是在釘死「他的身體部分」。在十字架上方笑的耶穌是「活的耶穌」。然後，彼得被告知：

> 他們釘在十字架上的他，是初生的，是魔鬼的家，是他們所住的泥濘的容器，屬於易羅欣（elohim），屬於律法下的十字架。但是，站在他旁邊的人是活生生的救世主，他們抓住了他原始的部分。他已經被釋放了。他高興地站在那裡看著那些迫害他的人……他因此嘲笑他們缺乏知覺……因此，一個人必須一直受苦，因為身體是替代品。但被釋放出來的，是我的無形身體。（《科普特的彼得啟示錄》82）[5]

　　也就是說，被殺死的只是耶穌的肉體外殼，它屬於這個世界的神（以羅欣——舊約中希伯來人對神的稱呼），而不是真正的神。真正的耶穌是一個無形的靈魂，在那個身體中居住了一段時間，但後來被釋放了。這個「活的耶穌」在笑，因為他的敵人認為他們可以殺死他，但是實際上他們無法碰觸他。根據這一觀點，復活的是耶穌的神聖靈魂，而不是耶穌的肉體。[6]

凡人身軀的復活

　　我們不知道，在基督教運動中，這種成熟的諾斯替教派的觀點是在什麼時候出現的；二世紀中葉，也可能更早，這個觀點的位置肯定已經穩固。在新約時期，就存在朝這個觀點傾斜的趨勢。如果我在前面對哥林多所發生事件的重建是正確的，那麼在一世紀50年代，耶穌的一些信徒就曾接受這樣的觀點，即：在死後復活的，是耶穌的精神，而不是他的身體。某些基督徒持有這一觀點的進一步證據是：實際上，後來的福音書傳說在長篇累牘的反駁這個觀點。

　　例如，在寫於西元80年到85年的《路加福音》中，當耶穌復活時，門徒很難相信他是真實的，是有血有肉的——即便他們看到了他。《路加福音》24:36-37對此進行了明確的敘述：「正說這話的時候，耶穌親自站在他們當中，說：『願你們平安！』他們卻驚慌害怕，以為所看見的是魂」（有時被翻譯成「鬼魂」）。耶穌責備他們，讓他們觸摸他的身體，這樣他們才相信眼前是真實的身軀：「你們看我的手，我的腳，就知道實在是我

了。摸我看看！魂無骨無肉，你們看，我是有的。」（24:39）。他們仍然很難相信，所以他跟他們要了些東西來吃。他們給他一塊烤魚，他在他們眼前吃了。

這個故事的重點是：現身者真的是耶穌，同一個耶穌已經死了，但他仍然是一個完整的身體，有肉，有骨頭，有嘴，大概還有消化系統。為什麼如此強調復活耶穌的身體特徵？幾乎可以肯定的是，因為其他基督徒否認耶穌的肉體復活了。

如果保羅（出自《哥林多前書》）和諾斯替教徒（出自《科普特的彼得啟示錄》）之間，就耶穌是否肉體復活進行辯論，路加會堅定地站在保羅的陣營。但他們二人的觀點存在一個可能的歧異。

當保羅談到耶穌的靈性肉體時，他在《哥林多前書》中強調，那具身體被轉化為不朽的存在。對保羅來說，這是必要的，因為血肉之軀不是進入神王國的正確「材質」。他在這方面曾經毫不含糊地指出：「血肉之體不能承受神的國，必朽壞的不能承受不朽壞的。」（《哥林多前書。15:50》）。凡人易腐的肉體將被轉化為其他東西——一個不朽的，不腐的，靈性的身體。只有這樣，它才能延續永恆的生命。對保羅來說，這就是耶穌復活的身體。

但對於路加來說，耶穌復活的身體似乎只是他那具重新有了生命的屍體。誠然，他沒有說身體仍然是「血肉」之軀（用保羅的話說，是不能進入王國的東西）。但他明確地說是「肉和骨頭」（《路加福音》24:39）。和靈魂不同，這具身體可以吃一頓烤魚。看起來路加似乎在強調，耶穌的復活確實是肉體層面的，以此反駁那些想強調復活是精神層面的人。在這種情況下，他可能

修改了保羅的觀點，更多地強調耶穌身體的真實肉體特徵，不是經過轉化的，而是與那具已死的軀體存在純粹的連續性。

後來，人們發現約翰在「多疑的多馬」這段情節中，也強調過類似的觀點。根據《約翰福音》20:24-28，當耶穌第一次出現在他們面前時，多馬不在其他門徒身邊。他不相信他們已經看到了復活的主，並告訴他們，這有點過分，他不會相信；直到耶穌出現在他面前，他可以感覺到他的手和側身的傷口。當然，是耶穌出現之後，讓多馬這樣做的。於是，多馬立即相信。

在這裡，現身的耶穌身上的傷口和一切，與那具受難的身體一模一樣。因此，路加和約翰都想強調耶穌復活的是肉體，相應地，他們強調了復活的身體與被釘在十字架上的身體的絕對連續性，這樣就不會是保羅所說的「轉化」而成的身軀。

人們可以辯稱，它不再是一個正常的身體，因為即使在這些福音書中也描述過，耶穌似乎能穿過鎖著的門而現身，如此看來，他的身體似乎確實發生了某種轉變。但是不要忘記，即使在耶穌活著的時候，據說他的身體也有超人的能力——例如，他能夠在水上行走，並在他的門徒面前「變化樣貌」。因此，路加福音和約翰要強調的應該是，從死亡到復活的，確實是同一個身體。

最終，這種觀點，在以後的時期，成為整個基督教的主導理念，正如我們將在第八章中看到的，這在很大程度上是因為：一些基督徒否認耶穌曾經有過身體。強調耶穌的肉體，是為了平息所有這類的觀點。認為耶穌在他的生命中，甚至在他復活後，都有一個真實的身體。保羅所強調，這是不同的身體——一種由靈魂而不是血肉組成的身體——隨著時間的推移而漸被忽視。

很難知道在保羅之前的，最早的基督徒，在耶穌復活後對他的身體有什麼看法——他們的想法是否更接近我們最早的證人保羅，還是更接近後來的寫作者路加和約翰。可以肯定的是，耶穌最早的追隨者相信耶穌已經在肉體層面復活了，而且他復活的肉體是具有真實身體特徵的：可以被看到和觸摸到，可以發出能被人聽到的聲音。

為什麼在基督教傳說的最開始，他們會想到這一點？是什麼使他們相信，耶穌死後身體復活了？確實有一些原因。我想我們知道是什麼。因為耶穌的一些追隨者在他被釘死後看到了他。

看見耶穌

無可爭辯的是，耶穌的一些追隨者開始認為他是在死後復活的，所以，肯定是發生了一些事情才讓他們有了這樣的想法。我們最早的一些記錄，在這一點上是一致的，我認為這些記錄在一個關鍵方面為我們提供了歷史上的可靠資訊：門徒對復活的信念是基於視覺經驗。

「看見」對復活信仰的重要性

我應該強調，是親眼看見，而不是其他什麼原因，導致第一批門徒相信耶穌復活。人們經常說，事件相互結合導致了這種信仰：發現空墓和耶穌的出現。我的觀點是，發現空墓穴與形成信仰無關。這不僅是因為有關發現空墓穴的描述非常值得懷疑，正如我前面試圖說明的那樣。還因為發現一個空墓穴不會形成信仰，就像我將要說明的那樣。更重要的是，因為最早的記錄表

明，空墓確實沒有生成信仰。

我從早期的記錄開始入手。 關於對復活的信仰，最古老的傳說是《哥林多前書》15:3-5 中的保羅書信之前的教義，我們在第四章中研究了這段教義，其中沒有提到空墓，而且表明門徒開始相信復活的原因是，耶穌出現在他們面前。 保羅自己也是如此： 他之所以相信，是因為親眼看見耶穌，而不是因為他看到了一個空墓（《哥林多前書》1:15-16；《哥林多前書》15:8）。

後來的福音書中的一些記錄，提出了同樣的觀點。 第一部福音書《馬可福音》，記錄了墳墓是空的「事實」，但令人驚訝的是，他沒有記錄任何一個人因為這件事相信耶穌復活。 更令人震驚的是，在路加的敘述中，發現空墓穴的說法被認為是「一個無意義的故事」，並明確地表示沒有導致任何人相信（24:11）。 只有當耶穌出現在門徒面前時，他們才開始相信（24:13-53）。

《約翰福音》中也提出了同樣的觀點。 抹大拉的馬利亞發現了空墓，很困惑，但她也沒有因此相信耶穌復活。 相反，她認為有人把耶穌的身體移到了另一個地方（20:1-13）。 直到耶穌出現在她面前，她才相信（20:14-18）。

這些故事表明，即使沒有這些案例，我們也可以做出合乎邏輯的推測： 如果有人被埋在墳墓裡，後來屍體不在那裡，這個事實本身不會讓任何人懷疑是上帝把那個死人復活了。 假設你把一具屍體放在一個從岩石裡鑿出的墳墓裡。 後來屍體不見了。 你馬上會產生什麼樣的想法？絕對不是死者「復活」，而是有「盜墓者」！ 或「有人移動了屍體」或「嘿，我一定是來錯墓了」或其他什麼。 你不會想，「哦，我的天！ 這個人被提升到神右手邊

的神座之上了！」

　　戴爾・艾利森（Dale Allison）在一本書中，對耶穌復活展開了非常充分的討論[7]，但是我要強調的觀點與之相反。艾利森認為，如果耶穌的門徒在他死後看見了他——艾利森和我都同意他們確實看見了——這不會讓他們認為耶穌在死後肉體復活了，除非他們檢查了空墓穴，發現其中確實沒有屍體。從表面上看，這種觀點似乎相當合理，但問題是，他忽略了這些耶穌的追隨者到底是誰，他也忽略了信徒們在導致耶穌死亡，以及一系列的後果發生之前，他們信仰什麼。

　　正如我們所看到的（艾利森也同意這一點），耶穌是一個猶太世界的天啓末日論者，不但如此，他也同意其他猶太世界末日論者的觀點，即：在這個邪惡的時代結束時，死者會被審判並復活。在耶穌看來，死者的身體將得到提升，以面對審判，要麼因他們與上帝站在一邊而得到獎賞，要麼因他們與邪惡力量結盟而受到懲罰。在上帝之國的來世，需要復活了的身體。

　　門徒都是些什麼人？他們是耶穌的追隨者，當然，他們接受了耶穌的天啓末日信息，他們自己也採納了天啓末日的觀點。[8]如果一位持末日論的猶太人，開始相信死人的復活已經開始——例如，隨著上帝特別鍾愛的彌賽亞的復活——那麼，復活會涉及什麼？復活會自然、自動地涉及肉體的復活。

　　對門徒們來說，這就是「復活」會發生的事。復活不意味著沒有身體的靈魂會持續存活。復活意味著身體的重生和榮耀。如果門徒相信耶穌在死後復活，他們當即就會明白，這意味著他的肉體重生了，不會再死了。他們不需要一個空墓穴來證明這一

點。當然，對他們來說，墳墓是空的。不用說也不用看。耶穌已經復活了，這意味著他的身體重新被注入生命，已經離開那座墳墓了。

後來出現了對空墓穴的描述——在《哥林多前書》15:3-5 的教義出現之後，甚至晚於保羅的著作。換句話說，這種描述不是早期傳說的一部分。甚至當有人告訴他們這件事，他們進行討論之後，基督徒意識到空墓本身不會產生信仰——正如《馬可福音》、《路加福音》和《約翰福音》中描述的。是別的事讓他們產生了信仰。是**耶穌的一些追隨者，在他被釘死後看到了他活生生的影像。**

術語：影像是什麼

在我們繼續之前，先弄清我使用的術語很重要。當我說，一些門徒幾乎肯定，在耶穌死後看到了耶穌的「影像 visons」，我要表達的是什麼意思？

我用「影像」這個詞，沒有任何技術層面的意思。用到「影像」時，我的意思很簡單，就是能被「看到」的東西，無論它是不是真的在那裡。換句話說，關於在門徒看見的背後，是不是有某種外觀上的實體這個問題上，我不採取任何立場。研究影像的學者將其分為兩類：真實的，意味著一個人看到了真正存在的東西；不真實的，意味著一個人看到的東西並不是真正存在的。有時，你在晚上的臥室裡看到一個影子，是因為真的有人在那裡；有時你「只是看到東西。」

談到耶穌的門徒所看到的影像，基督教信徒通常會說，影像

背後確實有一個有外觀的實體。 也就是說，耶穌真的出現在這些人面前。 任何持有這種觀點的人，都可能把這種真實的影像稱為耶穌「現身」（appearances）。 非基督徒會說，這些影像是不真實的，那裡什麼也沒有，而且這些影像可能是心理作用或神經生理的作用。 這些人可能會稱這些影像為「幻覺」（halluciations）。

美國精神病協會的《精神疾病診斷和統計手冊》（精神障礙診斷和統計手冊）將幻覺定義為「一種感官知覺，不受相關感覺器官的外部刺激發生的，但是具有真實知覺的，令人信服的現實感。」[9] 需要指出的是，這裡的「感官知覺」不是單純地指「看到」，聽覺、觸覺、嗅覺，甚至味覺，都屬於感官知覺。

耶穌是否真的出現在人們面前，或他們看到的影像是否是幻覺，對於這個問題，我不會採取任何立場，我對那個影像是不是真的，沒有什麼期待。 作為一個不可知論者，我個人不相信耶穌是在死亡後復活的，所以我不相信他「出現」在任何人面前。 但是，關於門徒看到的影像，我只會說我可以說的，即便當初我還是堅定的信徒時也是如此。

許多關於復活的討論都集中在這個問題上，即影像是否真實。 大多數新約學者本身都是基督徒，他們自然傾向於，認同基督教對這件事的看法——這些影像是耶穌對他的追隨者顯現的真實形象。 你可以在許多出版物中找到這樣的觀點，包括最近出版的，非常大部頭的，由基督教護教論者邁克·利科納（Mike Licona）和著名的新約學者 N.T. 懷特（N. T. Wright）所寫的書。[10]

但有些傑出的新約學者則持相反的觀點，他們爭辯的聲量也很高。 例如，德國學者兼懷疑論者格爾德·盧德曼（Gerd

Lüdemann）認為，彼得，以及後來保羅所看到的耶穌影像都是心理作用。在他看來，耶穌死去之後，他的身體和其他人的身體一樣腐爛掉了；因此，盧德曼說，由於基督教植根於肉體的復活，但耶穌實際上並不是肉體復活，於是「基督教信仰就像耶穌一樣死得非常徹底。」[11]

　　已故的英國新約學者，在知識追求上鍥而不捨的邁克爾·古爾德（Michael Goulder）認為，過去人們在很多時候用超自然解釋的事情，現在我們都可以通過科學做出解釋。如果一個現象可以有一個自然的解釋，我們就不再需要一個超自然的解釋。例如，古爾德指出，在中世紀，爆發了一種我們現在稱之為癔症的疾病——麻痺、震顫、麻醉等——那時候人們認為是魔鬼附身。今天，沒有一個醫生在治療癔症時，會認為自己在與惡魔搏鬥。過去只能用超自然解釋的疾病，現在我們有了一個自然的解釋。

　　他舉的另一個例子發生在 1588 年，當時英國人向西班牙艦隊開火，炮彈起初沒有穿透遠處的船隻。一位英國船長宣稱，這是因為「我們的罪惡」，但隨著西班牙船隻的靠近，炮彈開始穿透船體。在此，自然的解釋（距離靠近了）取代了宗教的解釋（「因為我們的罪惡」），因此不再需要宗教的解釋。在古爾德看來，門徒看見的影像也是如此。如果我們能想出自然的解釋——例如，心理作用產生的幻覺——就不需要超自然的解釋了。[12]

　　我發現信徒和非信徒之間的這些辯論很吸引人，但就我的目的而言，這些辯論都是無關緊要的。無論一個人認為耶穌追隨者看到的影像是真實的，還是不真實的，我認為結果都一樣。看到影像使耶穌的追隨者相信他在死後復活了。所以我傾向於戴爾·

艾利森的觀點，他堅持的觀點如下：

情況是這樣的，我相信，沒有什麼能阻止一個認真的歷史學家避開宗教和反宗教的假設，或超自然和反超自然的假設，只採用現象學的方法分析資料，這本身並不要求歷史學家作出任何特定的解釋。滿足於觀察門徒的經歷，無論是否是幻覺，至少都是源於他們非主觀的真實經歷，能說這是對歷史的犯罪嗎？[13]

我不認為，不去討論不確定的外部刺激——是真實的影像或者不是，就是對歷史的犯罪，信徒和非信徒在這些經歷的重要性上達成的共識，才是我最關心的問題。

誰看到了影像？探索「不確定的傳說」

考慮看到耶穌影像的重要性時，馬上會出現一個關鍵問題，在我的判斷中，大多數研究這個問題的學者還沒有給出充分的解釋。即便耶穌在門徒面前現身，他們還是對復活有所懷疑，有關這種懷疑的傳說為什麼會如此強大，流傳如此之廣？如果耶穌在死後，又活生生來到他們面前，與他們交談，還有什麼可懷疑的呢？

這個問題之所以如此緊迫的原因是，正如我們將看到的，關於影像的現代研究表明，影像幾乎總是被體驗它們的人所相信。當人們看到一個影像——例如，失去的愛人——他們真的深深地相信自己已經離開的愛人出現了。那麼，為什麼總是不相信耶穌的影像呢？或者更確切地說，有人為什麼一直懷疑？

在馬可的福音書中，耶穌死後沒有出現在任何人面前，但在《馬太福音》、《路加福音》、《約翰福音》和《使徒行傳》中，耶穌出現過。大多數讀者從來沒有注意到這一點，實際上每段描述都相當明確地表明，使徒們懷疑過耶穌的復活。

《馬太福音》28:17 告訴我們，耶穌出現在十一個人面前，但「有些人懷疑」，為什麼他們會懷疑耶穌是否就在他們面前？我們在《路加福音》24 中已經看到，當女人報告耶穌已經復活，門徒們認為這是一個「沒有意義的故事」，一點也不相信（24:10-11）。然後，即使耶穌出現在他們面前，他也必須通過讓門徒們觸摸他的身體，來「證明」他不是一個靈魂。甚至這還不夠：他需要吃一條烤魚才能最終說服他們（24:37-43）。

所以在約翰的福音書中，起初彼得和心愛的門徒（約翰）不相信抹大拉的馬利亞所說墳墓是空的，他們必須自己看（《約翰福音》20:1-10）。更明確的描述還包括，文本中清楚地暗示：即使門徒看到耶穌，他們也不相信是他；這就是為什麼他必須向他們展示他的雙手和他側身的傷口，來說服他們（20:20）。這同樣包括多疑的多馬，他看到了耶穌，當耶穌讓他檢查自己身上的傷口時，他才消除心中的懷疑。

然後我們來看看《新約聖經》中最令人費解的句子之一。在《使徒行傳》1:3 中，我們被告知：在復活後，耶穌與門徒一起度過了四十天——四十天！——通過「許多證據」向他們證明他活著。許多證據？到底需要多少證據？花了四十天才說服他們？

與這些可疑的傳說密切相關的，是福音書中描繪耶穌復活之後出現在門徒們面前，而他們認不出他時的事件背景。在《路加

福音》24:13-31，兩個門徒在通往伊默斯（Emmaus）的路上，故事的主旨就是耶穌現身，他們卻沒認出來。 這兩個人沒有意識到，與他們交談的，正是他們剛才談論的人，直到耶穌和他們一起分食麵包，他們才認出他。

同樣，在《約翰福音》20:14-16 中，抹大拉的馬利亞是第一個看到耶穌復活的人，但她沒有立即認出他。 她認為自己在和園丁說話。 在《約翰福音》21:4-8 中，耶穌復活之後，門徒們在釣魚，耶穌出現在岸上，和他們說話。 直到耶穌鍾愛的弟子約翰認出他，其他門徒才認出他。

該怎麼理解這些故事呢？ 一些讀者認為，如果門徒只是看到了「影像」，他們對自己看到的東西產生懷疑，是很合理的。 這是一個有趣的觀點，但正如我已經說過的，而且我們稍後會更全面地認識到： 看到影像的人往往不會懷疑他們所看到的。 很多人都有過看到什麼的經驗，而且背景不同，關於這件事最令人印象深刻的是： 他們始終堅持認為，有時帶著一些強烈的情緒，他們看到的影像是真實的，而不是在他們的腦海中虛構的。 這適用於所有的人，比如，在親人去世後看到他們的人（有時與他們交談，擁抱他們）； 看到偉大的宗教人物，如看到聖母馬利亞的人（對目擊事件的報導和記錄都相當驚人）； 那些聲稱被幽浮綁架的人。[14] 看到這些影像的人，都相信自己看到的是真的。 但是，據說，一些門徒不相信他們看到的，直到耶穌拿出「證據」。

現階段，我暫時認為，三四個人——也可能更多——在他死後的某個時候，看到了耶穌的影像。 幾乎可以肯定，其中一人是彼得，因為關於彼得見到耶穌的描述，在各種來源中隨處可見，

包括最早的保羅在《哥林多前書》15:5 中的記錄。 需要記住的是，保羅實際上是認識彼得的。 保羅也明確地說，他自己見到了耶穌的影像。 我覺得我們可以認為，他說這話的意思是，他相信耶穌真的出現在他面前。

同樣重要的是，抹大拉的馬利亞在所有福音書有關復活的敘事中，地位非常重要，儘管福音書的其他地方幾乎從來沒有提到過她。 在整部《新約聖經》中，只有一段提到耶穌在公會的時候和她有過接觸（《路加福音》8:1-3），但是無論在哪部福音書中，第一個宣佈耶穌復活的都是她。 為什麼會這樣？ 一個合理的解釋是，在耶穌死後，她也看到了耶穌的影像。

彼得、保羅和馬利亞一定把他們看到耶穌的事告訴了別人。 可能其他人也看到過，例如，耶穌的兄弟雅各——但我認為很難確定。 他們的大多數親密夥伴都相信他們，從而開始認為耶穌在死後復活了。 但可能有些一開始就跟隨耶穌的弟子不相信。 這也解釋了，為什麼福音書中表現出了如此強烈的懷疑，為什麼（在《路加福音》、《約翰福音》特別是《使徒行傳》中）如此大力強調耶穌必須「證明」他被復活了，即使他站在門徒面前。

如果歷史上只有少數人看到過耶穌的影像，並不是所有人都相信他們，很多事情就迎刃而解了。 馬利亞沒有懷疑她看到的，彼得和保羅也沒有懷疑。 但是其他人懷疑了。 隨著耶穌「現身」的故事不斷被講述，被其他人複述，必然會被修飾、放大，甚至編造一些情節；所以很快的，可能在幾年內，據說所有門徒，還有其他一些人，都自稱見過耶穌。

從更廣闊的視角分析見到耶穌的影像

我已經說過，就我的目的而言，耶穌的影像是否真實並不重要。但為了更深入理解這些有關看到耶穌影像的說法，有必要看一下相關學者對這種視覺體驗是怎麼說的。對影像最詳細的研究是關於那些不真實的，原因很簡單，看到那些就在眼前的東西，就只是單純的看到而已。但是有時人們會「看到」那些明明不在眼前的東西，這是怎麼回事？原因是什麼？為了更全面地鑒別早期耶穌的門徒們看到的影像，我們需要研究一下：其他人對這種事是怎麼描述的。

心理學家理查・本陶（Richard・Bentall）在一篇題為「幻覺體驗」[15] 的文章中的描述，很有說服力。本陶說，19 世紀末，有人第一次真正開始研究人們是否有可能在沒有身體或精神疾病的情況下，看到不真實的影像。他引述，一個名叫 H.A・西奇威克（H. A. Sidgewick）的人採訪了 7,717 名男性和 7,599 名女性，發現 7.8% 的男子和 12% 的婦女報告說，至少體驗過一次感覺十分真實的幻覺經歷。最普遍的影像是，看見一個當時不在場的活著的人。許多影像涉及宗教或超自然的內容。最普遍的影像是由二十到二十九歲的人報告的。

第一次真正的現代調查——使用被社會科學接受的現代分析方法——是 P・麥凱勒（P. McKellar）在 1968 年進行的。四分之一的「正常」人報告，至少有過一次幻覺經驗。十五年後，T.B. 波西（T. B. Posey）和 M.E. 洛施（M. E. Losch）的一項研究注意到了幻聽的問題——一個人會聽到聲音，但實際上沒有人說話。在 375 名大學生中，39% 的人報告有過這種經歷。

　　對一般人口所作最全面的調查，是由 A.Y. 田（A.Y.Tien）在
1991 年進行的，這項研究涉及 18,572 人。 值得注意的是，13%
的人聲稱，至少經歷了一次生動的幻覺體驗——這一統計資料
與西奇威克在近一個世紀前，使用不是十分科學的方法所做的調
查，結果非常接近。 值得注意的是，一般人罹患精神分裂症的風
險，通常估計為 1%。 這意味著，產生過幻覺的人，是罹患精神
分裂症患者的十倍之多。

　　人數如此之多，如何解釋？ 本陶認為，區分自身生成的事件
（即源於頭腦的，想像出的感覺）和外部生成的事件（即由頭腦
外部的原因引起）的能力，是人類獲得的一種技能，和所有技能
一樣，「在某些情況下很可能會失敗。」[16] 這種技能被稱為「來
源監測」——因為這是監測感覺的來源來自哪裡的技能，無論是
在頭腦內部，還是外部。 本陶認為，來源監測的判斷，受到一個
人成長的文化影響。 如果一個人所處的文化，認同鬼魂的存在或
死人可能現身，那麼他「看到」的東西，被認為是鬼魂或死人的
機會，就會明顯增加。 此外，還有一個關鍵點，壓力和情緒可能
會對一個人的來源監測技能產生嚴重影響。 一個人在承受巨大壓
力，或正經歷深刻的悲傷、創傷，或個人的痛苦，便有可能經歷
一次失敗的來源監測。

　　看到已故的親人，或受人尊敬的宗教人物，通常能起到安慰
效果，這也是此兩種幻覺最常見的原因所在。 當然，人們會產
生各種各樣的其他幻覺——其中一些是由精神失調或生理刺激引
起的，比如致幻藥物，就像奧利弗‧薩克斯（Oliver Sacks）的書
《幻覺》中記載的那樣。 但對於那些沒有患精神疾病和沒有攝入

致幻藥物的人來說，產生幻覺時通常是在特定的時期，例如經歷喪親之痛，或對宗教產生敬畏和期盼的時候。

喪失親人之後的幻覺

針對喪失親人之後產生的幻覺，已經做了大量研究。這項研究最引人注目的特點之一是，那些有過這種體驗的人，幾乎總是認定，並全心全意地相信：他們看到的是真實的。他們認為死去的親人真的回來看他們了。局外人往往會認為他們看到的影像是幻覺。和歷史上有關耶穌的幻覺一樣，我認為，關於死者是否真的拜訪了活著的親人，我沒有必要選邊站。

這些幻象的某些具有代表性的方面，與理解門徒看到耶穌的影像有一定的相關性——畢竟，他是一個受人愛戴的人，他突然不幸死亡，人們一定會深切地哀悼他，為他的死感到悲傷。正如戴爾‧艾利森對喪親幻覺研究的總結：這些幻覺，通常是感覺到失去的親人還在，甚至與哀悼者就在同一個房間裡。[17] 如果彼此關係密切，而生者對死者感覺愧疚時，更有可能經歷這種幻覺（門徒在耶穌需要的時候，紛紛背叛、否認或逃離）。

對造成不幸之事的環境或導致所愛之人死亡的人，他們的憤怒無法消散（另一個與門徒和耶穌之事相似的例子）。令人驚訝的是，在所愛的人死後，倖存者會將他們理想化，美化他們性格中的缺點，或者只記得他們的優點。而且，那些遭受喪親之痛的人，往往會尋求成立一個團體，和別人一起回憶所愛之人，講述他們的故事。所有這些特徵，都與耶穌的情況緊密相關：耶穌是受人愛戴的導師，卻猝然死亡。

一組特別有趣的現代發現，與比爾（Bill）和裘蒂·古根漢（Judy Guggenheim）所謂的「死後交流」有關。[18] 我應該強調，古根漢夫婦沒有接受過心理學或與視覺科學研究相關的其他領域的培訓；因此，他們二人對資料的分析，對於學術研究來說是沒有意義的。但這些資料本身是重要的，為了收集這些資料，古根漢夫婦做了一件非常有價值的工作：他們採訪了很多聲稱與死去的親人有過接觸的人，總數超過33000人，他們在出版的著作中介紹了許多與這種接觸有關的報告。我要強調一下：這些都是引人入勝的軼事。這些故事確實很吸引人，而且對於洞察人們在看到死去的親人時所經歷的事情很有價值。

這些訪談顯示，無論是睡著還是清醒，都有可能產生這種幻覺。此外，即使人們在夢中看到自己的親人，他們幾乎總是認為，這並不意味著他們「只是在做夢」，而是感覺他們看到的親人沒有死，仍然活著，在與他們溝通。這種事通常發生在一個人剛死亡不久——但有時也會在一年後，十年後，或更久之後。他們通常會帶來一個令人心安的保證：死者一切安好。被悼念的不一定都是悼念者的家人，也可能是朋友或有其他感情的人。

身體或精神疲憊的人，更有可能進行「死後交流」。根據古根漢夫婦的豐富經驗，當某人發生意外而不幸死亡時，死後交流發生得更頻繁。關鍵因素似乎是，一個人被深深地思念，然後那個人就會和悲傷的生者交流。尤其令人驚訝的是：許多被古根漢採訪的人，在自己有此種經歷之前，不知道有這樣的事情，他們不知道存在「死後交流」，也不知道曾經發生過這樣的事。這是有過這些經歷的人如此信以為真的一部分原因：他們「看到」所

愛之人時，是突然的、意想不到的，而一切又那麼栩栩如生。

古根漢的任務不是將這些現代經驗與耶穌的門徒進行比較。但是對基督教起源感興趣的人，不能忽視其中的相似之處。門徒們備受愛戴的導師——為他們放棄一切，為他們獻出生命的人——突然被殘酷地從他們身邊帶走，公開羞辱、折磨，最終被釘死在十字架上。根據我們早期的記錄，**門徒有很多理由為他們在耶穌活著的時候，以及耶穌最需要他們的時候之所作所為，感到內疚和羞愧**。不久之後，他們中的一些人相信，在他死後遇到了他。他的出現給了他們很大的安慰，他們感受到了他的原諒。他們沒有料到會有這些經歷，這些經歷突然降臨在他們身上，使他們相信，他們敬愛的導師還活著。

但與古根漢所採訪的現代人不同，耶穌的追隨者是古代的猶太末日論者。現代大眾對生死的看法，使得許多相信所愛之人還在的人，會認為他們的靈魂已經上了天堂。作為相信末日論的猶太人，門徒們則認為來世意味著死者的復活。當他們在耶穌死後再見到他時，他們自然會根據自己根深柢固的觀念，來理解他的新生，認為他已經從死亡中肉身復活了。

受人尊敬的宗教人物幻象

與我們正思考的問題更具相關性的，是看到過去受人尊敬的宗教人物的幻象，在各種記錄中，他們常出現在人們的幻覺中。在這裡，我簡要地探討一下聖母馬利亞的「現身」，以及現代世界有關耶穌的幻象。

‧童貞聖母馬利亞

雷恩‧勞倫廷（René Laurentin）是一位現代天主教研究者和現代特異景象專家，他寫了很多這方面的書。[19] 他在巴黎索邦大學（Sorbonne in Paris）獲得哲學碩士學位，以及兩個博士學位，一個是神學博士，一個是文學博士。 他深切而真誠地相信，馬利亞——兩千年前去世的耶穌的母親——在現代世界的人們面前現身過，之後她還會現身。 下面是他作品中的兩個例子。

在委內瑞拉的貝塔尼亞（Venezuela Betania），一位名叫馬利亞‧埃斯佩蘭薩‧梅德拉諾‧德比安奇尼（Maria Esperanza Medrano de Bianchini）的女人獲得了特殊的屬靈力量： 她可以預知未來，可以漂浮，可以治癒病人。 從 1976 年 3 月起，聖母馬利亞多次出現在她面前。 最引人注目的事件發生在 1984 年 3 月 25 日，涉及許多人。

那天早上，天主教彌撒結束之後，一些人去當地瀑布附近享受戶外時光，這時聖母馬利亞出現在瀑布上面。 一系列的幻覺事件由此發生。 聖母馬利亞忽來忽去，通常可以看見五分鐘左右，最後一次是半小時。 看到的人中有醫生、心理學家、精神病學家、工程師和律師。

接下來的幾周裡，人們開始在那裡野餐。 有時，多達一千人在那裡沐浴在陽光下，伴隨著玫瑰的氣味，看到馬利亞。 這種異景一直持續到 1988 年。 後來，一位耶穌會牧師，同時也是卡拉卡斯中央大學的心理學教授，高級教士皮奧‧貝洛‧里卡多（Pio Bello Ricardo），採訪了 490 名聲稱在那裡見過馬利亞的人。 他們說服了他，使他相信馬利亞真的曾經在瀑布上出現。

　　第二個例子來自埃及開羅，時間是 1986 年，地點是科普特的一個教堂。馬利亞在 1983 年至 1986 年期間多次在那裡出現。有一次，她出現在屋頂上，四個科普特主教證實了這一景象，宣稱他們確實看到了她。也有穆斯林在其他時候看到了她（他們顯然不是基督徒）。在某些時候，她真真切切地被拍攝到了。勞倫廷說，他有一張類似幽靈的照片，是 1986 年在科普特的另一個地方拍到的。

　　我的看法是，不是馬利亞真的出現在這些時間地點，而是人們深深地相信她出現了。不僅是那些我們可能會「標注」為特別容易上當的人，我們以為本應「更明白事理」的人也一樣相信。許多書籍中都收錄了關於看到馬利亞幻象的軼事，比如詹妮斯·康奈爾（Janice Connell）的《遇見馬利亞：萬福聖母的幻象》（1995）（Meetings with Mary：Visions of the Blessed Mother）。

　　康奈爾從信徒的角度，用十四個章節詳細地描述了十九世紀和二十世紀流傳的，有關看到聖母馬利亞的事件，記錄的地點包括法國的盧德（Lourdes, France），葡萄牙的法蒂瑪（Fatima, Portugal），西班牙的伽拿班度（Garabandal, Spain），以及波士尼亞赫塞哥維納的梅久戈耶（and Medjugorje, Bosnia-Herzegovina）。

　　例如，1917 年 10 月 13 日在法蒂瑪發生的「太陽的宇宙奇蹟」。據說，有人看到太陽瘋狂地旋轉，在停下來恢復到正常位置之前曾滾落到地球上，散發出難以形容的美麗色彩。有五萬多人見證了這個奇蹟。

　　真的會發生這樣的奇蹟嗎？相信的人說會，不信的人說不會。但令人驚訝，又值得注意的是：相信某個宗教傳說的典型信

徒，往往堅持用奇蹟發生的「證據」證明他們的觀點，卻完全否定其他宗教傳說中奇蹟發生過的「證據」。不管怎麼說，他們總是能找到證據（例如，目擊者的證詞）證明自己信仰的宗教所傳說的奇蹟確實發生過，而且他們找到的證據可能更豐富。新教的護教論者主要興趣在於「證明」耶穌死後復活，他們極少對將精心磨練的歷史才能用在揄揚聖母馬利亞上，會有興趣。

・耶穌在現代世界現身

　　據說耶穌至今仍然會在人們面前現身，菲力浦・H・維貝（Phillip H. Wiebe）在他的《看見耶穌：從新約到今天的直面耶穌事件》（1997）（Visions of Jesus：Direct Encounters from the New Testament to Today）一書中記錄了一些目擊事件。[20] 維貝提供了28 個案例研究，他從心理學、神經生理學，以及精神學家和其他角度進行了研究。其中包括劍橋大學著名的新約學者，後來成為英國教會主教的休・蒙特菲奧雷（Hugh Montefiore）經歷的目擊耶穌事件，他在 16 歲時從猶太教轉而皈依基督教，因為他看到了耶穌出現在他面前，並告訴他「跟隨我」，當時年輕的蒙特菲奧雷不知道這句話出自聖經。

　　特別有意思的是，據說耶穌是在一群人面前現身，不僅僅是對一個人。維貝回憶的最後一個例子，最耐人尋味，故事發生在 20 世紀 50 年代，加州奧克蘭，當事人是五旬節聖潔教堂裡的牧師肯尼斯・洛基（Kenneth Logie）。其中兩次現身值得詳細說明：

　　第一次發生在 1954 年 4 月，當時洛基正在夜間佈道。在

他佈道期間，大約晚上9點15分，教堂的門開了，耶穌走了進來，沿著過道向左右的人微笑。然後他穿過（不是從旁邊繞過去）講壇，把手放在洛基的肩膀上。洛基昏倒了，這可以理解。耶穌用一種不為人所知的外國語言對他說話，洛基醒轉過來，明白了他說的話，用英語回答他。維貝告訴我們，有50人目睹了這一事件。

這件事很奇怪。但五年後發生的事情更奇怪。兩百人看到並確認他們確實看到了耶穌。值得注意的是，現身事件被拍攝到了。洛基後來說，被拍攝到的原因，是在教堂裡發生了非常奇怪的事情，他們想記錄下來。維貝自己在1965年看了錄影帶。影帶顯示，教堂會眾中的一位婦女正在作證，然後突然消失了，那個位置出現了一位男性，一看就知道是耶穌。他當時穿著一雙帶子鞋，一襲發光的白色長袍，他的手上有甲痕。他的雙手在滴油。幾分鐘後，他沒有說什麼消失了，而那個女人又出現了。

不幸的是，當維貝決定寫他的書時，大約在他第一次看到事件的錄影帶26年後，這部錄影帶已經消失了。洛基聲稱它被偷了。維貝找到曾經目擊事件發生的五個人，對他們進行採訪。此外，還有1959年教堂裡其他奇怪事件的倖存照片：手、心和十字架的圖像開始出現在教堂的牆上，液體像油一樣從圖像上流動，並散發出香味。牆壁是由一個懷疑者檢查的，他對這些現象沒有自然合理的解釋（沒有隱藏的窗戶或類似的漏洞）。維貝看過這些照片。

懷疑論者可能會指出，這些事件據稱發生在20世紀50年代，維貝將事件成書面文字的時間，與事件發生時間相隔幾十

年，因此人們有理由懷疑證人記憶的準確性。但維貝指出，最早的福音書寫作時間，與耶穌生活的年代，差不多也是相隔這麼長時間。

門徒們看到的耶穌幻象

讓我們回到幻象的問題，顯然門徒們看到過耶穌的幻象。基督教護教論者們有時聲稱，對這些幻象最明智的歷史解釋是，耶穌真的出現在門徒面前。然則，歷史學家是否得出過去可能發生過這個奇蹟的結論。關於這個問題，我們暫且不提（我主張的是，歷史學家絕對不能得出這樣的結論；但我們稍後再談）。

那些護教論者通常會說，看見的影像肯定真實的，因為不可能發生「大規模幻覺」——所以如果保羅說「五百兄弟」全都在同一時間看到耶穌，不可能是五百個人同時想像出來的。這一論點有一定的說服力，但確實需要指出的是：保羅是唯一提到這一事件的人，如果這件事真的發生了——或者即使人們普遍相信發生過這樣的事——卻很難解釋為什麼福音書中沒有記錄這件事，尤其是後來的福音書，如《路加福音》、《約翰福音》一直在極力「證明」耶穌確實在死後肉體復活了。[21]

除此之外，大多數人認為，大規模幻覺不僅存在發生的可能性，而且真的能夠發生。恰恰是那些聲稱不會發生大規模幻覺的保守福音派學者，卻一直否認聖母馬利亞曾經同時出現在數百或數千人面前，儘管我們有現代的、經核實的目擊者證詞，證明她確實曾經出現在眾人的眼中。

有時，這些護教論者聲稱，幻覺不可能產生和耶穌現身一樣

的效果：導致門徒的道德和人格完全轉變。這一觀點，也是經不住推敲的。影像產生效果——減輕內疚，消除羞恥，提供一種舒適感，使一個人想再活一次，或任何其他效果——不必是真實的。只需要人相信就可以。有些門徒全心全意地相信，他們在耶穌死後看到了他。他們得出結論，耶穌在死後復活了。這足以改變一切，正如我們將看到的。**其實，耶穌是否真的出現在那裡，根本不會影響一個事實，那就是：門徒們相信他出現了。**

最後，從較為學術的角度，一些人認為：看到耶穌，並不會使門徒相信他從死亡中復活，因為當時的猶太人認為，在世界末日「眾人復活」之前，不會有一個人先於眾人復活。這也是一個有趣的論點，但是它依然不能說服那些瞭解古代人生死信仰的人。

新約中說，希律·安提帕（Herod Antipas）認為耶穌實際上是施洗約翰「從死亡中復活」；因此，有些這類的信仰，亦並非難以置信。此外，證據表明，在非基督教猶太人圈子中有人相信，尼祿皇帝將從死亡中歸來，對世間造成更多的破壞，一系列被稱為「西比林神諭」（Sibylline Oracles）的猶太文本中有過這樣的描述。[22]

有人從死亡中復活，並不是不可想像的（例如，新約中提到的拉撒路 Lazarus）。但是，如果是相信末日論的猶太人，例如，耶穌最親密的追隨者彼得、耶穌自己的兄弟雅各，或後來的使徒保羅，認為耶穌復活了，他們自然會根據他的末日世界觀來解釋這件事——從這種世界觀中可以獲知，他們對上帝、人類、世界、未來和來世的一切看法。

在這種觀點下，一個死後還活著的人，是因為上帝將他死亡

的肉體復活，以便進入即將到來的王國。 這就是門徒對耶穌復活的解釋。

此外，這就是為什麼耶穌被理解為亡者中「初熟的果子」（例如，《哥林多前書》15:20）。 因為他是第一個復活的，其他人很快也會被復活。 從這個意義上來講，他的復活是眾人全體復活的開始。

到頭來，相信耶穌復活的信念發生作用了，而無論人們看到的耶穌影像是否真實。 如果是真實的，那是因為耶穌是從死亡中復活。[23] 如果不是真實的，也很容易以其他理由加以解釋。 門徒們最熱愛的人經歷了既突然又意外，而且特別暴烈的死亡，他們為此感到悲傷。 他們可能也會因為自己對他的所作所為，尤其是在他即將死亡的關鍵時刻逃逸，感到內疚。 在失去所愛之人後，再次與他「相遇」，這種事常有耳聞。 實際上，強烈內疚的人往往更有可能有這樣的遭遇。

我的觀點是，歷史學家不能以任何方式「證明」事件的真實性。

信仰的成果

雖然歷史學家無法證明或反駁耶穌復活確有其事，但可以肯定的是，耶穌的一些追隨者開始相信他復活了。 這是基督論（Christology）的轉捩點。 基督論這個詞，從字面上來講，意思是對基督的理解。 我在這一章中——實際上，在這本書中——的觀點是，對耶穌復活的信念，徹底改變了一切。

在耶穌的追隨者相信他已復活之前，他們認為他是一位偉大

的導師，一位宣揚末日啟示的傳道者，一位很可能在即將到來的
上帝之國被選為國王的人。 他們全心全意地跟隨他，勢必也全心
全意地支持他的教誨。 他們和他一樣，認為他們生活的時代是被
邪惡勢力主宰的。 而在不久的將來，上帝將派一位審判者──人
子，來審判這個世界，摧毀那些使這個世界上的生活如此悲慘的
邪惡力量，建立一個美好的王國，一個烏托邦式的地方，那裡諸
善盛行，上帝會通過他派遣的救世主統治這個王國。 門徒要坐在
寶座上，統制即將到來的王國，作為上帝派遣的救世主，耶穌要
坐在權位最高的寶座上。

　　但他是純粹的人類。 他是個好導師，是的。 一個有魅力的
佈道者，是的。 他甚至是將要統治未來王國的大衛後嗣，是的。
但他始終是一個人。 像其他人類一樣出生，像其他人類一樣長
大，從本質上與其他人沒有什麼不同，只是更聰明、更有靈性、
更具洞察力、更正義、更虔誠。 但他不是神──當然不是神，在
古代世界的任何意義上都不是。

　　但這一切，都隨著對耶穌復活的信仰而改變。 當門徒們開
始相信上帝把耶穌從死亡中復活時，他們不認為這是在猶太教和
基督教傳說中隨處可見的那種甦醒。 在《希伯來聖經》中，據說
以利亞（Elijah）把一個氣息全無的年輕人救活了（《列王記上》
17:17–24）。 但是那個年輕人繼續生活到壽終之日，然後死了。
後來，傳說耶穌救活了睚魯（Jairus）的女兒（《馬可福音》5:21-
43）。 她沒有升入天堂，變得永生： 她長大，變老，最終也死了。
據說耶穌把他的朋友拉撒路（Lazarus）從死亡中復活了（《約翰
福音》11:1-44）。 不過拉撒路最終也死了。 人從死亡狀態醒轉過

來，繼續生活，然後最終死去，以上這些都是被救者甦醒的例子。這些都是發生在古代的瀕死體驗。

但與門徒們對耶穌的認知不同。原因很簡單。他們相信耶穌從死亡中歸來——但他並不是作為他們中的一員，繼續在世間生活。他飄渺不定。他沒有重新開始在加利利山的教學活動。他沒有回到迦百農，繼續宣揚人子即將到來。他沒有回去與法利賽人進行更激烈的爭論。很明顯，耶穌已經不再在這裡。但他已經從死亡中復活了。那麼他在哪裡？

這是關鍵。門徒們既知道耶穌復活了，又知道他不在他們當中，於是斷定他已經升入天堂。當耶穌復活時，不僅僅是他的身體被復活了。上帝把耶穌帶到天國裡，和祂在一起。上帝把他提升到了一個幾乎曠古未聞的地位和權威。

耶穌將成為王國中未來的國王，人類的救世主，這種期待只是對未來的一點預兆。上帝做了一些遠遠超出任何人所能想到或所能想像的事情。上帝把他帶到了天堂裡，並給予他神聖的恩寵，在門徒們看來，從來沒有一個人類曾獲得過這樣的待遇。耶穌已不再屬於塵世。他現在和上帝一起，在天堂。

這就是為什麼門徒們會以那樣的方式，講述耶穌復活後現身的故事。耶穌沒有恢復他俗世的身體。他擁有了一個屬於天堂的靈體。在最早的傳說中，當他在門徒面前現身時，他是從天堂來的。他那屬於天堂的靈體可以做任何塵世的身體無法做的事情。在馬太的福音書中，當女人在第三天來到墳墓時，石頭還沒有滾走。她們到達之後石頭才滾走。但墓穴是空的。這意味著耶穌的身體已經穿過了堅固的岩石。後來，當他現身在門徒面前時，

他穿過鎖著的門。 所以，耶穌有一個天堂的身體，而不僅僅是一個塵世的肉體。

　　回到我先前的一個見解： 在福音書中，耶穌在塵世生活時，擁有的似乎是一個天堂的靈體——例如，可以在水上行走，或者能變化成在他的門徒面前散發光輝的模樣。 但重要的是不能忘了： 這些福音書的作者都是耶穌的信徒，幾十年後，他們已經「知道」耶穌被升到天堂。 講故事的人年復一年，講述耶穌在塵世的事業，十年後，他們不再區分耶穌死後的生活——那個已經升入天堂的人——與他活著時候的狀態。 因此，他們對已升天的耶穌的信仰，影響了他們講述關於他故事的方式。

　　他們講述了他做為一個神人所創造的奇蹟——治癒病人，驅逐惡魔，在水上行走，讓麵包變多，喚醒死者。 耶穌為什麼能做這些事？

　　因為他後來的追隨者認為，他可以做這些事，他們已經「知道」他不是普通的凡人，因為上帝把他提升到了天堂。 作為一個生活在天堂的人，耶穌在某種意義上是神聖的。 講故事的人講述他們的故事時，完全相信他是獨一無二的神人，這種信念，對他們如何講述故事，產生了影響。

　　在這些講故事的人開始講述這個神人的言行之前，最早的信徒——他們看到耶穌的幻象，開始相信他已經從死亡中復活了——認為他已經被提升到了天堂。 耶穌在他們面前現身，是從天堂出現的。 天堂是他現在生活的地方，他將與全能的上帝一起永生。

　　在後來的一些傳說中，這種信念以一種重要的方式被修正

了。 今天，大多數基督徒認為當時耶穌死了； 他在第三天從死
亡中復活； 然後在他的門徒面前現身，依然在這個世界； 在那
之後，他才「升天」進入天堂。 實際上，只有新約的《使徒行
傳》這一本書中提到了耶穌升天。[24]

　　《使徒行傳》的作者路加，在他講述關於耶穌的故事時，提供
了一項創新。 如果你還記得的話，路加極力想證明耶穌復活的肉
體是一個真實的、純粹的身體。 那副身體有肉和骨頭，可以被觸
碰到，可以吃烤魚。 路加強調這一點，是因為其他基督徒說，復
活的耶穌是一個靈體，而不是肉身。 在路加看來，復活的耶穌是
有血有肉的人身。 為了強化這個觀點，路加講述了升天的故事。

　　這個故事可能是路加自己想出來的。 正如我們所看到的，根
據《使徒行傳》，耶穌和他的門徒一起度過了四十天，「用許多證
據」向他們證明他真的復活了（1:3）。 然後，四十天後，在門徒
注視下，他升上了天堂，是整個人，不只是靈魂。 這段描述，
是為了進一步強調耶穌復活後是真的血肉俱全之人。

　　但是這段描述，卻和福音書中其他地方呈現的觀點有所衝
突。 福音書中沒有提到真正的、有骨有肉、食魚的身體升天的
事。 故而最早的傳說與《使徒行傳》描述的不同。

　　在早期的傳說中，耶穌的復活不僅僅是肉體復活，然後被帶
到天堂。 復活本身就意味著飛升天國。「上帝把耶穌從死亡中復
活」的意思是，上帝把耶穌從這個有生有死的世俗領域，提升
到了天國。 在較早期的認知中，升天後耶穌只是短暫地離開天
堂，在他的門徒面前現身。 這當然是我們最早的見證者保羅的理
解，他談到他自己看到耶穌，與之前兩三年其他人看到的完全相

同——磯法、雅各、十二門徒等等。他們看到的耶穌沒有任何明顯的區別，都是來自天堂的模樣。

如果第一個相信耶穌復活的人，認為耶穌已經被帶到天堂，那到底是什麼導致他們改變對耶穌的看法的？耶穌復活怎麼會成為基督論開始的標誌？這件事是如何使他的追隨者相信耶穌是神的？

這是下一章的主題，但現在，我要先埋下一個簡短的伏筆。耶穌的追隨者，在他活著的時候，相信他將是未來王國的國王，是救世主。現在他們相信他已經升入天國，他們意識到他們當初的想法是對的。他是未來的國王，但他會從天堂來統治。在《希伯來聖經》有關猶太國王的一些傳說中，正如我們所看到的，國王——即便是俗世的大衛之子——在某種意義上被認為是神。耶穌現在被提升到天堂，是從天堂降臨到世上的救世主。在更真實的意義上，他就是神。當然不是全能的神，但他是一個生活在天堂的超人，一個將統治未來王國的聖王。

耶穌死前，門徒相信他會坐上未來的寶座。如果上帝把他帶到天堂，那他已經坐在寶座上了，在上帝的右手邊。在塵世，門徒們認為他是他們的導師和「主上」（lord），現在他果真成為他們的主上了。門徒們回憶起那句經文，「神對我主說：『你坐在我的右邊，等我使你仇敵作你的腳凳。』」（《箴言》110:1）。上帝帶走耶穌，把他提升到自己的右手邊，使他成為治理萬事的萬民之主。故而，作為一個神座旁邊的統治者，耶穌在這個意義上也是神。

以色列國王也被稱為「神之子」，顯然耶穌就是神之子——

因為他是未來的國王，也因為上帝把他提升到了天國。 上帝給予了耶穌特別的恩惠，在一個特別的意義上，使他成為上帝之子──遠遠高於大衛後裔所享有的地位。 上帝收養耶穌作為他的兒子，他獨一無二的兒子。 正如皇帝是神的兒子（因為他們的養父是「神」）和諸神的兒子一樣，耶穌也是神的兒子，故而，在這個意義上他就是神。

耶穌從天堂降臨，統治塵世。 他在佈道的時候，宣稱人子將做為最終的審判者出現在塵世。 但現在，顯然是耶穌自己從天堂來，統治塵世。 門徒們很快就得出結論，耶穌就是即將到來的「人子」。 因此，當他們後來講述有關耶穌的故事時，他們說，耶穌說自己是人子。 正如我們看到的，人子有時被理解為一個神聖的人物。 在這個意義上，耶穌也是神。

應該指出的是，所有這四個崇高的角色──耶穌作為救世主，作為主上，作為上帝之子，作為「人子」──在某種意義上，都能充分表明耶穌是神。 在早期，無論從哪個意義解讀，都不能說耶穌等同於父神。 他不是唯一的全能的上帝。 他是一個被提升到神格位置的人，所以在前述多種意義上是神。 正如我一直在論證，並將在下一章進一步擴展論証的，每當有人聲稱耶穌是神時，重要的是要問：哪種意義上的神？ 確實要花很長時間，耶穌才能成為完整、圓滿和完美的意義上的神，三位一體的第二個成員，從永恆中與上帝平等，與天父「本質相同」。

注釋
1. 我要感謝埃里克・邁耶爾（Eric Meyers），研究巴勒斯坦猶太主義和考古的學者，從杜克大學給我寫信提供資訊。

2. 這一點很重要：我爭論的不是保羅和其他認為耶穌在第三天復活的人是對是錯。我說的是幾周或幾個月之後看見他的這個觀點，重要是因為這是對經文的實現。

3. 關於靈魂是由「物質組成」，參見戴爾 B・馬丁（Dale B. Martin）的《哥林多的形體》（康涅狄格州，紐黑文：耶魯大學出版社，1995）。

4. 相對簡單的概述，參見我的《遺失的基督論：為聖經和我們從未知曉的信仰而戰》（紐約：牛津大學出版社，2003）第六章。最新的權威描述參見大衛・布拉克（David Brakke）《諾斯替：早期基督教的神話、儀式和多樣性》（麻塞諸塞州，劍橋：哈佛大學出版社，2010）。

5. 詹姆斯・布拉什勒（James Brashler）譯，詹姆斯 M・羅賓遜（James M. Robinson）編輯，《拿戈瑪蒂經集英文版》第四版（萊登：E. J.布里爾，1996）。

6. 參見我在206到307頁的討論。

7. 戴爾 C・埃里森（Dale C. Allison）《耶穌的復活：最早的基督教傳說和演繹》（紐約：T＆T克拉克，2005）。

8. 我的朋友杜克大學的學者喬爾・馬庫斯（Joel Marcus）認為，一些相信末日論的猶太人，可能持有另一種觀點，從死亡中復活是靈魂層面的，而不是肉體層面的的；他在一本名為《禧年書》的書中發現了這個觀點。如果這是真的，那麼這會是末日論中的一個少數派觀點。但是耶穌的教義中沒有明確的證據顯示這是真的，但是又明確地說，那王國裡會有「吃喝」，人會被「驅逐」出王國，之類的描述。我無需強調，如果耶穌和大多數末日論者一樣，認為復活是肉體的，那他的追隨者也會這樣認為。

9. 艾澤爾・卡丹（Etzel Cardeña）、史蒂文 J・李恩（Steven J. Lynn）和斯坦利・克利普那（Stanley Krippner）編輯，《各種各樣的不尋常經歷：檢視科學證據》中，理查 P・本陶（Richard P. Bentall）寫的「幻覺體驗」，（華盛頓特區：美國心理學會，2000），86。

10. 邁克爾 R・利克那（Michael R. Licona）《耶穌的復活：一種新的史學方法》（伊利諾州，道納斯格羅夫：大學校際出版社，2010）；N. T. 懷特《神之子的復活》（明尼阿波利斯：堡壘出版社，2003）。

11. 格爾德・盧德曼（Gerd Lüdemann）《基督復活：歷史探尋》（紐約：普羅米修士，2004）。

12. 加文・德克斯塔（Gavin D'Costa）編輯的《重思復活》中，邁克爾・古爾德（Michael Goulder）撰寫的「無源的影像」（牛津：一世界，1996），54-55。

13. 埃里森《耶穌的復活》，298。

14. 關於198-199頁看見聖母馬利亞，以及看見UFO，參見蘇珊 A・克蘭西（Susan A. Clancy）的研究《劫持：人們怎麼會相信他們被外星人綁架》（麻塞諸塞州，劍橋：哈佛大學出版社，2005）。

15. 參見本陶「幻覺體驗」。

16. 本陶「幻覺體驗」102。

17. 埃里森《耶穌的復活》，268-382頁。

18. 比爾・古根漢和裘蒂・古根漢《來自天堂的問候》（紐約：班塔姆，1995）。

19. 參見雷恩・勞倫廷的《當代的聖母馬利亞幻影》中列舉的例子（都柏林：真相，

1990；法語原版，1988）。下面舉的例子全部出自這本書。

20. 我要強調，維貝不是個宗教狂熱者。他是三一教堂哲學部的主管，是嚴肅的學者。最後，他認為是某種「至高無上的」東西，導致了現代有關耶穌的幻覺。換句話說，那些幻覺，或者說其中一部分，是真實的。

21. 我不是說關於500人看見耶穌，一定是保羅編造的；他可能是從其他口頭傳說中聽來的。此外，沒有人知道這樣的傳說是如何形成的，但是從古至今一直在發生，即便是我們生活的這個年代也是一樣。這些幻覺不會全部都是「謊言」。但是有些傳說確實經過誇大，或者就是編造的。

22. 參見詹姆斯 H・查理斯沃斯編輯的《舊約偽經》卷一，《啟示文學和證據》中約翰 J・柯林斯的「神諭」（紐約州，戈登城：雙日，1983）n. c2, 387。

23. 我在這裡用真實這個詞，並不單指看見真實存在的東西，也指他們真的看到耶穌。

24. 《路加福音》手抄本在24:15處記錄了耶穌的升天。我在《聖經的正統化更改：早期基督論之爭對新約文本的影響》（紐約：牛津大學出版社，2011）提到這個段落可能是抄書員自己添加的；不是路加的原始版本。

第六章
基督論的初始：耶穌升天

　　我在高中時，開始認真對待我的基督教信仰，我的社交生活因此受到了相當深刻的影響。 不是馬上，而是最終。

　　我第一次認真的戀愛是和一個叫林恩（Lynn）的女孩，在我大二時我們開始約會，那是我在基督教「重生」的前一年。 林恩是一個非常好的人：聰明、迷人、有趣、貼心。 她也是猶太人。

　　我不確定我以前是否認識過一個猶太人，我不記得我們各自的宗教對我們的關係有多大影響，也可能沒有影響。 我每個星期天都去聖公會教堂做輔祭（禮儀中的輔助），她星期六去猶太教堂。 或者說，我認為她去那裡了；回顧過去，我不記得她的家人是否信奉任何傳統意義上的宗教——參加服務，過猶太人的節日。 我猜他們可能是相當世俗的猶太人。 坦率地說，當時想到女朋友，腦子裡想的是其他事情，完全想不到禮拜習俗之類的事。

　　林恩姐妹三個，她們和單身母親住在一起。 和我家一樣，她家住在中上層階級聚集的地方，有許多和我一樣的價值觀和人生觀。 林恩和我彼此互有好感，經常在一起，我們在大二的時候關係變得越來越認真。 但後來災難降臨了。（當時我對災難的理解

非常有限。）林恩的媽媽在堪薩斯州的托佩卡（Topeka, Kansas）
得到了一份更好的工作，她們打算從勞倫斯（Lawrence）搬到那
裡。 她媽媽和我一直相處得很好，不過她很堅定： 儘管兩座城
市相距不過 25 英里，但她們搬走，標誌著我們不會「在一起」
了。 我們可以和別人約會，開始正常的社交生活。 我們確實就
這樣結束了。 我心碎不已，但是生活還得繼續。

在那之後不久，我便「重生」了。 林恩和我仍然會在電話
裡交談，甚至偶爾見面。 我清楚地記得，在我「接受基督」之
後的一次談話，我試圖說服她： 她也應該請耶穌進入她的心裡。
她聽了感到困惑。 這可以理解，因為在很大程度上我自己都不知
道我在說什麼。 經過長時間的交談，主要是我解釋的方式太業
餘，她終於問：「如果我的生活中已經有了神，我為什麼需要耶
穌？」這個問題一下就把我問住了。 我完全不知道該怎麼回答。
顯然，我把未來的職業生涯鎖定在神學上，有些冒險。

最早的基督徒，不會被林恩的問題問住。 相反，耶穌的第一
批追隨者對耶穌是誰，他為什麼重要，有非常明確的想法。 看看
歷史記錄，他們不僅一直在談論他，他們還把他打造得越來越崇
高，隨著時間的推移，越來越放大他的重要性。 最後，他們聲
稱，他是降臨塵世的神。

但是，在基督徒們剛開始相信他復活之後，最早的這批基督
徒是怎麼談論他的？ 在這一章中，我要探討最早的基督徒所持有
的基督論，也就是他們對基督的理解。

最早期基督徒的信仰

為了達到討論的目的，我使用「基督徒」這個詞，用的是它最基本的意義，指的是在耶穌的生命結束之後，任何開始相信他是神基督（Christ of God），並決心接受他帶來的救贖和跟隨他的人。我不認為「基督徒」適合用來指代耶穌生前的追隨者；但是，按照我剛才描述的使用很合理，用來指稱那些相信他是從死亡中復活的人，他們認為耶穌是上帝特別挑選的，為人們帶來救贖的人。

第一批開始相信的人，是他自己的門徒——或者至少是其中的一些——也有可能是他來自加利利的其他追隨者，包括抹大拉的馬利亞和其他一些女人。其實，很難知道這些人剛開始接受耶穌從死亡中復活時，相信的是什麼，這在很大程度上是因為我們沒找到他們記錄的文字，或者基督運動前二十年任何類型的著作。

現存最古老的基督教資料來源

目前我們知道的第一位基督教作家是使徒保羅，他倖存下來的最早作品可能是《帖撒羅尼迦前書》，寫作時間大約是西元 49 到 50 年，也就是在耶穌被釘死後 20 年。保羅一開始並不在使徒的行列，他最初反對，而不是支持基督運動。耶穌死後兩年左右，西元 32 年或 33 年保羅第一次聽說，猶太人堅信耶穌是救世主——一個被釘在十字架上的人！——他激烈地否定了他們的觀點，並開始迫害他們。

但是，緊接著出現了宗教歷史上最偉大的轉折之一——也可以說是有史以來最重大的轉折——保羅從對基督徒的迫害者，轉

變為對他們最堅定的支持者之一。他最終成為基督教運動初期的主要發言人、傳教士和神學家。他後來聲稱，這是因為他在耶穌死後很久，看到了活生生的耶穌，並得出結論，神一定把他從死亡中復活了。

保羅相信神親自召喚他到外邦人中間去傳道，說服這些「異教徒」，他們自己的諸神已死，沒有生命，沒有用處了，但耶穌的神是創造世界，並介入歷史以救贖世界的人。只有相信救世主才能使一個人站在上帝面前，因為救世主是為世人的罪而死的，而上帝，為了證明這一死亡確實會帶來救贖，把他從死亡中復活了。

可以說，在他那個時代，保羅對神學的最大貢獻是他來之不易的觀點，即基督的救贖適用於所有的人，無論是猶太人還是外邦人，只要他相信耶穌的死亡和復活。救贖和是否為猶太人無關。猶太人是「被選中的人」，猶太經文是上帝的啟示。但一個外邦人若想通過救世主的死亡和復活獲得救贖，也可不必成為猶太人。對保羅來說，救贖當然是「來自猶太人」，因為耶穌畢竟是猶太人的救世主；但一旦救贖降臨，整個世界都會受益，不僅僅是猶太人。

上帝的救贖是為全人類準備的。

做為一名基督教傳教士，保羅從一個城市中心到另一個城市中心，宣講這一信息，他在地中海各地建立了教堂，特別是在小亞細亞（Asia Minor）（現代土耳其）、馬其頓（Asia Minor）和阿基亞（Achaia）（現代希臘）。在他建立起一個基督教社區，而該社區站穩腳跟之後，他會去另一個城市，在那裡建立新的社區，

然後再繼續前進。 當他聽到這個或那個社區面臨問題的消息時，他會寫信給他們，進一步指導他們應該相信什麼，以及他們應該如何行事。

《新約聖經》中收錄了一部分保羅的信件。 正如我所指出的，最早的可能是《帖撒羅尼迦書》。 其他的都是在 50 年代的十年間寫的。 在新約署名保羅的十三封信中，現代批判學者相當確定：實際上只有其中七封真是保羅寫的——《羅馬書》、《哥林多前書》、《哥林多後書》、《加拉太書》、《腓立比書》、《帖撒羅尼迦前書》、《腓利門書》（其餘都是保羅後來的追隨者在不同情況下寫的）；這七封被稱為「保羅真信」，大家都認為這是確鑿無疑的，所以幾乎沒有人去爭論保羅是不是這七封信的作者。[1] 這些是來自早期基督徒的，倖存下來最早的作品。

保羅的信件非常寶貴，因為我們可以通過這些信件，知道保羅的想法，看到他所在的時代，基督教發生了什麼。 但是，如果我們想知道的不單單是耶穌死後 25 年，也就是西元 55 年，在保羅建立的教堂裡發生裡什麼，或者在耶穌死後 50 年，也就是西元 85 年，馬太的社區發生了什麼，怎麼辦？如果我們想知道最早的基督徒相信什麼，比如說，在西元 31 或 32 年，也就是耶穌死後的一兩年，怎麼辦？

這顯然是一個大問題，因為正如我說過的，我們沒有來自那個時代的任何作品。 新約中的一個篇章，《使徒行傳》，據說記錄的是基督教初始階段的歷史，成書世間是西元 80 到 85 年，距離我們感興趣的年代，即耶穌死亡和復活之初，相隔了 50 到 55 年。《使徒行傳》作者路加和他那個時代的所有歷史學家一樣：

他根據自己的信仰、理解和觀點講述了他的故事，而這些因素影響了他在敘述中對材料的加工，他掌握的材料其中大部分，無疑是從長期以來一直在講述基督故事的基督徒那裡繼承下來的，在傳頌的過程中本身就就經過了修改和美化。

鑒於這種情況與我們的資料來源有關，我們如何才能瞭解，比倖存下來的文字資料更早的，基督教最早期的信仰形態？實際上，有一種方法可以。 這個方法涉及到我前面提到過的： 成文之前的傳說。

搜索現有史料背後的資料：成文之前的傳說

我在研究生課程中，參加的第一次博士研討會題為「 新約中的教義和讚美詩」，教授是保羅・邁耶（Paul Meyer）。 他對新約的理解既廣博又深入，深受當時所有主流學者的尊敬，這種尊敬源於他所做的詳盡注解，以及他對新約文本異常敏銳的洞察力。

課程主題背後的觀點是： 新約中的一些段落──特別是在一些書信和《使徒行傳》中──是基督教運動早期幾十年內，更古老傳說的殘存片段。 因為這門課，我們把這些成文前的傳統稱為讚美詩和信條（回顧： 成文前的意思是，這些傳統是口頭創作和傳播的，然後才被倖存至今的作品之作者記錄下來）。 學者們一直認為，其中一些傳說是在早期基督教禮拜儀式中詠唱的（讚美詩），還有一些是對信仰的陳述（信條）。 例如，在一個人的洗禮或每週的禮拜儀式中。

分離出成文之前傳說的價值在於，它們給了我們一個通道，讓我們能夠接觸到基督徒所相信的，以及在倖存的最早著作之

前，他們是如何頌揚神和基督的。 其中一些成文之前的傳說很有可能得以追溯至，耶穌的追隨者剛開始相信他已經從死亡中復活之後的十年，或更短的時間。

在新約文本中尋找成文之前傳說的蹤跡並不容易，不過按照慣例，有幾個指標可供參考。 並不是每一條信條或讚美詩（或詩歌）都具備所有這些特徵，但最明確的成文之前傳說具備大多數特徵。 首先，這些傳說往往是自成一體——這就意味著你若把它們從我們現在發現的文字資料中移除出去，它們自身仍是一段有意義的描述。

通常，這些傳說在文字層面是高度結構化的；例如，它們可能有像詩歌一樣的小節，其中的詞句可以相互呼應。 換句話說，這些傳說可能高度程式化。 此外，人們經常發現，作者在他的作品中很少會使用，或者從不使用，這些傳說中的單詞和短語，那一段內容是被嵌入的（表明那一段並不是作者創作的）。

更容易引人注意的是，這些成文之前的傳說對神學觀點的表達並不罕見，這些觀點或多或少與作者在其他地方表達的觀點有些不同。 你可以看出來，這些特徵能證明這段傳說並非出自文本作者的手筆：風格、詞彙，以及觀點，與你在作品其他地方發現的都不相同。 此外，在某些情況下，以上述方式確定的一段內容，無法與發現它時所處的上下文相契合——看起來像是被移植到那裡去的。 通常，如果你把這段內容從上下文中摘出來，單獨閱讀，你會發現這段文字寫的合情合理，而且十分流暢，就像沒有缺失一樣。

在第四章中，我們研究了一段成文之前的傳說：《哥林多前

書》15:3-5。 這些詩句符合我提出的幾個指標，正如我們看到的： 這段文字的兩個部分形成了結構嚴密的信條，每個部分包含四行，意思相互對應（在第一部分和第二部分之間），其中包含了一些關鍵字，在保羅信件中其他地方從來沒有出現過。 幾乎可以肯定，保羅引用了早期的信條。

保羅的作品，以及《使徒行傳》中，還有其他這樣的成文之前傳說。 令人驚訝的是，其中一些體現了基督論的觀點，而這些觀點並不完全是保羅本人或《使徒行傳》作者的觀點。 經過大量聖經學者的研判，這些觀點相當古老。[2] 事實上，他們可能代表了最早的基督徒所持有的，最古老的觀點，亦即當耶穌的追隨者開始相信他是從死亡中復活時，最初的觀點。

這些特殊的成文之前傳說表達的觀點一致： 據說基督在復活時被升到天堂，使他成為神的兒子。 在這種觀點中，耶穌不是被從天堂送到人間的上帝之子； 他是人，在他塵世的生命結束時被提升為神的兒子，然後被塑造成一個神人。

耶穌升天

我們在保羅信件中最古老的信條中，發現的對基督的看法，在《使徒行傳》的幾段演講中可以得到驗證。

《羅馬書》1:3-4

《羅馬書》1:3-4 中明顯存在一條早於保羅書簡時期的信條，那段文字出現在保羅最長的也可能是最重要的一封信的開頭。 我前面提到過，保羅的書信通常是寫給他所建立的教會，目的是幫

助他們處理他不在的時候出現的各種問題。 其中有一個例外，那封信是寫給羅馬人的。 在這封信中，保羅不僅表示他不是這個基督教社區的創始人，他甚至從未去過羅馬。 他的計畫是現在要去羅馬看看。 保羅當時想在更遠的西部履行基督教使命，一路到西班牙，對大多數生活在地中海世界的人來說，那裡是「地球的盡頭」。 保羅是一個雄心勃勃的人。 他相信神讓他把福音傳播到所有的地方，他自然會盡可能地去人類所能到達的更遠地方。 那就是西班牙。

但是，為了完成他的使命，他需要支援，羅馬的教堂顯然是一個他能尋求支持的地方。 那是一座大教堂，位於帝國的首都，可以做為通往西方的門戶。 我們不知道是誰在什麼時候創建的教堂。 根據傳說，是使徒彼得創立的（據稱彼得是那裡的第一任主教，因此他是第一位「教皇」），但這似乎不太可能。 保羅的書信為我們提供了倖存的第一個證據，證明羅馬存在那樣一座教堂，他在信中問候他認識的各路人。 但他從來沒有提到彼得。 如果彼得在那裡，很難想像保羅不會問候他，特別是如果他是那個教會的領袖。

保羅寫信給羅馬人，以便為他的使命爭取支持。 為了達到目的，他需要寫這麼長的信的原因，在書信中寫得很清楚。 羅馬的基督徒並不完全或準確地知道保羅的使命是什麼。 實際上，關於保羅的觀點，他們似乎聽到了一些令人不安的事情。 故而，保羅要通過這封信來澄清這件事。 因此他的目的是，盡可能充分和清楚地解釋他所宣揚的福音是什麼。 這就是為什麼這封信在今天的我們看來，有如此高的價值。 這封信不是單純地解決保羅創立的

教會中出現的這樣或那樣的問題，是為了清楚地表達保羅要傳播的福音信息的基本要素，那些基督徒對他的觀點心存懷疑，而他試圖消除與他們之間的誤解。

任何這類的情況，通過一封長信，和對方真誠的交流，都是至關重要的。因此，保羅書信的開頭很重要：

1 耶穌基督的僕人保羅，奉召為使徒，特派傳神的福音。2 這福音是神從前借眾先知在聖經上所應許的，3 論到他兒子我主耶穌基督，按肉體說，是從大衛後裔生的；4 按聖善的靈說，因從死裡復活，以大能顯明是神的兒子。

和保羅所有的書信一樣，他首先介紹自己的名字，然後說了他是什麼人：基督的奴僕和使徒，他的使命是傳播福音。保羅之所以這麼說，可能是因為他的對手指責他是一個以自我為中心、自我吹捧的假使徒。但事實上，他被基督征服，全心全意地傳播他的福音。他告訴我們，這福音是實現猶太經文中所宣稱的內容。

可以在這封信的其餘部分看到，這是一個關鍵的主張，因為保羅的對手指控他宣講反猶太福音。保羅堅持認為，可以不是猶太人，外邦人也可以成為上帝眼中的義人。但是，這難道不是在削弱猶太人作為上帝選民的特權，拔去福音的猶太根基嗎？保羅強調他宣示的不是這個目的。福音正是猶太先知在猶太經文中宣佈的好消息。然後，保羅指出福音是關於什麼的。在書信開頭的第 3 到 4 句話，有一段對信仰的陳述，學者們一直認為，這是

保羅引用了成文之前的信條。

　　與《羅馬人》第一章的其餘部分不同，這兩節高度結構化，兩個部分完美平衡，第一部分的三句陳述，與第二部分的三句陳述相互呼應，很像我們在前面介紹的《哥林多前書》中的信條。在信條前面，保羅告訴我們這段描述是關於神的兒子，然後他立即說，這是關於「我主耶穌基督」。如果我們把這兩段陳述中的句子編排成詩的格式，看起來就像這樣：

A1 誰是後裔
A2 來自大衛的血脈
　A3 按肉體說
B1 誰被指派
B2 神的兒子掌權
　B3 按聖善的靈說，從死裡復活

　　我標記出的 A 部分的陳述，與 B 部分的陳述相互對應：耶穌傳承（大衛的）血脈，耶穌被指派（神的兒子）。因此，每個部分的第二句陳述：大衛的後裔（＝人類救世主），神的兒子掌權（＝崇高的神子）。第三句：按肉體說，按聖善的靈說。B 部分最後一句陳述，比 A 部分對應的陳述更長，因為「肉體」既涉及耶穌存在的領域，也說明了他起初在其中生存：他存在於肉體的、塵世的領域，因為他生來就是人類。所有這些都是通過「按肉體說」來傳導的。經由對比，瞭解信條的作者——無論他是誰——需要再次瞭解對照的領域，以及對照下耶穌進入的方法：

耶穌進入的是聖靈的領域，當他從死亡中復活，便進入了聖境。因此，A3 談到他誕生到這個世界，是這個世界的救世主，B3 談到他在聖靈的領域復活，在那裡他成為強大的上帝之子。

這兩部分這樣相互對應，似乎不需要「掌權」這個短語，學者們普遍認為是保羅在信條中添加了這個詞。[3]

從這個信條中，我們可以看到耶穌不僅僅是人類的救世主，他也不僅僅是全能上帝的兒子。他有兩個身分，分兩個階段：第一，他是聖經中預言的大衛後裔救世主，第二，他被提升為神的兒子。

這是保羅所引用的早於保羅書信時代的信條，在學者們看來，保羅引用的信條已經流傳很長一段時間了。首先，正如我們剛才看到的，它是高度結構化的，沒有一個詞是浪費的，完全不像普通散文的寫法，與保羅在上下文中所做的其他陳述，也不相同。此外，儘管這篇文章很短，但其中包含了一些在保羅作品的其他地方找不到的單詞和想法。

在七封無可爭議的保羅真信中，保羅從來沒有其他地方使用過「大衛後裔」這一短語；實際上，他沒有任何其他地方提到耶穌是大衛的後裔（當然，這是塵世的彌賽亞所必需的）。他沒有在其他地方使用過「聖靈」。他從來沒有說過耶穌復活成為神的兒子。

在短短的兩節文字中，有這麼多與保羅習慣不一致的片語和想法。最合理的解釋是，保羅引用了一個早期的傳說。

不但如此，這個較早的傳說對基督的看法，與保羅在他倖存的著作中其他地方描述的不同。與保羅的著作截然不同，這裡

強調了耶穌作為大衛王後裔的塵世救世主的身分。 更引人注目的是，其中強調了，耶穌在他復活時被塑造成神之子的想法。 同樣有趣的是，為了證明這是保羅所引用的一個現成的信條，我們完全可以把它從上下文中刪除，上下文讀起來仍然很流暢，似乎沒有什麼缺失（表明這段信條是被插入其中的）：「耶穌基督的僕人保羅，奉召為使徒，特派傳神的福音。 這福音是神從前借眾先知在聖經上所應許的，論到他兒子……我主耶穌基督。」

所以，看來保羅在這裡引用了一些早期傳說。 那麼，到底是多早期？另外，保羅為什麼引用它？

事實上，這個傳說，似乎是從最早的基督徒作品中倖存下來的，年代最久遠的對信仰的陳述。 這則信條的幾個特點，使它看起來確實很古老。

首先，它強調人類的救世主耶穌是大衛的後裔，在最早的基督教作者保羅的著作中，沒有提到過這一觀點。 正如我們在第 3 章中看到的，有很好的理由認為：關於耶穌的這個觀點，在他活著的時候就已經開始在他的追隨者中流傳：他們認為耶穌是希伯來聖經預言中，實現經文中許諾的救世主將至的人。 耶穌最早的追隨者甚至在他死後依然這樣認為。 他的復活為他們證實：即使他沒有征服他的政治敵人——大家以為救世主會這樣做——但上帝通過把他從死亡中復活，來表示對他的特殊恩惠。 所以他真的是救世主。 在信條的第一部分強調了這一觀點，是關於他的兩個最重要特徵中的第一個。

第二個關鍵特徵是，信條中說基督在復活時被提升。 令人驚訝的是，保羅指出這是通過「聖靈」發生的。 這句話不僅是

在保羅的其他地方從未出現過的，也是學者們所說的「閃米特主義」（Semitism）思想。在閃米特人的語言中，如希伯來語，耶穌及其追隨者使用的亞拉姆語，形容詞 — 名詞組合的方式與英語之類的其他語言不同。在這些閃米特人使用的語言中，這種結構是通過將兩個名詞與「of」詞聯繫起來來實現的，例如，如果你想用閃族語系的語言說「正確的方式 the right way」，你就會說「the way of righteousness。」你不會說「Holy Spirit 聖靈」，你會說「Spirit of holiness」。

　　這一信條清楚地包含了閃族語言的特徵，因此很可能出自在巴勒斯坦耶穌的追隨者中說亞拉姆語的人之口。這意味著，它確實可以代表早期的傳說，早至巴勒斯坦耶穌的第一批追隨者開始相信他從死亡中復活的年代。

　　有了這層連接，這一古老的信條是如何理解耶穌是神的兒子，就尤其值得注意了。正如我反覆強調的，如果有人說耶穌是神，或者他是神的兒子，或者他是神聖的，人們要問，「在哪種意義上？」這裡的觀點很明確。當他從死亡中復活時，耶穌被「任命」（或「指定」）為「神之子」。也就是在復活時，耶穌成為神的兒子。我前面已經指出，可能是保羅自己在信條中添加了「掌權」一詞，所以就成了耶穌在復活時被稱為神的兒子「掌權」。保羅可能想增加這句話，因為根據他自己的神學理解，耶穌在復活前就是神的兒子，在復活時被提升到一個更高的狀態（我們將在下一章中更充分地解釋）。然而，對於這個信條的最初制定者來說，可能並不是這樣的。對他來說，耶穌在世時，是傳承了大衛血脈的救世主，在復活時，他被塑造成了遠比之前更

優越的人。復活是耶穌晉升為神的標誌。

　　我在前面已經提出過這個問題：保羅為什麼會認為不得不在他給羅馬人的信中引用這一小段信條？重要的是，不要忘了，他寫信是為了澄清對他自己或他要傳播的福音信息的誤解，並向可能對他心存懷疑的羅馬基督徒介紹他的觀點。如果這種解讀是正確的，保羅引用這個信條就很合理。

　　這可能是一段非常古老的信條，在整個地中海地區的基督教界廣為人知。它可能早已做為對耶穌信仰的標準表述，為眾人所接受：塵世的救世主乃是大衛的後裔，同時也是在復活時被提升的，天堂中的上帝之子。保羅會引用信條，正是因為它已眾所周知，因為它準確地概括了保羅與羅馬基督徒共同的信仰。事實證明，保羅自己的觀點有點不同，比這更複雜，但作為一個優秀的基督徒，他當然可以接受這個信條的基本信息，信條確認了復活時，在耶穌身上發生了一些重要的事情。他被提升到顯赫、強大的高位，他不僅僅是俗世的救世主，更是天堂裡的神之子。

　　這一信息可能與生活在羅馬的基督徒產生了特別的共鳴。重要的是，別忘了，羅馬皇帝也住在都城，許多人將羅馬皇帝視作神之子。正如我們所看到的，在整個帝國中，只有兩個已知的人被特別稱為「神之子」，皇帝是其中之一，耶穌是另一個。這個信條說明了為什麼耶穌是配得上這個崇高頭銜的人。在他復活的時候，神使他成為自己的兒子。故而耶穌獲得了神的地位，被帶到上帝身邊。理應得到萬人敬仰的人，是耶穌，而不是皇帝。

《使徒行傳》中的演講

《使徒行傳》中的幾個篇章，與《羅馬人 1:3-4》類似，似乎包含了古老的，成文之前基督論觀點的要素。 現在我們已經知道如何檢驗這些元素，所以我沒必要再進行詳細的分析。

· 《使徒行傳》13:32-33

在第四章我指出，《使徒行傳》中的演講是作者「路加」自己寫的，但他借鑒了早期的傳說，例如 13:29 中的一段傳說表明猶太公會成員埋葬了耶穌（而不僅僅是他們中的一個人，亞利馬太的約瑟）。 在記載保羅解釋耶穌從死亡中復活的意義之所有成文之前傳說中，最引人注目的，是在同一章中後面的幾句話：「我們也報好消息給你們，就是那應許祖宗的話，神已經向我們這作兒女的應驗，叫耶穌復活了。 正如詩篇第二篇上記著說：『你是我的兒子，我今日生你。』」（《使徒行傳》13:32-33）。

我不確定在整部《新約聖經》中，是否存在另一種同樣令人震驚的，關於耶穌復活的陳述。 我首先要強調，在路加的個人觀點中，耶穌在復活時並沒有成為神的兒子。 我們之所以知道這一點，是因為他在他的兩卷作品中的其他地方做了表述，包括我將在本章節後面分析的一段陳述： 在耶穌出生之前，「天使傳報」告訴耶穌的母親馬利亞，由於她將聖靈感孕，「因此」她誕下的人將被稱為「神之子」。 路加相信，耶穌從他出生起就是神的兒子——或者說，從他的母親受孕時就是。 但這顯然與《使徒行傳》13:32-33 中的成文之前傳說表達的不同。

演講者保羅指出，上帝向猶太祖先作出了承諾，這一承諾現

在正通過耶穌從死亡中復活而兌現給他們的後代。 然後他引用《詩篇》2:7 來澄清他的意思:「你是我的兒子,我今日生你。」如果你還記得,在《希伯來聖經》中,這句話最初指的是加冕日的猶太國王,當時他是受膏者,以此證明得到神的特殊恩惠。[4]在這篇演講中,「保羅」(其實是路加借保羅之名)不是為了說明做為神之子的國王已經發生了什麼,而是做一個預言,當真正的國王耶穌成為神之子時,會發生什麼。 保羅宣稱,詩篇的實現已經在「今天」發生,什麼時候是「今天」? 指的是耶穌復活的日子。 當神宣佈他「生」耶穌,耶穌是他的兒子的時候。

在路加時代之前的傳說中,耶穌在復活時被稱為神的兒子。這是路加從傳說中繼承下來的一種觀點,這是一種與我們在《羅馬書》1:3-4 中已經看到的一致的觀點。 這似乎是基督教信仰的最早形式; 神通過把耶穌從死亡中復活,來提升耶穌成為祂的兒子。

· 《使徒行傳》2:36

我們在較早的《使徒行傳》的演講中,發現了類似的表達。在這個階段,我要指出,我們知道主要人物的演講是路加寫的,其中一個原因是這些演講看起來非常相似: 下層階級、未受過教育、文盲、講亞拉姆語的農民彼得發表的演講,聽起來和受過文化薰陶、接受過高等教育、識字、講希臘語的保羅的演講幾乎一樣。 兩個人明明如此不同,為什麼演講內容如此相似? 因為這些話都不是他們兩個說的: 是路加說的。 為了編造這些演講,他使用了一些舊材料,在演講中嵌入了成文之前的傳說。

《使徒行傳》2 中,在五旬節發生了一個偉大的奇蹟,彼得

正在向聚集的人群解釋奇蹟的意義時，他談到了耶穌的死亡和復活，強調「神把耶穌復活了，我們所有人都是見證人，他被提升到神的右手邊。」他接著說，耶穌的升天是對《詩篇》中情節的實現，但這一次，他沒有引用《詩篇》2:7，而是引用了《詩篇》110:1，我們在前面解釋過 2:7，指的是以色列王的神化：「耶和華對我主說：『你坐在我的右邊，等我使你仇敵作你的腳凳。』」在這裡，主上帝是在對他的受膏者說話，他也被稱為「主」。彼得在這篇演講中指出神是和耶穌說話，通過從死亡中復活，耶穌成為主，也成為所有敵人的征服者。

然後，他更明確地說了一些關於耶穌復活的事情：「故此，以色列全家當確實地知道，你們釘在十字架上的這位耶穌，神已經立他為主，為基督了。」（《使徒行傳》2:36）。耶穌最早的追隨者相信，耶穌的復活表明神把他提升到一個顯赫又強大的地位。這句話是一個證據。

在一段成文之前的傳說中，我們得知，正是通過把耶穌從死亡中復活，神才使他成為彌賽亞和救主。在他活著的時候，耶穌的追隨者認為他將是未來的救世主，正如耶穌自己教導他們的，他將成為即將由人子帶來的上帝之國的國王。當他們開始相信他是從死亡中復活的時候，《使徒行傳》2:36 寫的很清楚，他們斷定他已經成為救世主了。他被提升到上帝身旁時，已經開始在天堂像國王一樣治理國家。作為一個在天國裡，坐在上帝旁邊寶座上的人，耶穌已經是基督了。

更重要的是，他是主。在他活著的時候，耶穌的門徒稱他為「主」，奴隸可以這樣稱呼主人，雇員可以這樣稱呼雇主，學生

可以這樣稱呼老師。 其實，在希臘語中，所有這些意義都和稱神為「主」是相符的，因為神是「所有人的主」。 當耶穌的追隨者相信他已經從死亡中復活，基督這個詞就被賦予了新的意義，「主」一詞也是如此。 耶穌不再僅僅是門徒的導師了。 他已確實成為統治世界的主，因為他被上帝提升到了這個新的位置。 耶穌身分的轉變是在復活時。 人類耶穌成了「我主基督」。

· 《使徒行傳》5:31

在《使徒行傳》的另一篇演講中，出現了一個類似的觀點，關於基督在復活後被提升到神的地位，其中也包含了一個非常早期的觀點。 在《使徒行傳》5 中，猶太當局逮捕彼得和其他使徒，因為在耶路撒冷傳教，所以把他們當做麻煩製造者。 但是，一個天使奇蹟般地讓他們逃脫，當局萬分驚愕，把他們帶來作進一步的詢問。 大祭司禁止他們再以耶穌的名義傳教，彼得和其他人回答說，他們將服從神而不是人類，就是說他們會繼續傳道。使徒指出，猶太當局對耶穌的死亡負有責任，但「我們祖宗的神已經叫他復活……神將他提到自己的右手邊，叫他作君王、作救主」（《使徒行傳》5:30-31）。

又一次，我們在早期的傳說中發現耶穌的復活是「提升」到「神的右手邊」。 換句話說，神把耶穌提升到了自己的地位，並賦予他一個顯赫的位置，以便「領導」和「拯救」塵世上的人。

路加和較早期的傳說

人們可能會想，為什麼這些演講的作者「路加」會使用那些

與他的見解不同的成文之前傳說。我在前面指出，在其他地方，路加從來沒有把復活作為耶穌被提升為神之子的時間點。《使徒行傳》中的演講詞卻表達了這個意思。人們可能會說，這些是演講中表達的觀點，因為演講詞忠實地表現了使徒在這些場合所說的內容。但是，我已經指出，我們從古代歷史學家那裡得知，主要人物的演講詞是作者自己寫的，《使徒行傳》中所有演講都很類似，正表明，這些演講都是出自一個人的手筆——路加。

關於路加為什麼在這些演講中使用成文之前傳說，其實有一個很好的解釋：因為那些內容很貼切地概括了他在這些演講中對「不信仰者」說的話，即，上帝已經徹底而戲劇性地逆轉了人類對耶穌所做的事情，從而表明他對耶穌是誰完全不同的評價。人類虐待和殺害耶穌；上帝通過把他從死亡中復活來逆轉處決。人類嘲笑耶穌，認為他低人一等；上帝抬舉耶穌，把他提升到自己的右手邊，使他成為一個享受榮耀的神聖人物。

這些成文之前的片段為路加提供了他表達這一觀點所需的素材，因此他在演講中使用了它們，以強化他要傳達的信息。全能的上帝逆轉了卑微的人類所做的事情，而耶穌，遠非一個失敗的先知或虛假的救世主，他是所有人的統治者。上帝把耶穌從死亡中復活，使他成為自己的兒子，救世主——國王，主。

評估最早有關基督的觀點

到目前為止，我還沒有給這種早期的基督信仰取一個描述性的名字，上帝把耶穌從死亡裡復活——不是為了讓他在地球上有更長的生命，而是為了讓他做為自己的兒子，把他提升到天國，

在那裡他可以坐在神的右手邊，與全能的主一起施行統治。

在神學的討論中，通常把這種對基督的理解稱為「低基督論」，因為這種理解認為耶穌是以一個像其他人類一樣的人起步的。他可能比別人更正直；他可能贏得神特別的恩惠。但他一開始是個人類，僅此而已。你會注意到，我已經討論過，在成文之前的傳說中，沒有人提到耶穌是處女所生，當然也沒有人提到他在活著的時候就擁有神性。他是一個人類，可能是一個救世主。但在一個臨界點上，他從前與我們和其他凡人一樣，都是卑微的，後來被提升到神的右手邊，坐到了榮譽、權力和權威的位置上。

對於把這種理解稱為「低」基督論，稍後我會做出反駁，但在現階段，一些神學家稱之為「低」基督論是合理的。在低基督論中，耶穌從低位開始，低到與我們同樣的位置。

有時，這種觀點也被稱為「嗣子基督論」（adoptionist Christology），這一觀點不認為基督是「自然」的神聖存在，也就是說，他在這個世界出生之前，沒有存在過，他不是一個降臨世間的神，不擁有與神相同的「本質」。相反，他是一個被神「收養」，從而得到神聖地位的人。因此，他不是憑藉自己的能力成為神的，是因為造物主和萬物之主選擇把他提升到這樣一個地位，雖然他一開始只是一個卑微的人類。

「嗣子論」這個詞，和「低基督論」一樣，是以一種居高臨下的姿態談論對基督的看法，是一個不恰當的解讀（耶穌最初「只不過」是一個人；他「只是」一個被收養的兒子）。說耶穌開始作為一個人類，但被提升到神聖地位，這一觀點後來被另一

個觀點所取代，取而代之的是我在下一章中討論的觀點。

另一種觀點表明，耶穌在進入世界之前，就已經是一種具有神性的存在。 這種觀點有時被稱為「高基督論」，因為這個觀點認為基督一開始就「在那裡」，與神在天堂的領域。 在這種觀點中，基督不是被認作神的兒子，他自己的身分已經是神的兒子，不是因為神對他做了什麼，使他成為和其本質不一樣的存在。

儘管後來的神學家認為「低」或「嗣子」基督論都是不恰當的，但我不認為我們應該忽視最初持有這種觀點的人對此是感到多麼驚喜。 對他們來說，耶穌並不是「僅僅」被收養為神的兒子。 這完全放錯了重點。 他們相信耶穌被提升到任何人都能想像的最高地位。 他被提升到一個難以置信的崇高地位。 任何人談論基督時，這件事都是最奇妙的： 他實際上被提升到了創造世間萬物的全能上帝旁邊的位置，並將審判所有人。 耶穌是上帝之子。 這不是對基督的低級理解； 這是一個令人驚奇的、令人歎為觀止的觀點。

出於這個原因，我通常不喜歡稱之為「低基督論」，甚或「嗣子基督論」，我喜歡稱之為「晉升基督論」（exaltion Cristology）。 作為人的耶穌受到任何人無論如何都夢想不到的神之恩澤，被神賜予榮耀到令人難以置信的程度，神把他晉升到與神同一水準的地位，讓他坐在自己的右手邊。

這種對基督的理解，不應該被當做低下的觀點，棄之不顧，這涉及一個新的研究方向： 在羅馬帝國時期，收養兒子意味著什麼，是形成對基督這種看法的背景。 今天，我們可能會認為，被收養的孩子不是父母「真正」的孩子，不幸的是，在某些文化

圈中，這意味著孩子並不「真正」屬於父母。我們中的許多人不認為這是一個有用的、有愛心的或有幫助的觀點，但事實是：有些人就是這樣認為。所以當想到神和他的兒子時。如果耶穌「僅僅」是被收養的，那麼他不是「真正」的上帝之子，他只是碰巧被授予比我們其他人更崇高的地位。

對羅馬社會收養的研究表明，這種觀點是非常有問題的，實際上，可能是錯誤的。新約專家邁克爾·佩帕德（Michael Peppard）寫了一本很有價值的書，題為《羅馬世界的神之子》（The Son of God in the Roman World），書中討論了這個問題，揭示了在那個時候，在羅馬世界，作為一個被收養的兒子意味著什麼。[5]佩帕德給出了極具說服力的見解，他指出學者們（和其他讀者）堅持認為養子的社會地位低於「正常」兒子（父母親生的兒子）實際上是錯誤的。實際情況正好相反。在羅馬精英家庭中，真正重要的是收養的兒子，而不是夫婦二人身體結合所生的兒子。

最顯而易見的例子是，尤利烏斯·凱撒和埃及女王克麗奧派特拉有一個親生的兒子，名叫凱撒里昂（Caesarion）。凱撒有一個養子屋大維，我們已經提到過，他在遺囑中收其為養子。哪個更重要？凱撒里昂只是歷史上的一個注腳，你可能從來沒有聽說過他。但屋大維呢？做為凱撒的養子，他繼承了凱撒的財產、地位和權力。他不只是凱撒·奧古斯都，還是羅馬帝國的第一個皇帝。這一切都是因為尤利烏斯·凱撒收養了他。

事實上，在羅馬世界，一個通過收養而成為某人兒子的人，往往能比一個通過出生而成為某人兒子的孩子獲得更偉大、更崇

高的地位。正常的兒子成為現在的自己，或多或少是出於偶然；他的美德和優良品質與他作為父母的孩子出生這一事實無關。另一方面，收養的兒子——被收養的通常是成年人——是因為他的優良品質和優秀潛力而被收養。他之所以偉大，是因為他展現了偉大的潛力，而不是因為他的出生這個偶然的因素。

我們可以從圖拉真（Trajan）皇帝的臣民，著名作家小普林尼（Pliny the Young）對他的讚美中看出，他說：「你的功績使你在很久以前被收養為繼承人。」[6]

這就是為什麼通常情況下，當養子成為一個有權的人物或貴族的合法繼承人，被收養的都是成年人。成為法定繼承人意味著什麼？意味著繼承養父的所有財富、地位、受撫養人和客戶，換句話說，他要承接養父所有的權力和威望。正如羅馬歷史學家克利斯蒂安·昆斯特（Christiane Kunst）所說：「養子……換掉自己的〔身分〕，接管養父的地位。」[7]

最早的基督徒談論耶穌在復活而成為神的兒子時，他們說的是關於耶穌的真正了不起的事情。他被指認為神的繼承人。他換掉自己的地位，擁有了造物主和萬物統治者的地位。他得到了神所有的權力和特權。他可以超越死亡。他可以原諒罪惡。他會成為世間未來的審判者。他可以用神聖的權威施加統治。他要貫徹上帝所有的意志，實現上帝所有的目的。

他被提升後的地位，與他各種各樣的榮譽頭銜密切相關。他是神的兒子。這絕不意味著他「僅僅」是神「收養」的兒子。其中包含了那些人可以想像到的，關於耶穌的最非凡的主張：作為神的兒子，他是上帝所有事物的繼承人。他也是人的兒子，上

帝命他成為整個世界未來的審判者。 他是天降的救世主，現在統治著他父親，萬王之王的國度。 他的身分是天堂的統治者，是主，是師，是全世界的統治者。

我們知道，為什麼有人會稱之為低基督論，但其中肯定沒有任何「低級」的意涵。 這是晉升基督論，其中肯定了來自農村加利利的導師耶穌令人震驚的成就，上帝把他從死亡中復活，把他提升到自己的右手。

同樣重要的是，要強調基督徒開始傳播關於耶穌的這些事情時，正是皇帝崇拜在羅馬世界越來越盛行的時候。 皇帝是神的兒子（因為他是被前任皇帝收養的，前任皇帝死後已經神格化）；耶穌是神的兒子。 皇帝被認為是神聖的；耶穌即是神聖的。 皇帝是偉大的統治者，耶穌即是偉大的統治者。 皇帝是主和君主；耶穌即是主和君主。 這位來自加利利的下層農民，站在羅馬法律的錯誤一邊，被釘在十字架上，實際上他是寰宇最強大的存在。 根據這一基督教觀點，皇帝其實沒有太大的競爭力。 耶穌的養父不僅僅是前任皇帝，而是全能的主上帝。

因為這種崇高的地位，人們認為耶穌應得到崇拜。 如果最早的基督徒在他復活後不久就把耶穌視為崇高的上帝之子，那麼他們可能從那時就已經開始像敬奉上帝一樣，敬奉耶穌了。 新約學者拉里‧哈達多（Larry Hurtado）在兩本重要的著作中，試圖解決這樣一個難題：如果基督徒認為自己是一神論者，而不是二神論者（崇拜兩位神）[8]，那麼在基督教歷史的早期，也就是他復活之後，基督徒怎麼會馬上把耶穌當做神一樣崇拜？哈達多認為這兩件事是同時發生的：基督徒認為只有一位神，他們把耶穌當作

主與上帝一起崇拜。 這種事怎麼可能發生？哈達多認為，基督教正在發展一種二元崇拜，在二元崇拜中，耶穌被敬奉為主，與上帝一起，這樣也可以算是只有一位神。 在他看來，基督徒認為，既然上帝把耶穌提升到神的地位，那他不僅允許，甚至要求世人崇拜耶穌。 哈達多認為這是古代宗教史上一段獨一無二的發展過程，讓一神論的世人崇拜兩個神聖的存在。

在後面的章節中，我們會看到神學家如何解決這個問題，即，如何能不犧牲一神論，又將耶穌尊為神。 目前我們只需強調情況確實如此：基督徒堅持他們只相信一個神，也相信耶穌是具有神格的，同時崇拜他們的「主耶穌」和上帝。

反向基督運動

最早的基督徒認為耶穌在他復活時已經成為神的兒子，這在新約學者中並不是革命性的。 二十世紀下半葉最偉大的新約學者之一雷蒙德・布朗（Raymond Brown），他是一位羅馬天主教牧師，他職業生涯的一大部分，是在紐約市（新教）協和神學院（Union Theological Seminary in New York City）教學。 在聖經學者們看來，布朗寫的書極具挑戰性和洞察力，即便是外行人看來也很好理解，且能得到啟發。

早期基督徒對耶穌的看法，是在發展中變化的，布朗最著名的貢獻之一就是勾勒出了這一變化的發展軌跡。 布朗的觀點與我在這裡描繪的一致： 最早的基督徒認為上帝在耶穌復活時，把耶穌提升到了神聖的地位。（這不僅僅是對早期基督論持「懷疑」的，或「世俗」的觀點，學者中的信徒也是這樣認為。）

布朗指出，你可以通過福音書追蹤這種觀點的時間發展。[9] 這一最古老的基督論，可以在保羅的成文之前傳說和《使徒行傳》中找到，但它不是福音書中提出的觀點。

相反，後面我們會詳述，最古老的福音《馬可福音》，假定耶穌是在洗禮中成為神的兒子；接下來的《馬太福音》和《馬可福音》指出，耶穌出生時成為神的兒子；最後一部福音《約翰福音》表示在造物發生之前，耶穌就是上帝的兒子。

在布朗看來，福音書出現的時間順序，可能正好提示了基督徒們的觀點是如何發展的。起初，他們只是認為耶穌在復活時被提升；基督徒們對這件事進行了更多思考之後，他們開始認為，他一定是從事奉神開始便是神的兒子，所以他在洗禮時就成了神的兒子；當他們更多地思考這件事時，他們開始認為，他一定是降生便是神的兒子，所以是處女生下了他，就這個意義而言，他是神的兒子；當他們再一次思考這件事時，他們開始認為，他一定在來到這個世界之前，就是神的兒子，所以他們說他是一個早先就存在的神靈。

參照福音書之時間順序的問題是，沒有反映出早期基督徒對耶穌看法的實際發展順序。也就是說，儘管福音書（從最早出現的到最晚出現的）確實呈現了觀點的發展，但一些基督徒說，耶穌是先前就存在的（這是一種「後來」的觀點），甚至早於保羅開始寫作的 50 年代，而保羅的寫作時間就已經比最早的福音書還早。[10] 事實是——布朗不會同意這一點——無論在任何地方，早期基督教中，對耶穌的看法不是按一條直線發展的，發展速度也不相同。

　　幾乎從一開始，不同地區不同教會的不同基督徒，就對耶穌有不同的看法。我認為有兩種從根本上不同的基督論觀點：一種認為耶穌是一個從「下面」來的人，他被「提升」（我在這一章中探索的觀點），另一種認為耶穌是一個從「上面」來的人，他是從天國來到世間的（我將在下一章中探索的觀點）。

　　在這兩種根本不同的基督論中，各自內部細節也有顯著差異。

耶穌在洗禮時是神的兒子

　　在某些時候，某些地方，布朗似乎確實是對的，在最初相信在耶穌復活時上帝提升了耶穌之後，一些基督徒開始認為提升發生在他開始公開傳道之前。這就是他可以施行驚人奇蹟的原因，如治癒病人，驅逐惡魔，復活死者；這就是為什麼他可以代表神寬恕世間的罪惡；這就是為什麼他偶爾可以展示他的光輝，因為當約翰為他施洗時，他已經成為神的嗣子。

·《馬可福音》中的洗禮

　　在《馬可福音》中，沒有提到過耶穌降臨人世間之前早已存在，也沒有提到過他是處女所生。如果這篇福音書的作者相信這兩種說法，他肯定會提到；畢竟這兩個說法相當重要。但是作者沒有提過。《馬可福音》在開頭描述了施洗約翰施行洗禮的場景，並表明耶穌像其他猶太人一樣接受他的洗禮。但當耶穌從水裡出來時，他看到天堂裂開了，上帝的聖靈像鴿子一樣降臨在他身上，同時從天堂傳來一個聲音說：「你是我的愛子，我喜悅你」（《馬可福音》1:9-11）。

　　這個聲音沒有陳述有關耶穌早已存在的事實，似乎是在發表一個宣告，即，正是在這個時候，耶穌成為神的兒子，這是《馬可福音》的觀點。[11] 在這之後，耶穌開始了他波瀾壯闊的傳道事業，他不僅宣告神的王國即將到來，還治癒了所有的病人，以此表明他比世界上的惡靈更強大——因此他不僅僅是凡人——他甚至復活了死者。他是生命之主，已經開始他的傳道事業了。他被賦予了赦免罪咎的權力，不僅可以寬恕自己的反對者，也可以寬恕其他人和神的反對者。他的反對者宣稱，「沒有人能赦免罪惡，只有神可以。」耶穌告訴他們，他，人子，在這世上有赦免罪惡的權力。

　　從他偉大的奇蹟中也可以看到耶穌的榮耀，他為許多人提供豐盛的麵包和魚，命令風暴靜止，在水面上行走。在福音書的中段，耶穌向他的三個門徒揭示了他的真實身分，他在彼得、雅各和約翰面前登上了一座山，變成散發聖光的模樣，摩西和以利亞出現與他交談（象徵他是摩西律法和以利亞預言中的那個人）。顯示耶穌不僅僅是凡人。他是上帝榮耀的兒子，他已經在實現上帝的計畫。

　　如果一個人必須要問「在什麼意義上」耶穌是神聖的，對於馬可來說，耶穌在洗禮中被收養為上帝之子，於是便擁有了神格，而不是在後來復活時。

・《路加福音》的洗禮

　　在後面的《路加福音》中，能發現這一觀點殘存的痕跡。我們看到，路加對耶穌成為神之子有不同的理解。但是我們已經注

意到，其中偶爾會包括一段傳說，兩者都早於路加自己的觀點，而且與他的觀點不同。

我們可以在耶穌洗禮的場景中看到。這裡的事情解釋起來有些困難。在我以前出版的一本書《錯引耶穌》（*Misquoting Jesus*）中，我談到了實際上我們沒有路加、馬可、保羅的作品，以及組成《新約聖經》的任何早期基督教文本的原始稿本。我們擁有的是後來的抄本，而且大部分是數百上千年後製作的抄本。各種抄本之間存在一定歧異，大部分都是小方向上的歧異，但也有大方向的歧異。後來的文士們對《路加福音》中一篇涉及耶穌受洗的文本，做了很大改動。

長期以來，學者們一直在爭論，福音書中提到的那個聲音在耶穌的洗禮中說了什麼。這是因為大多數手稿顯示：那個聲音說的東西和馬可記錄的一樣，「你是我的愛子，我喜悅你。」但是，古代見過文本的證人表示，那個聲音說的話不一樣。其中引用了《詩篇》2:7：「你是我的兒子，我今日生你。」有充分理由認為，路加在最初的文稿中就是這樣寫的（《路加》3:22）。[12]

這句話非常直白，因為當耶穌受洗時，他被「生」，也就是說，做為神的兒子出生。後來的抄書員想改變這句話，原因很明顯：在後來的幾個世紀，當文士翻錄路加的文字時，他們認為耶穌在洗禮時成神的兒子這一觀點，不僅不能充分彰顯耶穌的身分，簡直是異教思想。對於後世的文士來說，耶穌是先前便存在的神之子，而不是在洗禮時才成為神之子。

路加自己並不認為耶穌是先天便存在的神之子。其實我們會看到，他也不認耶穌在洗禮時成為神之子。那他為什麼會說，有

聲音這麼說？跟之前一樣，路加喜歡融入他聽到的各種成文之前傳說，即使它們與他自己的觀點不同。因此，在《使徒行傳》的演講中，他可以收錄一個傳說，說耶穌在復活時成為神的兒子（13:33）；在他的福音書中，他可以收錄一個陳述耶穌在洗禮時成為神之子的傳說（3:22）；他還收錄了另一個傳說，說耶穌在出生時成為上帝的兒子（1:35）。也許路加只是想在任何重要的時間點都強調一下，耶穌是上帝之子：出生、洗禮和復活。

耶穌出生即為神之子

在《路加福音》的最終版本中，第一次提到耶穌在出生時即為神的兒子。或者，更確切地說，在他母親受孕的那一刻。

我們在第一章中提到過，在異教徒世界中，有各種各樣的方式，可以讓大家認為一個人已經成為神。有些人在死後被賦予神格，他們被帶到天國與眾神生活在一起（例如羅穆盧斯）。這與基督教傳說相差無幾，耶穌在復活時做為神的兒子被提升到神的右手邊。

在其他異教傳說中，神人也是這樣誕生的。一位神祇，例如好色的宙斯，與他無法抗拒的美麗女人發生性關係之後，便會孕育出一個具有神格的人。他們的後代是宙斯親生的兒子（例如，赫拉克勒斯〔羅馬：大力神〕）。

但是基督教傳說中從來沒有發生過這種情況。人們用充滿欲望和充滿想像力的方式來描述宙斯的神格，但是基督徒的神與宙斯不同。對於基督徒來說，神是至高無上的，遙遠的，「在天上」，沒有和美麗的女孩交合。同時，在《路加福音》中有關耶

穌誕生的背後，似乎隱藏一些類似於異教神話的描述。

·《路加福音》中耶穌的誕生

在《路加福音》中，從來沒有與人有過性行為的馬利亞誕下耶穌。 她也從來沒有與神有過性行為，但是使她懷孕的是神，而不是一個人類。 在著名的「天使報喜」場景中，天使加百列（Gabriel）來到馬利亞面前，她那時已訂婚，但是還沒有舉行結婚儀式，也沒有與未婚夫約瑟有過任何身體接觸。 加百列告訴她，她特別受神的青睞，她會懷孕生子。 她大吃一驚，因為她從來沒有過性行為：怎麼能懷孕？天使用形象的語言告訴她：「聖靈要臨到你身上，至高者的能力要蔭庇你，因此所要生的聖者必稱為神的兒子」（《路加福音》1:35）。

我稱這種描述是「形象」的，因為裡面沒有什麼會讓讀者覺得，天使的話語中有隱喻的意思。 在身體的層面上，神的聖靈「降臨」馬利亞身上，以及「因此」——這個詞很重要——她所生的孩子將被稱為神的兒子。 這個孩子將被稱為神的兒子，因為他實際上將會是神的兒子。 是神，而不是約瑟，讓馬利亞懷孕，所以她所生的孩子是神的後裔。

在這裡，耶穌成為神的兒子，不是在他復活或洗禮時，而是在他的母親受孕之時，他便是了。

·《馬太福音》中的耶穌誕生

有趣的是，《馬太福音》中也有一段關於耶穌的生身母親是處女的記述。 人們也可以從這段記述中推斷出：耶穌是神的兒

子，因為他的出生不同尋常。 但在《馬太福音》中，這個結論確實需要通過推理才能得出： 因為《馬太福音》什麼也沒說。 在《馬太福音》中沒有任何語句類似於路加在《路加福音》1:35 中說的。

相反，據《馬太福音》的描述，耶穌的母親是處女的原因，是因為他的出生是為了兌現許多世紀前神之代言人許下的諾言，當時猶太經文中提到的先知以賽亞寫道：「童女懷孕生子，給他起名叫以馬內利」（《以賽亞書》7:14）。《馬太福音》引用了這句話，為耶穌不尋常的受孕給出了原因，他的降生是為了實現預言（《馬太福音》1:23）。

人們往往會注意到，以賽亞實際上並沒有預言，誕下即將到來的救世主的是一個處女。 如果你閱讀《以賽亞書》7 的時候結合上下文，很容易就會發現，作者根本沒有談到救世主。 兩者情況完全不同。

以賽亞預言發生在西元前八世紀，一個災難的時期。 以賽亞在和猶大王亞哈斯（Ahaz）談話的時候，亞哈斯很沮喪，他沮喪是有理由的。 猶大北部的兩個王國——以色列和敘利亞——攻擊了他的首都耶路撒冷，逼迫他加入聯盟，反對日益崛起的世界強國亞述帝國（Assyria）。 他擔心這兩個北方對手會摧毀他的王國。 先知以賽亞告訴他，不要擔心。 有一個年輕的女人（不是處女）孕育了一個孩子，她將生下一個兒子，這個兒子將被稱為以馬內利，意思是「神與我們同在」。 他的降生會更清楚地表明，神與猶太人同在，因為在孩子長大到知道善惡的區別之前，攻擊耶路撒冷的兩個王國就將被驅散，美好的時光將返回亞哈斯和他

的人民。 這就是以賽亞所述的內容。

做為一個生活在幾個世紀之後的基督徒，馬太讀以賽亞的書不是用希伯來語，而是用他自己的母語，希臘語。 當他那個年代之前的希臘譯者翻譯這篇文章時，他們將希伯來文中的單詞「年輕女人 Alma 」翻譯成希臘語，用的是「 parthenos 」，這個詞確實有處女的意思，最後便發展成了「 從未發生過性行為的年輕女人」。 馬太把這篇文章視作有關救世主的傳說，他指出，就像耶穌實現了聖經的所有其他預言一樣，耶穌也實現了這件事，被「 處女」誕下。

並不需要太多的思考，我們就能意識到：《馬太福音》可能一直在以猶太經文解釋他聽到的傳說，這個傳說最初要表達的並不是這個意思； 就像路加借鑒的傳說一樣。《馬太福音》中的傳說，最初說的可能是耶穌是神的獨子，因為他誕生自一個處女，神是他的父親。

不管情況是否如此，我應該強調，《馬太福音》和《路加福音》這些處女懷孕的敘事完全沒有通過想像延伸，而銜接到後來成為基督教正統教義的觀點。 因為，根據後來的觀點，基督是一個早已存在的神祇，他「 通過聖母馬利亞化身成人」，但馬太和路加的說法並非如此。 如果你仔細閱讀他們的敘述，你就會看到，他們的觀點與基督在受孕之前就存在的想法完全無關。 因為，在這兩部福音書中，耶穌在受孕後出生。 以前並不存在。

無論《馬太福音》中的傳說最初是否與路加的觀點相吻合，路加的觀點是： 耶穌是由一個處女在沒有性交的情況下孕育的，所以他實際上是神的兒子。 這一觀點在路加福音中表達的最明確

的，是「晉升」基督論，但這個觀點將耶穌的神格往前推得越來越遠了。 如果「晉升基督論」認為，一個人已經被提升到一個神格的地位，那麼再說比受孕之前還早，就沒有意義了。 如此一來，耶穌不但現在是神的兒子，他的一生都是，從一開始。

實際上，人們可以爭辯說，這已經把提升的時刻向前推得很遠了，以至於在這裡，就已經不再是晉升基督論，不再是「下面」開始的基督論了。 因為根據這裡的描述，耶穌在任何意義上都不是尋常的人，他不是因為自己的崇高德行或對上帝意志的深刻服從，被提升到神聖地位。 他從受孕那時候開始便是神聖的。

耶穌是上帝提升的兒子

我們深深寄望，通過研究早期基督教傳說，來獲得一部由耶穌復活後或復活一年後的第一批基督徒撰寫的福音書。 可惜，我們幾乎可以確定，永遠不會有結果。 耶穌的門徒階級地位相對較低，乃是來自加利利偏遠農村地區不識字的農民，其中都沒幾個識字的，更不用說寫作，甚至創作出一部完整的著作了。 那個時候，那個地方的作者，我們一個都沒聽說過，無論是猶太人還是基督徒，即使她或他有這個想法，他是否有能力創作福音書，我們全然不知。 耶穌的第一批追隨者可能從來沒有想過這樣做。

他們，就像耶穌一樣，預料到時代的結束即將來臨，人子——現在被認為是耶穌自己——很快就會從天堂來到世間進行審判，然後迎來神的美好王國。 這些人沒有想過要為後人記錄耶穌生活中的事件，因為，非常認真而言，這個世界不會再有後人了。

　　但是，即使最初的使徒是有遠見的，即使他們關心後代的需要（或者說他們關心二十一世紀歷史學家的渴望），他們也不會寫福音。 他們唯一傳揚耶穌故事的方法就是口口相傳。 他們會把自己聽說的故事告訴下一個人，以此類推，向他們的皈依者和皈依者的皈依者講述耶穌的故事。 這種情況年復一年地發生，直到幾十年後，在世界不同地區，受過高等教育、講希臘語的基督徒把他們聽到的傳說記錄了下來，於是就產生了我們流傳至今的福音書。

　　即使如此，歷史學家至少可以大膽想像，哪怕這個夢想是無意義的，依然可以思考一下： 如果有一位門徒在西元 31 年寫了一部福音書，那會是一本怎樣的書？如果我在這一章中提出的觀點大體上是正確的，這部想像中的福音書看起來將與我們現有的福音書非常不同，亦即，與基督教已成為羅馬世界的官方宗教時對耶穌的看法，乃至於後來神學家對耶穌的觀點，會存在根本上的差別。

　　這部不存在的福音書中，將充滿耶穌的教導，他從一個村莊到另一個城鎮，宣稱神的王國很快就會隨著人子的到來而降臨。 審判的日子即將到來，人們需要為之做好準備。 我的猜測是，這部福音不會充滿耶穌所施行的奇蹟之事。 他不會花太多時間來治癒病人，平息風暴，給大批人準備食物，驅趕惡魔，復活死者。 這些故事會出現得晚一些，畢竟，耶穌的追隨者在他升天之後，才開始描述他的早期生活。

　　相反，這部福音書可能會根據目擊者的報告，詳細地告訴我們，在耶穌生命的最後一周發生了什麼，當他和他的一些追隨者

到耶路撒冷朝聖，他在聖殿裡煽動性地鼓吹即將到來的審判——鉅劫奇災，他說審判不僅針對羅馬壓迫者，也針對統治當局中所有的猶太人、精英祭司及其追隨者，他的激情演講激怒了地方當局。

然而，福音書中的高潮部分在最後。民眾中的猶太教文士和長老拒絕接受耶穌的觀點，把他交給本丟・彼拉多，彼拉多給他定下的罪名是謀逆造反。為了果斷制止他繼續製造麻煩，繼續瘋狂的胡言亂語，彼拉多下令把他釘死在十字架上。

雖然羅馬當局毫不留情地處決了耶穌，但他的故事還沒有結束。因為他又活生生地出現在門徒們面前。他怎麼還活著？因為他被釘在十字架上但沒有死。是神把他從死亡中復活。為什麼他不繼續留在我們中間？因為神不僅使他復活，還把他提升到天堂，認作自己的兒子，讓他坐在神右手的王座上，直到他以終極審判者的身分再臨塵世，作為以色列的救世主以及所有人的主，施行統治，那一天很快就會到來。

在這部福音中，耶穌不是在他傳道開始成為神的兒子，也不是從他的洗禮開始，與《馬可福音》和《路加福音》中保留的傳說都不一樣。在他活著的時候，他不會成為神的兒子，與《路加福音》和《馬太福音》中保留的傳說，如處女聖靈感孕，他從受孕開始便是神的兒子，也不一樣。他也不會如保羅和約翰所言，是一個在他降世之前，早已存在的神祇。不，他成了神的兒子，是因為神在他身上創造了最偉大的奇蹟，把他從死亡中復活，把他當作他的兒子，把他提升到他的右手邊，並賦予他自己的權力、威望和地位。

注釋

1. 參見我的《偽造：以神之名-為什麼聖經的作者們和我們以為的不一樣》（三藩市：HarperOne, 2011), 92–114。

2. 標準的學術討論參見D. G. 鄧恩（D. G. Dunn）《基督論製造中：新約中探尋化身論幻影說的起源》第二版（急流城，密西根州：埃爾德曼斯，1989)，33-36。

3. 在所有優秀的批判性評論中，你都可以找到與這些問題有關的討論。其中兩部最權威，最全面的，是羅伯特·朱厄特（Robert Jewett）的《羅馬書：解說》（明尼阿波利斯：堡壘出版社，2007），以及約瑟夫·菲茨梅爾（Joseph Fitzmyer）的《羅馬書新譯，導語加評論》康涅狄格州，紐黑文：耶魯大學出版社，1997)。

4. 參見第76-80頁。

5. 邁克爾·佩帕德《羅馬世界的神之子：當時社會和政治背景下的神之子》（紐約：牛津大學出版社，2011)。

6. 引自佩帕德《羅馬世界的神之子》84。

7. 克利斯蒂安·昆斯特（Christiane Kunst）《羅馬嗣子：家庭組織的戰略》（漢尼夫：馬提·克勞斯，2005），294；引自佩帕德的《羅馬世界的神之子》54。

8. 拉里W·哈達多《一神、一主：早期基督教的奉獻和古代猶太教的一神論》（倫敦：SCM出版社，1988)。進一步研究可以閱讀他的代表作《主耶穌基督：早期基督論中耶穌的獻身》（急流城，密西根州：埃爾德曼斯，2003)。

9. 參見雷蒙德·布朗《救世主的誕生：對馬太福音和路加福音中嬰兒描述的評論》（紐約：雙日，1993），29-32。

10. 參見鄧恩的《基督論製造中》。

11. 參見佩帕德的《羅馬世界的神之子》86-131。

12. 參見我在《錯引耶穌：改動聖經背後的故事及原因》中的簡述，（三藩市：哈珀三藩市，2005），158-61；學術級的討論參見我的《聖經的正統化更改：早期基督論之爭對新約文本的影響》（紐約：牛津大學出版社，2011），73-79。

第七章

耶穌做為世間的神：
早期的化身基督論

　　自我開始職業生涯以來，先後在兩所重要的研究型大學教過書。20 世紀 80 年代中期，我開始在新澤西州的羅格斯大學（Rutgers University）教書，在那裡度過了四年。1988 年我來到北卡羅萊納州的教堂山大學（Chapel Hill），在那裡一直教學至今。

　　我教過信奉各種宗教的學生，其中包括：基督徒、猶太教徒、穆斯林、佛教徒、印度教徒、異教徒、無神論者。基督教學生也分好幾類，從核心原教旨主義者到自由新教，到希臘東正教，再到羅馬天主教，再到……凡是你能說出名字的教派，幾乎都有。這些年來，讓我感到驚訝的是，即使我的基督教學生有各種各樣的背景，當涉及到對基督的看法時，他們的觀點非常堅定。他們中的大多數人認為，耶穌是神。

　　我們將在後面的章節中看到，在傳統神學中，基督被認為是完全的神和完全的人。他不是一部分是神，一部分是人。他在每一個方面都是神，在每一個方面又都是人。我的學生傾向於認

可神的部分，而不是「人」的部分。

　　對他們中的許多人來說，耶穌真的是行走在世間的神；因為他是神，所以他不是「真正」的人，只是在某種程度上偽裝成人。做為神，耶穌可以做任何他想做的事。如果他願意，他可以說斯瓦希里語（swahili）。為什麼不能呢？他是神！

　　但作為人，意味著有人的弱點、限制、欲望、激情和缺點。耶穌有這些嗎？他是「完全的」人類嗎？他曾經不公平地對待過某人嗎？他有沒有說過關於某人的壞話？他有沒有無緣無故地生氣？他曾經嫉妒過，或者貪婪過嗎？他曾經渴望過一個女人或者一個男人嗎？如果沒有，他還算是真正的「完全的」人類嗎？

　　我當然不會期望我的學生成為資深的神學家，我的課程不是關於神學的。我教的是關於早期基督教的歷史，特別是關於研究新約的歷史方法。但有趣的是，在課堂上，你會發現，我的學生們的基督論觀點往往更多地來自《約翰福音》，而不是比它更早的其他三部福音書。在約翰的福音書中，也只有在約翰的福音書中，耶穌才會說「我實實在在地告訴你們：還沒有亞伯拉罕就有了我。」（8:58）和「我與父原為一」（10:30）。在《約翰福音》中，耶穌說：「人看見了我，就是看見了父」（14:9）。依然是在《約翰福音》中，耶穌提到在他成為人類之前，他與天父同享榮耀（17:5）。這就是我的那些學生相信的。

　　但當他們更深入地研究新約時，就發現在《馬太福音》、《馬可福音》和《路加福音》中，耶穌沒有做出過這樣的自我聲明。那麼，誰的說法是對的？

　　學者們一直認為，《約翰福音》中對基督的觀點，是在基督

教傳說的框架內，經過發展而形成的。 其中的觀點不是耶穌自己真正教導的東西，在其他福音書中也找不到。 在《約翰福音》中，耶穌是一個早已存在的神祇，他與上帝是平等的。 最早的基督徒——例如耶穌的門徒——不相信這種說法。 我們認為最早的門徒不相信這種說法，是有明確歷史原因的。

最早的基督徒持有的觀點是晉升基督論，作為人的耶穌，後來成為神的兒子——例如，在他從死亡中復活或在他接受洗禮的時候——關於這個問題，我們在上一個章節討論過。 約翰持有的基督論與最早的基督徒不同。 在他看來，基督是一個化身成人的神聖存在。 我稱之為「化身基督論」。

晉升基督論和化身基督論

我們已經看到，關於一個人怎麼能同時也是神，早期基督徒的觀點與希臘人、羅馬人和猶太人的觀念，有兩個方面是一致的： 被提升到神的領域，或生身父母一方是神。 我現在要探討的「化身基督論」，與成為神人的第三種模式有關。 在這種模式中，一個神聖的存在——一位神祇——從天堂下來，在回到他原本所在的天堂家園之前，會暫時使用人類的身體。 化身這個詞的意思，類似於進入肉體，或者變成由血肉組成的形態。

化身基督論認為，基督是一個早已存在的神祇，他化身成了人，最終仍會回到神所在的天堂。 在這個觀點中，人們不認為耶穌是一個被提升到神聖地位的人；相反，他原本就是天上的神祇，暫時屈尊化作人類。

我在前面已經證明了，耶穌的追隨者在他活著的時候沒有稱

他為神，他也沒有聲稱自己是來自天堂的神祇。 如果他們這樣做了，在最早記錄他言論的文本中——對觀福音書，以及它們參考的資訊來源（《馬可福音》、Q、M 和 L 信源）——肯定會出現很多這類的觀點。 恰恰相反，晉升基督論中，復活才是讓大家理解地位崇高的耶穌是誰的關鍵轉捩點。

我認為，最早的晉升基督論很快就轉變成了化身基督論。 早期的基督徒在耶穌死後幾年，他們的觀點就有了發展變化。 刺激基督論發生變化的，可能是我們前面已經討論過的一個神學觀點。 這時候我們要提出一個問題： 如果一個人被提升到天堂，則猶太人認為那個人會變成什麼？我們通過摩西和其他人的例子可以看到，人們會認為被提升到天堂的人成了天使，或者像天使一樣的存在。[1]

新約學者查理斯‧吉申對「基督論」中將耶穌描繪成天使或天使般存在的各個觀點，進行了最全面的探究，他的探究對定義猶太人眼中的天使起到了重要的幫助作用，結論是： 猶太人將天使視作「聖靈或一種屬於天堂的存在，是人界和神界之間的信使」。[2] 一旦當他們認為耶穌被提升到天堂，他的一些追隨者很快就會將他視作天堂的信使，是在世間忠實地履行神意志的人。 以此為基礎，只需要邁出一小步，就會自然地想到可能耶穌本身就是一種神聖的存在，並不是後來才被提升到天界的。 於是認為耶穌不僅是神的兒子、主上、人子，以及即將到來的救世主，他還是一個天上的類似天使一樣的存在，在世間傳遞神的意志。 就這樣，人們開始認為，他一直就是這樣的存在。

如果耶穌是以人類的形態在世間代表神的人，他很可能一直

是那樣的人。 換句話說，他是神的天使長，在聖經中被稱為天主的使者。 夏甲、亞伯拉罕和摩西也曾被說成是這樣的人，在《希伯來聖經》中，有時他們會被明確地稱為「神」。 如果耶穌實際上是這樣一個人，那麼他就是一個早就存在的神祇，在他的生命中，有一段很長的時間在世間行走； 他在世間完全代表神； 他實際上可以被稱為神。 當耶穌的信徒將他視作一個在世間履行上帝職責的，天使般的存在時，晉升基督論就轉化成了「化身基督論」。[3]

　　稱耶穌為天主的使者，是對他極大的讚譽。 在《希伯來聖經》中，這個角色在神的子民看來，是神的代表，實際上他也被人們稱為神。 最近的研究表明，新約中曾有明確表示耶穌早期的追隨者就是這樣理解他的。 耶穌被認為是一個天使，或一個天使般的存在，甚至是天主的使者——在任何情況都是一個超人的、在他出生之前就存在的神祇，然後會成為人類的救星。 簡而言之，這就是幾位新約作者描述的化身基督論。 後來，作者更進一步，認為耶穌不僅僅是一個天使——甚至不僅僅是天使長——而是一個更高等級的存在： 他是降臨世間的神之本尊。

保羅的基督化身論

　　我閱讀、思考、研究、教學和撰寫了四十年有關保羅的著作，但是一直到最近，有關他神學見解的一個關鍵方向，我仍然沒有找到頭緒。 研究保羅如何看待基督這個問題，對我來說是最困難的。 幾十年來，對保羅基督論教學的某些方面，我已經理解得十分透徹，特別是他教導信眾，相信耶穌的死亡和復活就會成

為神眼中的義人，而不是遵循猶太律法的規定。但是，保羅認為
基督是什麼人？

　　我感到困惑的一個原因是，保羅的話語總是暗有所指。他不
曾有系統地詳細闡述他對基督的看法。另一個原因是，在一些篇
章中，保羅似乎肯定了一種對基督的看法，而直到最近，我認為
他認同的這個觀點，出現的時間不可能和保羅的書信一樣早，而
保羅的書信是倖存下來最早的基督徒著作。保羅怎麼可能接受，
比後來的著作，如《馬太福音》、《路加福音》、《馬可福音》，
「更高」的對基督的看法？基督論不是隨著時間的推移，從
「低」基督論發展到「高」基督論的嗎？如果是這樣的話，對
觀福音書的觀點不是應該比保羅的觀點「更高」嗎？結果竟然不
是！後出現的福音書中的基督論反而「較低」。很長一段時間，
我都不明白這是為什麼。

　　但是，現在我知道了。這不是一個「更高」或「更低」的
問題。幾部對觀福音書只是簡單地接受了一種不同於保羅的基督
論觀點。他們持有的是晉升基督論，保羅持有的是化身基督論。
這在很大程度上是因為，保羅將基督理解為是化身成人的天使。

保羅認為基督是天使

　　肯定有很多人和我一樣，偶爾會翻來覆去地閱讀一些東西，
卻沒留下什麼印象。保羅給加拉太人（Galatians）的書信，無論
是英語版，還是希臘語版，我都閱讀了數百次。但是，他在《加
拉太書》4:14 中說的話，直到幾個月前，我怎麼也記不住。在這
一句中，保羅稱基督為天使。我記不住的原因是，這份聲明有點

模糊，我總是以另一種方式去解讀它。多虧其他學者的著作，讓我發現了我解讀方式中的錯誤。[4]

在這句話的上下文中，保羅回憶起加拉太人第一次接待他時的情景：他會見加拉太人時生病了，加拉太人幫助他恢復了健康。保羅寫道：「你們為我身體的緣故受試煉，沒有輕看我，也沒有厭棄我，反倒接待我，如同神的使者，如同基督耶穌。」

我反覆地讀這一句，加拉太人在保羅身體欠佳的時候接待保羅，就像接待天使般的訪客，甚至像接待基督一樣。然而，實際上希臘語的語法暗示了一些完全不同的東西。就像查理斯·吉申所主張的，以及新約專家蘇珊·加雷特（Susan Garrett）在一本關於基督是天使的書中所確認的那樣，這句話的意思並不是說，加拉太人像接待天使或基督那樣，接待保羅；而是說，他們接待他，像接待天使，比如基督，[5]那樣。直白的說就是，基督是一個天使。

以這種方式解讀這句話的理由，與希臘語的語法有關。當保羅使用「but as ……as」的結構時，他不是在排比；他的意思是二者是一樣的。我們之所以能知道這一點，是因為保羅在他著作中的其他幾個地方使用了這種語法結構，那幾個地方的意思很明確。例如，在《哥林多前書》3:1 保羅說：「弟兄們，我從前對你們說話，不能把你們當作屬靈的，只得把你們當作屬肉體，在基督裡為嬰孩的。」最後用的便是「but as ……as」的結構，指的是保羅信件的收信人的兩個特徵：他們是有肉體的人，他們是基督裡的嬰兒。這不是兩個排比的陳述，它們相互修飾。保羅在《哥林多後書》2:17 中也使用了相同的語法。

306 第七章 耶穌做為世間的神：早期的化身基督論

這就意味著，在《加拉太書》4:14 中，保羅沒有把基督與天使並列，他把耶穌歸類為天使。加勒特更進一步，他認為《加拉太書》4:14 表明，保羅「確認（耶穌基督）是神的天使長。」[6]

如果是這樣的話，那麼實際上，保羅在他的書信中所說關於基督的話，就都合理了。作為天主的使者，基督是一個早已存在的神；他可以被稱為神；他是神以肉身在世間顯靈。保羅說的關於基督的所有事情，最引人注意的是在《腓立比人》2:6-11 中講述的，學者們經常把這一篇稱為「腓立比人讚美詩」或「腓立比人的基督詩」，因為人們普遍認為：這像一段頌揚基督和其化身的，早期的讚美詩或詩歌。

我的朋友查理斯·科斯格羅夫（Charles Cosgrove），是終身研究保羅的學者，也是研究早期基督教世界音樂的世界級專家之一，他認為這篇文章不可能是一首真正的可以詠唱的讚美詩，他說服了我，原因是希臘語版的這篇文章沒有音樂作品該具備的格律，也就是說，它沒有節奏和韻律的結構。因此，它可能是一首詩，甚至是一篇洋洋灑灑的散文。很明顯，這是一段睿智的思考，關於基督為他人的緣故來到世間（從天堂來），結果得到神的榮耀這件事。這似乎是保羅引用了腓立比人可能已經很熟悉的一段話。換句話說，這又是來自一段成文之前的傳說。[7]

《腓立比書》2中的基督詩

我要通過截取類似詩歌的句子（這些句子的希臘語版與英語版不同，但基本的意思一致）來討論一下保羅所引用的基督詩，基督詩是我對它們的稱呼。[8] 保羅以這首詩開頭，告訴腓立

比人，他們的「想法要一致」，還要與「基督耶穌」想法一致
（2:5）。 這首詩是這樣寫的：

他本有神的形像，

不以自己與神同等，

這是應抓住的。

反倒虛己，

取了奴僕的形象，

成為人的樣式。

既有人的樣子，

就自己卑微，

存心順服，以至於死，且死在十字架上。

所以，神將他升為至高，

又賜給他名，

那超乎萬名之上的名。

叫一切在天上的、地上的和地底下的，

因耶穌的名，

無不屈膝。

無不口稱，

耶穌基督為主，

使榮耀歸與天父。

這首詩雖然短，卻極具神學意義，對它想給出公正的評價並

非易事；有些學者甚至用整本書來解讀這幾句話。[9]但是，就我的目的而言，有幾點特別重要。

·《腓立比人》中的詩，保羅書信出現之前的傳說

首先要強調的是，這篇文章確實顯得很有詩意。學者們以不同的方式提煉出了一些如詩的句子。當然，在原始的希臘語中，這些句子沒有以詩歌的形式出現，和文章其他部分一樣。但是像這樣以詩的形式排列，是有意義的，甚至比非詩歌形式更有意義。我在這裡採用的結構，是對這篇文章進行學術分析時比較常見的：這首詩分為兩部分；每部分又分為三節；每節有三行。前半部分首先確定了這首詩的主題，「誰」（後面提到了，是基督耶穌），後半部分以「所以」這個詞開頭。

就其整體意義而言，前半部分談到基督的「屈尊」，為了經歷死亡，他如何從天上的神域下來成為人類，以服從神的意志；後半部分談到他的「提升」，上帝如何將他提升到比他以前更高的層級和地位，以此作為對他謙卑服從的回報。

我在前面說過，學者們一直認為這篇文章是早於保羅書信的傳說，保羅在他給腓立比人的書信中引用了這段傳說。這段話不是保羅在寫信的時候想出來的。這樣理解有幾個原因。首先，這篇段內容看起來像是一個自成一體的單元，因為它是有詩韻的，而上下文則是散文。

此外，這段內容中出現的一些詞，其中包括一些關鍵字，在保羅書信的其他地方從來沒有出現過。例如「形象 form」這個詞（使用兩次：神的形象和奴隸的形象）以及後面跟隨的短語

「應抓住的 grasped after」。這些重要的詞，在保羅的作品中從沒有出現過，這表明他引用了其他人早些時候寫的一篇文章。

確認這一觀點，是有事實依據的，因為這篇文章中的幾個關鍵概念，在保羅著作中的其他地方找不到。其中還包括這篇文章的一些核心概念：耶穌在成為人之前，就是神的形象；在成為人之前，上帝在他化身成人之後會讓他重返神性；他通過「清空自己」而成為人類。最後一個想法通常被解釋為，這意味著為了化身人類，基督放棄了他作為神聖存在的崇高特權。

最後一個論點是，保羅在這裡引用了一個已經存在了一段時間的傳說，這有點難以理解。事實上，這首詩的一部分，看起來與他寫給腓立比人的書信語境不太相符。在這封信中，保羅告訴腓立比皈依的基督徒，他們要表現出無私的精神，對待他人要比對待自己還好。在前一句中，他說，他們不應該只關心自己的利益，而應該更多地關心他人的利益。然後，他引用這段話，以表明這實際上是基督的做法，為了服務他人（「取了奴僕的形象」）放棄自己本來的神格（神的形象），服從上帝，不惜為他人而死。

問題是基督詩的後半部份（第 9-11 節）根本沒有傳達這一信息，說得嚴重點，簡直背道而馳。根據這三節，因為耶穌暫時屈尊為人並死去，上帝大肆獎勵耶穌。上帝把他提升到比以前更高的地位（後面一句話中，意思為「升為至高」的希臘動詞，似乎暗指此意），使他成為萬物之主，眾生都會向他懺悔，崇拜他。

但是，耶穌在最後升天的觀點，並不符合保羅引用這首詩的目的，因為如果一個人出於擺脫某種境況的目的，才謙卑的服從，歸根結柢還是出於自己的利益。然而，這篇文章的重點是，

人們行事不應該出於自私的目的，應該無私地為他人奉獻。

　　由於這首詩的後半部分，不能為上下文服務，幾乎可以肯定，這是一首之前便存在的詩，保羅很熟悉，很可能腓立比人也很熟悉。保羅引用了整首詩，因為這首詩是保羅信件的讀者所熟悉的，詩中還傳達了保羅想要傳達的觀點——他們應該以基督為榜樣，為他人放棄自己的利益——儘管第二部分可能被解釋為削弱了這一觀點。

　　因此，學者們有理由認為，這首詩不是保羅在給腓立比人寫信時自己想出來的。這首詩出現的時間比保羅書信出現的早。你可能已經注意到，這首詩中的一句比另一句更長：「存心順服，以至於死，且死在十字架上」，這句話在希臘語中更長。學者們通常認為「且死在十字架上」這幾個字是保羅添加的，因為對他來說，耶穌死在十字架上是非常重要的信息。

　　保羅在寫給哥林多人的第一封信中提醒他的讀者：當他第一次和他們在一起時——他試圖讓他們從崇拜偶像，轉為崇拜以色列的神，他的救世主，耶穌——他談論耶穌時，一直在說十字架的事：「因為我曾定了主意，在你們中間不知道別的，只知道耶穌基督被釘十字架之事。」（《哥林多前書》2:2）。

　　在他給加拉太人的信中，他強調說，被釘在十字架上的死亡方式，對救贖尤其重要。例如，如果耶穌被石頭打死，或者被勒死，那將是另一回事。但因為他被釘在十字架上，特別是他承受了本該其他人承受的罪惡的「詛咒」。這是因為經文表明，任何「掛在木頭上」的人都是被神詛咒的（《加拉太書》3:10-13）。這裡引用了摩西律法，《申命記》21:23 說：「被掛的人是在神面前

受咒詛的。」在它的原始語境中，這句話意味著任何被處決並留在木頭上腐爛的人，都是受神詛咒的。對保羅來說，耶穌被釘在「木頭」上，就意味著他承受了神的詛咒。但耶穌本不應受到詛咒，那麼他承受的，一定是他人的詛咒。因此，對保羅來說，不僅耶穌的死亡無比重要，耶穌被釘在十字架上的死亡方式，同樣重要。

《腓立比書》2 中的基督詩如果沒有「且死在十字架上」這幾個字，會更通順，而這就表明，這幾個字是保羅為了更貼近自己對耶穌死亡的神學解讀，後來加上去的。如果事情確是這樣，便也表明這首詩的原始作者不是保羅，而是他聽到的傳說，由於能達到他要表達的目的，所以在這裡引用了這首詩。

通過引用這首詩，保羅表明了他認可這首詩中的教義。但是，詩中的教義具體指什麼呢？我的主張是：這首詩將基督解讀為神靈化身，他是一個早就存在的神靈，天主的使者，他謙卑地服從神的意志，來到世間，結果上帝把他提升到更高的神級，以此獎勵他的行為。但在開始討論這一解釋之前，我應該先指出，一些學者不認為這首詩包含了神靈化身的神學理念。

基督詩和亞當

一些學者真的很難想像，保羅給腓立比人寫信之前，即已存在這樣一首詩——這首詩的創作時間必然早於西元 40 年——這首詩竟然在那麼早就用神靈化身來理解基督。這樣的「高」基督論，似乎出現得過早。有人提出了另一種解釋，來解決這一問題。在這另一種解釋中，這首詩的開頭並不代表基督是早已存在

的神祇，而是把他當作一個完全的人。這首詩把耶穌描繪成了類似於「第二個亞當」的人，在某種意義上，是人類之父的第二次出現。[10]

根據這一解釋，當這首詩指出基督處於「神的形象」時，並不意味著這是在描述他早就在天堂中存在的狀態。相反，就像亞當，他是根據「神的形象」創造的。在這種理解中，神的形象就是神的外貌。當上帝創造亞當和夏娃時，他按照自己的「形象」製造了他們（《創世紀》1:27）。但即使亞當和夏娃長得和神一樣，他們顯然與神是不平等的——他們是神創造出來的。上帝給他們下了一條關於不能做什麼的禁令：他們不能吃「分別善惡樹上的果子」。如果他們吃了那個果子（順便說一句，不是蘋果），他們就會死（《創世紀》2:16-17）。

後來發生了什麼？蛇——在《創世紀》中沒有說它是撒旦；而是一條真正的蛇（顯然，這裡的蛇最初是用腿走路的），蛇告訴夏娃，吃禁果不會導致他們死亡，而會使他們「如神能知道善惡」（《創世紀》3:5）。於是夏娃吃了果子，給了她丈夫亞當一些，他也吃了。然後，他們的眼睛「睜開」，他們意識到自己是赤裸的。他們不再是天真無邪，他們變得可以分辨善惡，而且確實做出了道德判斷。他們最終死了，他們所有的孩子和後代也死了（除了兩個例外：以諾和以利亞）。

在保羅的書信中，他有時說基督是「第二個亞當」。不像第一個有罪的亞當，基督是「完美的人」，他扭轉了第一個亞當帶來的人世間進程。第一個亞當把罪帶到世上，而基督除去了罪的咒詛；亞當把死亡帶給他所有的後裔，基督給所有相信他的人帶

來了生命。保羅在《羅馬書》5 中說：「如此說來，因一次的過犯，眾人都被定罪；照樣，因一次的義行，眾人也就被稱義而得生命了。因一人的悖逆，眾人成為罪人；照樣，因一人的順從，眾人也成為義了。」(18-19 節)。

於是，保羅把基督視作第二個亞當，他扭轉了第一個亞當帶來的罪孽、譴責和死亡。能把這種理解應用到《腓立比人》的基督詩中嗎？一些學者認為可以。在他們看來，正如我所指出的，以「神的形象」造亞當，與基督本可以有「神的形象」是一致的。但亞當的反應是犯罪，基督的反應是謙卑的服從。亞當之所以犯罪，是因為他想「像神一樣」。另一方面，基督「不考慮與神平等／不認為需要抓住神格。」因此，亞當因不服從，而將死亡帶入世界，基督通過他的服從，而將生命的可能性帶入世界。最重要的是，上帝將耶穌「升為至高」，並使他成為所有人的主。

簡而言之，根據這一解釋，在《腓立比書》的詩句中，基督並沒有被描繪成一個早已存在的神靈。他是人類，和其他人類一樣。他的樣貌和亞當一樣，而亞當的樣貌和神一樣。但他通過服從逆轉了亞當的罪惡，於是他被提升到了神的階級。

我一直覺得這個解釋非常有趣，多年來，我希望它是正確的。這一解釋有助於解決我在理解保羅的基督論時遇到的問題。但是恐怕我從來沒有被它說服，即使我想被它說服。

我不能被說服的原因有三個。首先，如果保羅（或者這首詩的作者）真的想讓他的讀者將耶穌和亞當聯繫在一起，他肯定會表達得更明確。即使他選擇不直接說出亞當的名字，或者叫耶穌

第二個亞當，他也可以通過亞當（和夏娃）的故事做出更明顯的暗示。特別是，他描述基督是「神的形象」時用的詞，會與描述亞當像神一樣，但是描述基督時用的是「Form」，描述亞當用的是「image」，這是《創世記》中使用的詞。如果作者想讓他的讀者想到《創世記》，他完全可以在這首詩中也使用這個詞。

第二，在《創世記》的亞當和夏娃故事中，想要「如神一樣」的，不是亞當，是夏娃。亞當吃下果子，是因為夏娃把果子遞給了他，我們不知道她為什麼這麼做。但這意味著，在基督不想與神平等的謙卑中，與基督相對的不是亞當，而是夏娃。但是在保羅的著作中，他沒有在基督和夏娃之間建立任何聯繫。

第三，也可能是最重要的，從保羅的其他文章來看，他確實將基督理解為一個早已存在的神祇。例如，《哥林多前書》中一段非常奇妙的段落，保羅在其中談到以色列人在摩西的引領下逃離埃及後，他們在荒野中度過了那麼多年是如何果腹的（如《出埃及記》和《希伯來聖經》中《民數記》所述）。據保羅的說法，以色列人有足夠的水，因為摩西敲擊岩石，水就會奇蹟般地流出來（《民數記》20:11），一路如此。無論他們去哪裡，提供水的岩石就去哪裡。實際上，保羅說，「那磐石就是基督」（《哥林多前書》10:4）。就像今天基督在人們信他的時候給他們生命一樣，他也在曠野給以色列人生命。當然，那是不可能的，除非他當時存在。因此，對保羅來說，基督是一個已然存在的神靈，偶爾會在世間顯現。

有人說，在另一篇文章中，保羅確實曾將基督比作第二個亞當。在《哥林多前書》中，保羅將基督的起源地與亞當的起源

地進行了對比：「頭一個人是出於地，乃屬土；第二個人是出於天。」（15:47）。這正是亞當和基督的區別。亞當來到這個世界；基督早在來到這個世界之前，便已經存在。他來自天堂。

因此，認為《腓立比書》中詩歌，將基督解釋為「完美的亞當」，是行不通的，因為這篇文章中的一些特徵與這種解釋並不相符。另一方面，這種解釋完全沒有必要。它不能解決神靈化身基督教論中存在的問題，因為保羅在其他文章中清楚地表明，耶穌確實是早就存在的神祇，降臨於這個世界。這首詩表達的也是這個意思。

基督詩和神靈化身的基督論

關於這篇神奇的文章，還有很多事情可以說。它是新約之中，學者們討論、爭論和評論最多的段落之一。大多數學者認為它體現了神靈化身的基督論，如果他們是正確的，那麼它所描繪關於基督的基本觀點很明確：基督早已存在，他選擇進入人類的身體，由於他態度謙卑，甘願赴死，上帝把他提升到比以前更高的地位，並使他成為所有人的主。如果我們認為耶穌在他出生之前就是像天使一樣的存在，他放棄天堂的身分，來到世間，通過為他人赴死，滿足神的意志，那麼這種對基督的看法是合理的。

我想強調的是，基督似乎在這裡被描繪成一個神祇，一個天使，但不是全能的神。他不是父神，是他的天父提升了他的地位。而且，在他成為人類之前，幾乎可以肯定他並不與上帝「平等」。

認為他在之前存在的狀態，不與神平等，有如下幾個理由。

第一個理由出現在這首詩的第一部分，它說基督不認為與神平等是「應該抓住的東西」。長期以來，解讀這篇文章的人一直在爭論這些詞的確切意思。這些詞是想表示，他已經與神平等，但沒有留戀這種平等，而是變成了人類嗎？或者，意思是，他沒有與神平等，選擇不抓住這種平等，而是成為人類？二者存在很大區別。

問題是，這裡的關鍵希臘詞，「抓住」這個動詞，不是常用詞，理論上可以在兩類情景中使用。但在實際應用中，這個詞（和希臘語中與之相關的詞）幾乎總是用來指：一個人並不擁有、但是準備抓住的，類似於偷別人錢包的小偷。德國學者撒母耳・沃倫韋德爾（Samuel Vollenweider）已經表明，這個詞在一系列猶太作家中被廣泛使用；此外，這是變得傲慢的人類統治者使用的詞，他們試圖使自己變得比真正的自己更非凡、更強大（變成神）。[11] 如此看來，這才是《腓立比書》中基督詩的意思。

認為耶穌此時還不與神平等的第二個原因是，只有這種解釋才能理解這首詩的後半部分，在這首詩中，神將基督「升為」比之前「高」的高度（我在這首詩中翻譯成「升為至高」就是這個意思）。

如果基督已經與神平等，那麼他做出服從神的行為之後，就不可能被提升到比這更高的地位。還有什麼能比與神平等更高？此外，只有在他被提升到更高之後，基督才被賦予「超乎萬名之上的名」，並成為天下眾生的崇拜對象。然則，在他謙卑行事，成為人類並死亡之前，基督理應是一個等級較低的神。當詩句中說，他「以神的形象」，並不意味著他與天父是平等的。這意味

著他是「神一般的」，或神聖的，就像《希伯來聖經》中提到的「神的天使長」，天主的使者。

對今天的許多人來說，基督可能是一個神，卻不完全與上帝平等，這似乎很奇怪。但重要的是，不要忘了我們在第一章中的發現。在我們現在的觀念中，神界和人界之間存在無法逾越的鴻溝，神界只有一個層級，這與古代世界希臘人、羅馬人和猶太人，以及基督徒的觀點迥然不同。回想一下我在第一章引用的關於凱撒·奧古斯都是如何被宣告為「神」的銘文，如果他在統治期間為人民提供了更多的利益，他們就會認為他甚至「更具神性」。一個人怎麼能變得「更」具神性呢？

在古代，這並不是一個問題，因為神性是一個連續體。在猶太教和基督教界也是如此。對於《腓立比書》中的詩，基督開始是神聖的，但在他的提升中，他甚至能「更具神性」。事實上，他被賦予了與神平等的地位。

這是一個被解讀者廣泛同意的觀點，因為這首詩的最後，第10－11節的措辭。在第10－11節，神極度抬舉耶穌，所以「因耶穌的名／無不屈膝／凡在天上的、地上的和地底下的／無不口稱／耶穌基督為主／使榮耀歸與父神。」閑來翻閱的讀者可能沒有意識到這一點，但這些臺詞暗示了《希伯來聖經》中的一段話。還有一段引人注目的段落：《以賽亞書》45:22-23 中的原始段落，寫的是「萬膝必向我跪拜，萬口必憑我起誓」：

地極的人都當仰望我，
就必得救。

> 因為我是神，再沒有別神！
> 我指著自己起誓，
> 我口所出的話是憑公義，
> 並不反回。
> 萬膝必向我跪拜，
> 萬口必憑我起誓。

　　先知以賽亞表達的非常明確。 只有一個神，沒有另一個神。那個神是耶和華。[12] 神對自己起誓說，所有的膝必要跪拜，所有的口都要起誓。 然而，在《腓立比書》的詩中，不像在《以賽亞書》中描述的「 沒有別的神」，詩中所稱萬膝跪拜，萬口起誓，不是對神，而是對被提升的耶穌。 全能的神把自己的地位、榮譽和榮耀賦予了耶穌。

　　對《腓立比書》基督詩的這種解釋表明，在基督教運動早期，耶穌的追隨者對他提出了大膽的主張。 他被抬舉到與神平等的地位，儘管上帝自己也說過，除了他之外，沒有「其他神」。不知何故，基督徒確實在想像「另一個神」。 而且另一個神與上帝平等。 但不是因為他是「天然」的神——後來用於討論基督神的哲學／神學術語。 他是神，因為神使他如此。 但是，如果只有一個神，上帝是神，他又怎麼可能是神？我們將看到，這成為後來基督論辯論的關鍵問題。

　　在這個階段，我們可以說的是，早期的基督徒沒有因為被這個困境或這個悖論困擾，而寫下任何關於這個問題的東西，所以我們不知道他們是如何處理這個問題的。

　　我最後要說的是，《腓立比書》中的詩可能已經發生在你身上了。 我一直稱其中的基督論為「神靈化身」基督論，因為它把耶穌描繪成： 一個後來變成人的，早已存在的神祇。 但很顯然，詩中有一個「提升」的元素，因為在耶穌的復活中，神把他提升到比他以前更高的境界。 那麼，在某種意義上，這首詩為我們提供了一個「過渡基督論」，它將化身基督論和晉升基督論聯繫了起來。 後來的作者將進一步遠離晉升基督論，於是，基督就會被描繪成： 在他出現於世上之前，就與神平等的神，也就是任何時候都與神平等。

　　但這不是《腓立比書》詩歌的觀點。 對於這段美麗的文字來說，正如保羅所引用和推測的那樣，基督確實是一個早已存在的神祇。 但他是天使或天使般的存在，只有在他服從上帝的意志，死亡之後，才與神平等。

保羅書信中其他篇章

　　《腓立比書》讚美詩的背後是神靈化身基督論，這個觀點在保羅信件的其他篇章中也可以看到。 我已經說過，保羅認為基督就是為曠野上以色列人提供生命之水的「岩石」（《哥林多前書》10:4），我還指出，保羅說基督與第一個亞當不同，是從「天堂」來的（《哥林多前書》15:47）。 當保羅談論神「送」他的兒下來時，這似乎並不是什麼隱喻的說法（例如，在《約翰福音》1:6 中，據說施洗約翰是神「送來的」）；神確實把基督從天國送下來。

　　保羅在寫給羅馬人的信中說，「律法既因肉體軟弱，有所不

能行的，神就差遣自己的兒子成為罪身的形狀，作了贖罪祭，在肉體中定了罪案，」（8:3）。有趣的是，保羅對「形狀」這個詞的使用情況，與在《腓立比書》讚美詩中的「形象」一樣。這兩個地方都是同一個希臘語單詞。保羅是否想避免說基督實際上變成了人類，他認為基督只是以人類的「形狀」來到世上的？這很難說。

但很明顯，保羅不相信基督像《希伯來聖經》中的天使那樣，是憑空出現的。保羅的作品中，《加拉太書》4:4讓我困惑了很長時間，保羅在其中寫道：「及至時候滿足，神就差遣他的兒子，為女子所生，且生在律法以下。」我一直在想，保羅為什麼會指出基督是一個女人生出的。更準確地說，難道還有其他選擇？但如果保羅相信基督是早已存在的天使一類的神祇，這一說法就合理了。在這種情況下，重要的是指出耶穌是以人類的方式出生的：他不只是像神的天使一樣出現在夏甲、亞伯拉罕和摩西身上。之前耶穌確實作為一個孩子，以人類的肉體形式出生。

保羅說，基督的事蹟更崇高。在第二章中，我們看到一些猶太文本以神的智慧為神的原質——神的一個方面或特徵，可以獨立存在。智慧是神創造萬物的媒介（如《箴言》8所述），由於它是神的智慧，它既是神，也是神的一種形象。正如《所羅門的智慧》所表達的，智慧是「她是天主威能的七夕，是全能者榮耀的真誠流露……她是永遠光明的反應，是天主德能的明鏡，是天主美善的肖像。」（7:25-26）。此外，我們看到智慧也可以被視作天主的使者。

對保羅來說，耶穌是天主的使者。在進入這個世界之前，他

也是上帝的智慧。 因此，保羅可以說「基督的榮耀，本事神的像」（《哥林多後書》。4:4）。 更引人注目的是，基督可以被描述為造物者的代理人：

> 然而我們只有一位神，就是父，
> 萬物都本於他，我們也歸於他；
> 並有一位主，就是耶穌基督，
> 萬物都是藉著他有的，我們也是藉著他有的。（《哥林多前書》8:6）

這段經文很可能包含了另一種形式的保羅書信之前的信條，因為這段文字把自己整齊地劃分為兩個部分，每個部分有兩行。第一部分是對天父的確認，第二部分是對耶穌基督的確認。 所有的事情都是通過基督而產生的，信徒自己的存在也是。 這聽起來很像非基督教的猶太文本中偶然提到的神的智慧。 正如我們所看到的，神的智慧本身，就被理解為神。

保羅筆下的耶穌也是如此。 在保羅的書信中，人們爭論最多的一句話是《羅馬書》9:5。 這句話該如何翻譯，在學者間出現了爭議。 很明顯，保羅正在談論給以色列人的好處，他指出，「父親」（即猶太族長）屬於以色列人，「按肉體說，基督也是從他們出來的，他是在萬有之上，永遠可稱頌的神。 阿們！」在這裡，基督是在「萬有之上」，這是極致的讚頌。

但有些譯者不願認為這段內容是在表明基督是神，他們表示這段文字應該換一個方式翻譯，先說一些關於基督的事，然後再

讚頌神。 他們是這樣翻譯的「按肉體說，基督也是從他們出來的。 神是萬有之上，永遠可稱頌的，阿門。」翻譯問題非常複雜，不同的學者有不同的看法。 但這件事很關鍵。 如果第一個版本是正確的，那麼它是保羅所有信件中唯一一處明確稱耶穌為神。

但這是正確的嗎？ 多年來，我的觀點是，第二個翻譯表達的觀點是正確的，這段文字並沒有稱耶穌為神。 我這麼想的主要原因是： 我認為保羅既然從來沒有在其他地方稱耶穌為神，所以他在這裡可能也不會這麼稱呼。 當然這只是推測，和他學者所強烈主張的一樣，我也認為第一個翻譯是對希臘語最正確的理解。[13]

值得強調的是，我們已經知道，保羅確實把耶穌當作神。 但這並不意味著基督是全能的父神。 保羅顯然認為，耶穌在某種意義上是神，但他不認為他是父。 他是一個天使般的神，在進入世界之前是神； 他是天主的使者； 他最終被提升，與神平等，應該享受神所享有的榮譽和崇拜。 因此，我現在毫不費力地認識到，事實上保羅確實可以直截了當地稱呼耶穌為神，就像他在《羅馬書》9:5 中那樣。

如果有人像保羅一樣，早在基督教傳說中就能把基督看作是化身的神，那麼在後來的傳說中出現同樣的觀點，就不足為奇了。 這在約翰的福音書中，表達得最清楚最有力。

《約翰福音》中的神靈化身基督論

當我第一次意識到《約翰福音》和其他福音書有多麼不同時，我尚在讀研究所。 在那之前，我在大學讀福音書的時候，覺

得他們說的基本上沒什麼太大的差別。當然，這裡或那裡可能有不同的強調，但總的來說，我認為，他們對大多數事情的觀點基本相同。

在我的碩士學位課程中，我決定做一項思想實驗，只讀《馬太福音》、《馬可福音》和《路加福音》（而不讀《約翰福音》）。實驗持續了三年。在第三年結束時，為了完成實驗，我坐下來讀約翰的福音書。用希臘語，一次讀到頭。《約翰福音》分明是一部啟示。習慣了對觀福音書的語言、風格、主題、故事和觀點，我簡直不敢相信《約翰福音》竟然如此不同。這種不同，體現在各個方面。讀《約翰福音》我們不只是面對一個不同的作者，而是一個完全不同的世界。除此之外，在《約翰福音》中，不只是暗示耶穌的神聖力量和權威；有一些赤裸裸的陳述，把耶穌就等同於神，說他是一個來到這個世界的，早已存在的神祇。

這一觀點並不是與保羅的觀點單純的相似；在保羅的觀點中，耶穌是某種天使，然後被提升到一個更高的神位。對於約翰來說，耶穌自始與神是平等的，甚至在他之前的狀態，便分享神的名字和榮耀。用一個老套的詞形容，這是極端的高基督論。

在我研究生涯的早期，我有一些理由，懷疑這種基督論是最早在耶穌的追隨者中流傳的。一方面，它不是對觀福音書中表達的基督論，這一點顯然非常重要。如果耶穌從「一開始」就真的與神平等，在他來到世間之前，他就知道，那麼對觀福音書肯定會在某個時候提到這一點。這難道不是最重要的事情嗎？但是沒有，在《馬太福音》、《馬可福音》和《路加福音》中，他沒有這樣談論過自己，在這些福音書的資訊來源中也沒有（Q、

M、L 信源）。

　　另一方面，當我意識到《約翰福音》中的所有觀點，都是源於耶穌自己和作者時，我感到震驚。我來解釋一下。無論誰寫了《約翰福音》（我們會繼續稱他約翰，儘管我們不知道他是誰），他一定是一個基督徒，生活在耶穌之後 60 年左右，身在世界的不同地方，在不同的文化背景下，講不同的語言——希臘語而不是亞拉姆語——教育水準也不相同。

　　然而，在約翰的文字中，敘述者聽起來就像耶穌，以至於在某些地方，你無法分辨說那些話的是誰。[14] 耶穌聽起來就像敘述者，敘述者聽起來就像耶穌。但是，如果來自不同的時間和地點，生活在不同的文化中，講不同的語言，卻沒有我們今天所說的高等教育的優勢，怎麼可能會這樣呢？於是我突然想到了問題答案。這是因為在約翰的福音書中，我們聽到的不是兩個聲音——耶穌的聲音和敘述者的聲音。我們聽到的是一個聲音。作者的話和耶穌的話都是作者說的。《約翰福音》中沒有耶穌的話，話都是約翰假借耶穌之名說的。

《約翰福音》中關於耶穌的高調教誨

　　《約翰福音》最引人注目的特點之一是，它對耶穌的抬舉。在《約翰福音》中耶穌是絕對的神，實際上與神是平等的——在來到世界之前，在世界上，在他離開世界之後。我們可以思考一些只能在《約翰福音》中找到的以下段落：

　　◆ 太初有道，道與神同在，道就是神……道成了肉身，住在我們中間，充充滿滿地有恩典，有真理。（1:1, 14；在後面第 17

節「肉身」直接換成了「耶穌基督」的名字）

◆ 耶穌就對他們說：「我父做事直到如今，我也做事。」所以猶太人越發想要殺他，因他不但犯了安息日，並且稱神為他的父，將自己和神當作平等。（5:17-18）

◆ 〔耶穌說：〕「我實實在在地告訴你們：還沒有亞伯拉罕就有了我。」（8:58）

◆ 〔耶穌說：〕「我與父原為一。」（10:30）

◆ 腓力對他說：「求主將父顯給我們看，我們就知足了。」耶穌對他說：「腓力，我與你們同在這樣長久，你還不認識我嗎？人看見了我，就是看見了父，你怎麼說『將父顯給我們看』呢？」（14:8-9）

◆ 〔耶穌對神禱告：〕「我在地上已經榮耀你，你所託付我的事，我已成全了。父啊，現在求你使我同你享榮耀，就是未有世界以先，我同你所有的榮耀。」（17:4-5）

◆ 〔耶穌禱告：〕「父啊，我在哪裡，願你所賜給我的人也同我在那裡，叫他們看見你所賜給我的榮耀。因為創立世界以前，你已經愛我了。」（17:24）

◆ 多馬回答他說：「我的主，我的神！」（20:28）

我要澄清一點：在福音書中，耶穌不是父神。整個第17章，他都在向他的父祈禱，正如我早前指出的，他不是在對自己說話。但他早已得到與父神平等的榮耀。在他來到世間之前，便已經享有那樣榮耀。他離開世間時，他會重新回歸到自己先前的榮耀中。可以肯定的是，耶穌在這裡被「提升」了──他多次提到被釘在十字架上是被「舉起」──一個雙關語，關於

被「舉起到十字架」和被「提升」到天堂。但被提升之後，地位並不比他以前擁有的更高，保羅也是這樣說的。對約翰來說，耶穌本已經是「神」，在他化身之前，作為一個神的時候即「與神」同在。

《約翰福音》的前十八節把這一觀點表現得尤為清楚，這節被稱為《約翰福音》的序言。

《約翰福音》序言

基督是早已存在的神祇，來到世間才變成人，這一觀點在《新約聖經》中最明確的表達，就在這段序言中。我們已經在第二章中看到，神的「話語」，或希臘語的「Logos」，有時被理解為神的一個原質，神的一個方面，人們認為 Logos 是一個獨立的存在。人們可以把神的「話語」想像獨立於神，區別於神的實體（就像我打字的單詞來自我的腦海，之後就變成獨立的存在一樣）。同時，由於話語是「神」的話語，它完美地表現了父神的神聖存在，所以它本身又被稱為「神」。神的話語這一概念，不僅可以在猶太文學中找到，也可以在希臘哲學圈中找到，與斯多噶主義和中期柏拉圖主義（Middle Platonism）有關。所有這些，都可能對早期基督教文學——《約翰福音》前十八節——傳遞到我們這裡的，最詩意和最有力的話語表達，產生了影響。

·序言是成文之前的詩歌

學者們普遍認為，這篇序言是一首早就存在的詩，《約翰福音》的作者將其收錄到了自己的作品中——可能是在第二版。[15]

這是因為它具備了成文之前傳說的特徵，作為一件獨立的，詩意的作品，其中談到基督的關鍵字，在整部福音書其他地方沒有出現過。如果它是一件早就存在的作品，那麼福音書的作者——或其後來的編輯——發現它的基督論觀點與他自己的觀點高度一致，即便表達這些觀點的詞句與自己慣用的不同，他還是將其引入了自己的福音敘事中。[16]

這段文字的詩歌特徵中，可以看到它在一些地方，使用了所謂的「階續平行」，英文版每一行的最後一個詞，也是下一行開頭的詞。因此，例如，我們可以看到以下例子（關鍵字是斜體）：

太初有道，In the beginning was the *Word*
道與神同在，And the *Word* was with *God*.
道就是神。And *God* was the *Word*.（《約翰福音》1:1）

生命在他裡頭，In him was *life*,
這生命就是人的光。And the *life* was the *light* of humans.
光照在黑暗裡，And the *light* shines in the *darkness*.
黑暗卻不接受光。And the *darkness* did not overcome it.（1:4-5）

第 1-18 節類似詩歌的段落中插入了兩段散文敘述，這兩段敘述不具備詩的流暢度，其餘都是關於神的「邏各斯 Logos」；這兩個補充部分講的不是基督，而是耶穌的先驅施洗約翰（第 6-8 節和第 15 節）。實際上，如果刪除這幾句話，這首詩讀起來更流

暢。 也許，作者（或編輯）在當初添加這首詩時，自己又做了些補充。

序言中的教義

　　除去對施洗約翰的評論，這首詩都是關於神的「邏各斯 Logos」，在開始時與神存在，化身耶穌基督成為人類。 直到接近尾聲，在第 17 節中，才提到基督的名字。 但毫無疑問，這首詩是關於耶穌的，你從頭到尾讀一遍就會很清楚。 重要的是要準確地理解這首詩，及其對基督的呈現。 這首詩顯然沒有說耶穌先於他的出生而存在，也沒提到他是處女所生。 早就存在的，是神的邏各斯，神通過它創造了宇宙。 只有當邏各斯成為人時，耶穌基督才存在。 所以耶穌基督是成為人的邏各斯，但耶穌在那化身發生之前並不存在。 以前存在的是邏各斯。

　　「邏各斯 Logos」，也就是「話語」，被描述得極其崇高。 這首詩的開頭，很快就讓人聯想到了聖經的開篇《創世紀》1:1。《約翰福音》說「太初有道（In the beginning was the Word）」正是通過「道」也就是「話語 word」創造了萬物，「萬物是藉著它造的」，包括「生命」和「光」。 一個猶太讀者怎麼能不立即想到《創世紀》中的造物故事呢？《創世紀》也以「In the beginning 起初」開始，在後來的《約翰福音》中使用了同樣的希臘語單詞。《創世紀》的開頭全部是關於創造的。 神是如何創造世界和世界中一切的？通過說一個詞：「神說：『要有光。』就有了光。」是神創造了光，最終創造了生命，神用他的語言創造了一切。 在《約翰福音》的序言中，反映出「語言」是神的一

種原質。

和其他猶太文本一樣,「語言」是獨立於神的,但是由於它是神的語言,他自己的外在表現,完全代表了他是誰,在這個意義上,它不是別人,它本身就是神。 所以約翰告訴我們,「話語」既「與神」同在,也就是「神」。 就像《創世紀》中描述的那樣,「話語給所有一切帶來了生命,給黑暗帶來了光。」

關於這一點,細心的讀者可能會想起某些猶太文本中說的,「智慧」是神創造世界的神聖代理人,例如《箴言》8。 這種比較確實是恰當的。 正如古代猶太學者湯瑪斯・托賓(Thomas Tobin)總結的那樣,以下內容既是關於各種非基督教猶太文本中的「智慧」,也是關於《約翰福音》序言中的「邏各斯 Logos」:[17]

◆ 都是在造物之初(《約翰福音》1:1;《箴言》8:22-23)。

◆ 都是與神同在(《約翰福音》1:1;《箴言》8:27-30;《智慧書》9:9)。

◆ 萬物都是通過他創造的(《約翰福音》1:3;《智慧書)7:22)。

◆ 都帶來了「生命」(《約翰福音》1:3-4;《箴言》8:35;《智慧書》8:13)。

◆ 都帶來了「光」(《約翰福音》1:4;《智慧書》6:12;8:26)。

◆ 都高於黑暗(《約翰福音》1:5;《智慧書》7:29-30)。

◆ 世界都沒有認出他來(《約翰福音》1:10;《巴路克先知書》3:31)。

◆ 都居住在世人之間(《約翰福音》1:11;《西拉書》24:10;《巴路克先知書》3:37-4:1)。

◆ 都被神的子民拒絕（《約翰福音》1:11；《巴路克先知書》3:12）。

◆ 全都曾和世人一起居住在臨時住所（例如，帳篷）中（《約翰福音》1:14；《西拉書》24:8；《巴路克先知書》3:38）。

顯然，《約翰福音》序言基督詩中的「邏各斯」，和猶太經典中的「智慧」意思很像。托賓指出，《約翰福音》中邏各斯指稱的東西，和斐洛作品中對邏各斯的描述類似。這兩部作品中的邏各斯都會讓人聯想到「智慧」。兩部作品都表示，邏各斯在創造之前就與神同在，「在創世之初」；在兩部作品中都被稱為「神」，因為它是創造的工具，是人成為神的兒女的方法。

不應該認為斐洛或關於「智慧」的猶太著作，是序言詩讚頌邏各斯實際的文學來源。相反，我的觀點是，在《約翰福音》開篇，關於邏各斯的說法，與猶太作者對邏各斯和智慧的說法非常相似；然而，二者仍存在一個至關重要的區別。在約翰的福音書中──在我想到的文本中，也只有在那裡──邏各斯被描述成一個特定的人。耶穌基督是邏各斯的化身。

我在前面透露過，序言並不是說耶穌早就存在，是他創造了宇宙，是他變成了肉體。相反，序言是說邏各斯做了所有這些事情。在其他一切存在之前，它是與神同在的，因為它是神自己的邏各斯，在這個意義上，實際上它就是神。

正是通過邏各斯，宇宙和宇宙中的一切都被創造和賦予了生命。然後，邏各斯就變成了一個人：「道（話語 word）成了肉身，住在我們中間。」邏各斯的肉體或化身就是耶穌基督。當

邏各斯成為人並居住在自己的人民中時，他自己的人民拒絕了他（《約翰福音》1:11）。但也有人接納他，而接納耶穌的人就被稱為「神的兒女」（1:12），這些人不僅是出生在這個物質世界，他們是從神那裡出生的（1:13）。正因為由肉身組成的邏各斯是神獨一無二的兒子；他的地位甚至優於偉大的立法者摩西，因為他是唯一一個與神共同居住的。因此，他是唯一一個為父所知的人（1:17-18）。

　　在考慮這個令人印象深刻的化身基督論之深遠影響時，我看到一個明顯的缺點，你可能已經從我前面的評論中發現了：如果有血肉之軀的邏各斯是唯一一個真正認識神，並使人們知道神的人──遠遠超過猶太人的立法者摩西──如果這個向眾人啟示神的意思之人，被他自己的人民拒絕了，則該怎麼評價猶太人？根據這一觀點，他們顯然不僅拒絕了耶穌，而且拒絕了神的話語，也就是神本身。拒絕「神」邏各斯，難道不是暗指他們拒絕了神嗎？這一觀點的非常深遠和相當可怕的影響，稍後將在結語中進行討論。

　　事實上，**一些基督徒主張，拒絕承認耶穌的真實身分，意味著猶太人拒絕了自己的神。**

　　在現階段，還需要再次強調一點。如果一個人用「高基督論」一詞來談論這種化身的觀點，《約翰福音》序言呈現的就是一種非常高的基督論，甚至比《腓立比書》詩歌中的更高。那首詩的作者，也就是保羅自己認為：基督在化身成為人之前，是某種天使般的存在──可能是「天使長」，也可能是「天主的使者」。他服從神的安排去經歷死亡，因此被賦予了更崇高的地

位，成為在榮譽和地位上與萬物之主平等的人。 這本身就是對耶穌的一種非常崇高的評價： 他是加利利的鄉村傳教士，他宣告神的王國即將到來，他最終因為違反法律，被釘在十字架上。 但《約翰福音》的序言對基督的評價更高。 在這裡，基督不是天主的使者，他不是後來被「極度抬舉」，或者說被賦予了比他出現在世間之前更高的位置。 恰恰相反，即使在他出現之前，他已經是神的邏各斯，一位神，整個宇宙是通過他創造的。

即便如此，這種認為基督是有「血肉之軀的邏各斯」的觀點，在《約翰福音》的其他地方也沒有出現過，但是，顯然這一觀點與福音書中的基督論密切相關。 這就是為什麼基督可以使自己「和神當作平等」（《約翰福音》5:18）； 可以說他和父親「原為一」（10:30）； 可以談論他在來到世界前與父親的「榮耀」（17:4）； 可以說任何見過他的人都「見了父」（14:9）； 可以表明「還沒有亞伯拉罕就有了我」（8:58）。 最後一節特別有趣。

正如我們所看到的，在希伯來聖經《出埃及記》3 中，當摩西在燃燒的灌木叢中遇到上帝時，他問上帝他的名字是什麼。 上帝告訴他，他的名字是「我是 I am」，在《約翰福音》中，耶穌似乎自己佔有了這個名字。 在這裡，他沒有像《腓立比書》的詩歌描述的那樣，在復活被提升的時候，受賜予「萬名之上的名」（《腓立比書》2:9）； 而是他在世間時，便已經有了那個名字。在約翰的福音書中，猶太人中的不信者，清楚地知道耶穌這樣自我聲稱是什麼意思。 他們拿石頭要處決他，因為他犯了褻瀆罪，他是在聲稱自己是神。

化身基督論的其他痕跡

我想不借助想像力的延伸，為我到目前為止討論的每一段《新約聖經》中有關基督論的內容，做出一個全面、完整、詳盡的評估。要做到這一點，確實需要一本很厚的書；而我的目標是另一件事——解釋早期基督教運動中的兩種主要基督論選項：舊的基督論「來自下面」，我稱之為晉升基督論，可以說是耶穌的第一批追隨者持有的，最初的基督論觀點，他們相信耶穌已經從死亡中復活升天；以及稍晚的基督論「來自上面」，我稱之為化身基督論。我們不知道基督徒多早之時就開始想到，耶穌不僅是一個後來成為天使或天使般存在的人，而且是一位在他出現於世間之前便已經存在的天使——或天使類型的神祇。但這個觀點必是出自一個非常早期的基督教傳說。

我和大多數學者都認為，這一觀點並不是源自約翰的福音書。它出現的時間早於保羅的書信，這一點在《腓立比書》中早於保羅書信的基督詩中得到了證明，在保羅自己作品中也分散著一些含糊的證據。我不認為我們可以肯定地說，化身基督論出現時間早於西元 50 年，但我同樣沒有理由不這樣認為。也可能要早得多。一旦基督徒認為耶穌是天使——這可能發生得很早，也許在基督運動的頭幾年——就可能形成這樣的觀點：他一直是一個天使，是一個早就存在的神祇。化身基督論就這樣誕生了。

我們將看到，最終化身基督論得到了顯著的發展，並超越了晉升基督論，因為晉升基督論被認為是不夠的，最終還被認定為「異端」。在新約一些較晚出現的著作所含高度肯定耶穌神性的基督論段落中，明確地反駁了早期那些令他們反感的觀點。例

如，歸到保羅名下的《歌羅西書》中的一段內容。

給歌羅西人的書信

我之所以說，《歌羅西書》是歸到保羅名下，因為學者們早就有理由認為這本書實際上是保羅死後一段時間，由他後來的追隨者寫的。[18] 我不會在這裡談論這些理由。但我確實想很快就注意到，這本書包含的基督教觀點，在關於基督究竟是誰的問題上，書中的看法著實令人震驚。特別是 1:15-20 的詩歌部分（或許是另一個成文之前傳說？），學者們一直十分感興趣。這裡把基督說成「不能看見之神的像」（1:15）——明確的暗示猶太教義中說的，「智慧」是神的原質。說基督「是首生的，在一切被造之前」（1:15），還說「萬有都是靠他造的」（1:16）。這裡的「萬有」不僅是物質世界，所有自然和超自然的都包括，「無論是天上的、地上的、能看見的、不能看見的，或是有位的、主治的、執政的、掌權的。」（1:16）。

就像在《約翰福音》的序言中描述那樣，基督是有血肉的「邏各斯」；在這裡，基督是有血肉的「智慧」。事實上，「父喜歡叫一切的豐盛在他裡面居住」（1:19）。我們現在已經進入一個與早期的晉升基督論完全不同的領域。

給希伯來人的信

給希伯來人的書信中，對晉升基督論也表達了同樣的觀點。教廷的神父相信《希伯來書》是保羅寫的，於是將其收錄入《新約聖經》，儘管書中並沒有明確表示作者是保羅，而且我們幾

乎可以肯定不是他寫的。 這本書以一系列驚人的基督論主張作為開頭。 信中指出，基督是「神的兒子」，「承受萬有的」和「〔神〕曾藉著他創造諸世界」（1:2）。 更重要的是，就像「智慧」和「語言」一樣，基督「是神榮耀所發的光輝，是神本體的真像，常用他權能的命令托住萬有。」（1:3）。

這似乎與在《約翰福音》中發現的神靈化身基督論類似——實際上，二者在某些方面非常接近。 但是，這裡還殘存著晉升基督論的一絲痕跡，就像我們在《腓立比書》基督詩中發現的那樣。《希伯來書》中說，耶穌死後「就坐在高天至大者的右邊。 他所承受的名，既比天使的名更尊貴，就遠超過天使」（1:3-4）。 還是和在《腓立比書》中一樣，這是摻雜了後來被提升的神靈化身基督論。

《希伯來書》早期的主題之一是，基督實際上優於所有天使一類的存在（例如，1:5-8；2:5-9）。 在強調這一點時，這位不知名的作者引用了我們在第二章中提到過的《詩篇》45 的段落，其中以色列國王被稱為「神」。 而在此處，這句話指的是基督：「神啊，你的寶座是永永遠遠的」（1:8）。

《希伯來書》想強調，基督比天使優越，一部份是因為它想強調：基督比猶太教的一切都優越——天使、摩西、猶太祭司、猶太大祭司、聖殿中的祭祀，等等。 我們再次面臨一個令人不安的局面； 為了讓基督的地位更崇高，或多或少迫使基督徒在他們和猶太教徒之間埋下了引發不和的種子。 我們在結語中會談到這個問題。

化身基督論之外

　　這足以說明，化身基督論最終取代了晉升基督論，一些作者——如《腓立比書》基督詩的不知名作者，以及給希伯來人寫信的人——提出了一種融合了兩種觀點的新觀點。然而，最終，在宗教傳統中占主導地位的還是化身基督論。

　　但這不是耶穌如何成為神的故事結尾。我們將看到，當神學家們試圖要為含糊的早期主張確定清晰的含義時，事態發生了難以估量的新變化。首先要解決的，是一個顯而易見的問題，對大多數讀者來說，這是一個潛在的障礙。**如果基督真的是神，而神的父親自然是神，那基督徒怎麼能聲稱只有一位神呢？** 不是有兩個神嗎？**如果聖靈也是神，難道不是有三個神嗎？** 如果是這樣的話，基督徒難道不是多神論者，而非一神論者嗎？

　　新約時代之後，圍繞這個問題展開了許多爭論。陸續有人提出各種各樣的解釋，其中一些最終被認定為謬誤的教義和異端。但是，在神學家們試圖完善自己的觀點時，其他的解決辦法推動他們進一步向前和向上，於是，他們以最強有力的措辭確認他們的來之不易的信念：耶穌是神；他不是父神；但，仍是只有一位神。

注釋
1. 參見98-100頁。
2. 查理斯 A.吉申的《天使基督論：前身和早起證據》（萊登：E.J. 布里爾，1998），27。
3. 我應該說，這種認為基督是天使長的觀點，在新約學者中並不是很受歡迎。大部分原因是因為，新約中從來沒有明確地稱基督為「天使」，而是稱他為「人子」、

「主」「救世主」和「神子」。D. G. 鄧恩的《基督論製造中：新約中探尋化身論幻影說的起源》第二版（急流城，密西根州：埃爾德曼斯，1989），在158頁做了相關闡述。最近的研究顯示，基督被視作天使般存在的觀點沒有站住腳，在某種程度上是因為，在早期基督徒看來，這種評價不夠崇高。參見吉中的《天使基督論》。蘇珊 R·格雷特的《非凡天使：聖靈和基督徒關於耶穌的主張》（急流城，密西根州：埃爾德曼斯，1989），158。（康涅狄格州，紐黑文：耶魯大學出版社，2008）。

4. 參見上面的注解。

5. 吉中的《天使基督論》和格雷特《非凡天使》。

6. 格雷特《非凡天使》，11。

7. 參見218-225頁有關《羅馬書》1:3-4的討論。

8. 我應該強調，雖然我稱之為「詩」，實際上古希臘的學者們不認它是詩，因為它不符合韻律。我們不知道平民是否會將其理解為詩歌或讚美詩，因為我們找不到相關記錄。但是不論我怎樣稱呼這段文字，很明顯它的用語比這封信的其他部分更崇高，在英語語法中，我們通常會稱這種崇高的表述為詩歌，無論它是否合乎韻律。

9. 探討最充分，最管為人知的作品是拉斐爾 P，馬丁的《基督讚美詩；腓立比書2:5-11的當代及早起基督教崇拜背景下的解釋》（伊利諾州，道納斯格羅夫；大學校際出版，1997）。

10. 參見拉斐爾 P·馬丁編輯的《基督論起源：腓立比書2中的短文》一書中，詹姆斯D. G. 鄧恩撰寫的「基督、亞當和先存在」一文（肯塔基州，路易維爾：威斯敏斯特·約翰·諾克斯，1998），74-83。

11. 有關沃倫畫德爾的談論，參見阿德拉，盋布羅，科林斯的文章「詩篇，腓立比書2:6-11，以及基督論的起源」《聖經注釋》11（2002）：361-72。

12. 《希伯來聖經》中的神明，YHWH（= Yahweh），希臘語翻譯成Kurios，英語是「Lord」，也就是主。正文中說的萬口必憑我起誓，「我主耶穌」意味著，每個人都知道耶穌和耶和華有一樣的名字。這一點很重要，此外，耶穌始終和父神不同，因為一切都是父的「榮耀」。

13. 全面討論參見羅伯特·朱厄特的《羅馬書：解說》（明尼阿波利斯：堡壘出版社，2007），以及約瑟夫菲茨梅爾（Joseph Fitzmyer）的《羅馬書新譯，導讀加評論》康涅狄格州，紐黑文：耶魯大學出版社，1997）。

14. 在《約翰福音》3中有一個著名的例子，不同的譯者有不同的理解，有人認為3:15（著名的「神愛世人」的前一句）是耶穌說的最後一句，有人認為到3:21都是耶穌說的話。耶穌和作者說話的語氣太像，很難確定哪裡是耶穌或作者的話的開始或結尾。

15. 關於用「詩」這個詞的問題，參見381頁的注釋8。同樣的問題也適用於腓立比書2:6-11。

16. 在許多關於《約翰福音》的批判性評論中，涉及的問題，參見雷蒙德·布朗（Raymond Brown）的經典之作《來自約翰的福音：導讀、翻譯和注釋》卷一（紐約州，戈登城：雙日，1996）。

17. 參見375頁的注釋15。

18. 參見我在《偽造：以神之名-為什麼聖經的作者們和我們以為的不一樣》112-114頁所做的討論，（三藩市：HarperOne, 2011），學術性的擴展閱讀參見我的《仿造和反仿造：文學欺騙在早期季度辯論中的應用》（紐約：牛津大學出版社，2013），171-182。

第八章

《新約》之後：
二、三世紀，基督論走進死胡同

　　在過去的五年裡，我重新迷上了法國電影，我最喜歡的電影
製作人是埃里克・羅默（Eric Rohmer）。 我特別喜歡他拍攝的
《慕德家一夜》（Ma nuit chez Maud，1969 年）和《冬天的故事》
（Conte d'hiver，1992 年）。 在一定程度上，推動這兩部電影情
節的，是一個被稱為「帕斯卡賭注（Pascal's Wager）」的哲學概
念，這個概念是十七世紀哲學家布萊斯・帕斯卡提出的。

　　這兩部電影在主人公探索兩個人關係的過程中，引入了帕斯
卡賭注的概念。 假設一個人在生活中要做出一個決定——做某事
或不做某事。 去做了，即使沒有什麼損失，但成功的機會卻非常
渺茫。 不過，如果成功了，將帶來非常驚人的正向成果。 帕斯
卡賭注說的是： 關於選擇，即使成功的可能性很渺茫，最好還是
選擇冒險去做： 畢竟，不會失去什麼，卻可能獲得極多。

　　當帕斯卡提出這個想法時，與個人關係中的決定無關，就像
在羅默的電影中一樣，而是與神學有關。 對於帕斯卡，這樣一
個啟蒙運動時期的哲人來說，重要的是，決定是否相信上帝的存

在。 上帝存在的機會可能很小。 但是，如果有人決定相信，而結果他是對的，就會得到無與倫比的獎勵；而如果他錯了，也不會有什麼損害。 另一方面，如果他決定不相信，他無法因這個決定而獲得任何好處；但是，如果他錯了，他就會得到真正的殘酷的負面結果（例如，受無盡的懲罰）因此，即使正確的機會可能極其渺小，相信有上帝還是比不相信好。

人們經常對我說，我應該重新找回對基督的信仰，他們的理由便是帕斯卡賭注。 他們的邏輯是：如果我相信基督，如果事實證明基督果真是神的兒子，我可以身受巨大的好處，獲得救贖，如果他不是上帝之子，對我也沒什麼壞處；但是如果我選擇不相信，我可能會面臨巨大的（永恆的）惡果，而且不會獲得任何好處。 所以相信還是比不相信好。

從表面上看，這聽起來可能令人信服，但我認為，我們需要以更開闊的視角，去看待這件事。 這裡的問題是，決定或反對某一特定的宗教觀點，並不像拋硬幣，只有兩種可能的選擇和結果。 世界上有數百種宗教。 你不可能都這樣選擇，因為其中一些是具有排他性的，需要一個人的全部承諾。 由此可見，這與那些認可帕斯卡賭注的人想像的不一樣，我們面對的不是非此即彼的選擇題。

簡單地說，如果你選擇基督教，那就意味著選擇反對伊斯蘭教（這只是一個例子）。 但是，如果穆斯林對神和救贖的看法是正確的，而基督教的觀點是錯誤的呢？ 那麼，認可帕斯卡賭注並選擇基督教，就不再是不會造成任何損失的選擇。

基督教一直是一種具排他性的宗教——這意味著在歷史上，

一個選擇追隨基督的人就不可能是穆斯林、印度教徒或異教徒。
這種排他性不僅阻止一個人成為基督徒和其他教徒；還會阻止一
個人成為不同派別的基督徒，持有不同的基督教信仰。 事實證
明，有許多不同派別的基督徒，其中一些人聲稱：如果你不採納
他們特定的信仰版本，你就不能得到救贖。 據我所知，一些浸
信會教堂堅持說，如果你沒有在他們的浸信會教堂受洗，你就會
迷失方向。 在其他浸信會教堂受洗是不夠的──更不用說在長
老會、路德會、衛理公會，或其他類型的教堂。 像這樣特別保守
的基督教形式，顯然已不是「賭注」以及二選一的問題。 實際
上，選項非常之多，其中任何一個都可能是「正確的」。

　　在基督教中，有一個正確的觀點，有許多錯誤的觀點； 錯誤
的觀點不僅在基督教之外，在基督教內也有； 錯誤的觀點可能導
致一個人直接進入地獄的深處，這種思維並不是現代發明，可以
追溯到教會的早期。

　　這種思維出現在基督紀元第二和第三個世紀。 那時候，一個
人很容易就被人說成是「異教徒」，只要他看待上帝、基督和救
贖的方式與對方不一樣。 而決定誰是對的，誰是錯的，什麼觀點
是正確的，什麼觀點是錯誤的，成為基督教領袖之間壓倒一切的
焦點問題。 這是因為，在新約時代之後，許多基督徒開始認為：
基督是人獲得救贖的唯一途徑。 此外，這種救贖只能通過正確理
解上帝、基督、救贖等來獲得。 因此，早期許多教會領袖一心癡
迷於辨別正確和錯誤的信仰──確定什麼是「正統」（正確）和
「異端」（謬誤）。

早期教會的正統和異端

在基督紀元第二和第三世紀，有許多種關於基督的觀點。耶穌的一些追隨者認為，他是一個人，而不是（天然的）神；一些人則認為他是神，不是人；另一些人認為他是兩個主體，一個是人，一個是神；還有一些人——「贏得」這些辯論的一方——堅稱他同時既是人又是神，但只是一個主體，而不是兩個主體。然而，這些辯論需要放在更廣泛的背景下進行。因為基督徒爭論的不僅僅是基督的身分和本質，還包括當時流傳的各種神學問題。

例如，關於神的爭論。一些基督徒認為只有一個神。其他基督徒認為有兩個神——舊約的神與耶穌的神不一樣。還有人認為有 12 個神，36 個神，甚至 365 個神。有這些觀點的人怎麼可能是基督徒？為什麼他們不去讀《新約》，然後發現自己是錯誤的？答案當然是，那時候《新約》還不存在。

可以肯定的是，所有後來被收集並收錄至《新約》中，以及被認定為聖典的書籍那時候都存在。但除此之外還有許多書——例如其他福音書、書信和啟示錄——都聲稱是耶穌的使徒寫的，並聲稱代表了信仰的「正確」觀點。《新約》中的 27 部書，都是從這些爭論中脫穎而出的，在應該相信什麼，決定哪些書應該被認定為聖經經典的爭辯中，有一方贏得了勝利。[1]

還有涉及範圍極廣的其他辯論。《希伯來聖經》——猶太經文——是真神啟示的一部分嗎？或者它只是猶太人的一本聖典，與基督徒無關？或者更極端，它是由一個較低級的，惡毒的神寫的嗎？

我們生活的世界呢？是唯一真神創造的嗎？或是猶太人的神創造的殘次品（猶太人的神不是基督徒的神）？又或是一個天生邪惡的巨大災難？

今天的大多數基督徒，不會為這些問題感到困擾的原因是：早期基督教的一個觀點，在關於如何信仰和如何生活的辯論中獲勝。勝利的是，堅信只有唯一真神的一方；認為是唯一的上帝創造了世界，稱猶太人為他的子民，並把他的經文賜給他們。這個世界被創造得很美好，但因為罪惡而變得腐敗。然而，最終，神會拯救世界和他所有真正的追隨者。這救贖將通過他的兒子耶穌基督來執行，他既是神又是人，同時也是為拯救所有相信他而死的人。

這種觀點以勝利的姿態脫穎而出，在基督教誕生的前幾個世紀，誰也無法預料會是這樣的結果。但它取得了勝利，成為基督教的主流信仰，一直到現在。在這裡，我要關注的是對基督的看法，特別是關於他被認為是神的那些辯論。

學者們經常把這些神學辯論描述為「正統」和「異端」之間的鬥爭。這些都是相當微妙的詞語，在很大程度上，是因為今天研究基督教的歷史學家使用的，不是它們的字面意思。從字面上講，正統這個詞意味著正確的信仰。異端一詞字面上意味著一種選擇——也就是說，一種不相信「正確信仰」的選擇。異端的同義詞是異教，字面上意味著不同的信仰——也就是說，不同於「正確」的信仰。

歷史學家不是按照其字面意思使用這些詞語的原因是：歷史學家不是神學家（或者，即便他們是神學家，他們不是用神學

的思維在寫歷史）。 神學家也許會告訴你什麼是應該相信的「正確」的教義，什麼事不應該相信的「謬誤」的教義。 但歷史學家──做歷史學家的工作時──並沒有直通神學真理，或瞭解神的眼中什麼是「正確」的許可權。 歷史學家只有探究歷史事件的許可權。 因此，歷史學家可以描述：早期的一些基督徒如何認為只有一個神，而另一些人則認為有 2 個、12 個、36 個或 365 個神； 但歷史學家不能說，其中一個群體的理解是真正「正確的」。

即便如此，歷史學家還是會繼續使用正統、異端和異教等詞語，來描述早期的真理之爭。 這不是因為歷史學家知道哪一方最終是正確的，而是因為他們知道哪一方最終占上風。 最終贏得最多皈依者，並決定基督徒應該相信什麼的一方，被稱為「正統」，因為他們確立了己方作為主流觀點的地位，於是宣佈他們是正確的。 從現代歷史的角度來看，「異端」或「異教」只是一種在辯論中失敗了的觀點。

我之所以要特別強調，是因為如果我在這一章中，把一種觀點描述為正統或異端，並不意味著我認為它是真實的、正確的，或者虛假的、謬誤的。 我指的是成為主流的，或者在爭論中失敗的。

這一章主要是關於在辯論中失敗，後來被稱為異端的觀點； 下一章探討在辯論中獲勝，而被宣佈為正統的觀點。

我從三個異端的觀點開始，這些觀點被新興的正統觀點果斷地排除在外。 這些觀點可以被設定為三種截然不同的理解基督的方式。 一些基督徒否認基督本質上是神； 對他們來說，他「只

是」一個神收養的人。另外一部分基督徒否認基督天生是人；對他們來說，他只是以人的形態「現身」。還有部分基督徒否認耶穌基督是一個單一的存在；對他們來說，他是兩個獨立的存在：一個人，一個神。在競爭失敗下，這三種觀點都走到了神學上的「死胡同」，許多人走上了這些道路，最終卻一無所獲。[2]

否認神性的軌跡

早期關於正統和異端的基督教辯論，最有趣的特點是：最初被認為是「正確」的觀點最終被認為是「謬誤的」；也就是說，最初被認為是正統的觀點，後來被宣佈為異端。最簡單明瞭的，是第一個對基督看法的異端觀點——這一觀點否認了耶穌的神性。我們在第 6 章中曾經提到，第一批基督徒持有的是晉升基督論，他們認為人類耶穌（只是人）被提升到神的地位，擁有神的權威。最早的基督徒認為他在復活時被提升；後來一些基督徒相信耶穌被提升是發生在他洗禮時。

這兩種觀點在二世紀都被認為是異端邪說，當時人們普遍認為，無論別人怎樣評價耶穌，很明顯，他本質上是神，而且一直是神。並不是二世紀基督教作者中的「異端獵人」攻擊了原始基督徒的這些觀點。相反，他們攻擊了他們自己時代中持有這樣觀點的人；而在他們的攻擊中，他們或多或少地「改寫了歷史」，聲稱這些觀點從未被早期使徒或大多數基督徒持有過。他們主張，凡認為基督是人的那派人持有的是自創的觀點，所有真正的信徒應該擊潰他們，拒絕他們的觀點。

伊便尼派（The Ebionites）

在基督紀元二世紀，有幾個團體堅持對基督非常古老的理解，他們認為基督是人，在他受洗時，被神收養。可惜，我們沒有找到任何出自這些團體，詳細闡述他們觀點的著作。恰恰相反，我們的資訊大多來源於「異端 — 獵人」的基督教作者，他們強烈反對那些團體的看法，因此被學者稱為異端學家。如果你所掌握的都是他們敵人的作品，因為反對者的思路是被束縛的，只會攻擊他們觀點，在這種情況下就很難重建一個團體的觀點。但有時我們擁有的只有這些，這裡的情況就是這樣。

學者們早就知道，對於這些主張，只能姑且聽之，不能盡信。但即使如此，一些基督徒似乎真的仍然持有他們的敵人認為屬於他們的觀點。其中一個群體被稱為「伊便尼派」。

伊便尼派受到一些異端學家的攻擊，包括一個我們將會詳細討論的人，即三世紀初的羅馬教會領袖，希波呂托斯（Hippolytus）。在我們的資訊來源中，希波呂托斯被描繪成猶太基督徒——也就是說，認為耶穌的追隨者有必要保持猶太律法和猶太習俗，借此來保留（或獲得）猶太身分的基督徒。這一觀點有一定的邏輯：如果耶穌是猶太人的神派來，要拯救猶太人民，踐行猶太律法的救世主，那麼他信奉猶太教是有道理的，要成為他的追隨者，就要成為猶太教徒。

但是，基督教越來越非猶太化，也是合理的，基督教最終偏離了它的猶太根源，在關鍵問題上開始反對猶太教，我們將在結語中做出更詳細的闡述。

一些學者認為，伊便尼派可以追溯至耶穌的最早追隨者，即

在耶穌死亡後的幾年裡聚集在耶路撒冷的猶太信徒，他們追隨耶穌的兄弟雅各，受他的領導。 就他們的基督論觀點而言，伊便尼派似乎確實同意第一批基督徒的觀點。 根據希波呂托斯在他的長篇著作《反諸異端》（Refutation of All Heresies）裡的描述，伊便尼派堅持認為： 他們可以通過遵守猶太律法成為神的義人，或者通過保持猶太律法來「稱義」，就像耶穌自己「通過踐行律法來稱義」一樣。 那麼，成為神的義人是一個遵循基督榜樣的問題，任何這樣做的人都會成為「基督」，在這種觀點中，基督與其他人「本質」上沒有什麼不同。 他只是一個非常正直的人。 或者正如希波呂托斯所言，伊便尼派「斷言我們的主是一個與所有人（人類家族的其他成員）在同一意義上的人」（《反諸異端》22）。[3]

但在希波呂托斯和他們這些正統教派的人看來，這一觀點與真相差得甚遠。 對他們來說，基督是神——不是因為他被提升到神的地位，而是因為他是一個早已存在的神祇，他一直與神在一起，與神平等，在他降生到這個世界之前便是如此。

希歐多爾托斯派（羅馬嗣子論派）
The Theodotians （Roman Adoptionists）

另一個堅持這種「嗣子論」觀點的團體——認為基督不是天生的神，而是被收養為神的兒子——並非來自猶太人的基督教，而是來自純粹的外邦人。 這是一個被稱為希歐多爾托斯派的團體，以他們的創始人，一位鞋匠的名字命名，他同時也是一位業餘神學家，他們的派別名叫希歐多爾托斯派。 由於他們以羅馬為

中心，學者們有時會稱這個群體為「羅馬嗣子論派」。

　　希歐多爾托斯的追隨者確實認為，基督不同於其他人類，因為他的生身母親是一個處女（因此他們可以接受《馬太福音》或《路加福音》作為他們教派的聖經）。除此之外，正如希波呂托斯告訴我們的，在他們看來「耶穌是一個（純粹的）人」（《反諸異端》23）。由於耶穌是非常正義的人，耶穌受洗的時候，有非同尋常的事發生：上帝的靈臨到他身上，使他有能力行他的重大奇蹟之事。希波呂托斯提出，在對耶穌與上帝關係的理解上，希歐多爾托斯派內部產生了分裂：他們中的一些人堅持認為耶穌是一個「純粹的人」，他在受洗時被上帝的靈附體；其他人顯然相信耶穌在那時成為了神；而另一些人則認為「他從死亡中復活後便成了神」（《反諸異端》23）。

　　對希歐多爾托斯觀點最長的反駁，出自被稱為「教會歷史之父」的尤西比厄斯（Eusebius）的著作。尤西比厄斯長篇引用了一篇早期的文章，抨擊了異端觀點，然而沒有說明作者是誰，這是他在關於教會歷史的十卷著作中，常用的手法。後來一位教會的神父稱這篇文章為「小迷宮」，並表示它是偉大的神學家奧利金（Origen）創作的。奧利金的基督教觀點，我將在下面討論。然而，一些現代學者認為這篇文章是希波呂托斯寫的。無論哪種說法是正確的，這篇文章完成時間都是第三世紀初，針對的是那些堅持「救世主只是人」的嗣子論者。

　　「小迷宮」的作者指出，鞋匠希歐多爾托斯有一個追隨者，是一位「銀行家」，他的名字也叫希歐多爾托斯。該教派的另一位名叫那特利烏斯（Natalius）的成員，被金錢利誘成為該教

派的主教，為了彌補給他造成的麻煩，他每月將收到 150 第納爾（denarii）（這在當時是一筆非常大的數額）。

但是後來，在一件有趣的軼事中，神的行為使那特利烏斯離開了該教派。神給他帶來了一些非常生動的噩夢，在這些噩夢中，他「整晚都被神聖的天使鞭打，備受苦楚，以至於他早早起床，穿上麻布袍子，往自己身上撒了些灰燼，沒有片刻的延遲，匍匐在羅馬主教澤菲利諾斯（Zephyrinus）面前淚流滿面」（尤西比烏斯，《教會史》5.28）。[4]

「小迷宮」的作者指出，希歐多爾托斯堅持他們的觀點——耶穌是完全的人類，不是神，但他被收養為神的兒子——一直是使徒們自己和羅馬大多數教會所教導的教義，直到二世紀末維多主教（Bishop Victor）的時代。據我所知，歷史上希歐多爾托斯派可能持有這樣一個觀點：最早的基督徒相信的，可能就是「耶穌乃是人」的理解。是否一直到他們生活的年代之前不久，大多數羅馬基督徒都持有這樣的觀點，則不是很清楚。「小迷宮」的作者反駁了這一說法，指出在大約 150 年前的羅馬，當時著名的基督教作家殉道者查士丁（justin martyr）持有不同的觀點：「這些中的任何一個基督，都被稱為神。」

在第九章中，我們將看到這位作者是對的：查士丁確實把基督看作一個早已存在的神。但是查士丁寫作的時間與「最早」的基督徒相隔 120 年，他的話當然不能代表大約 100 年前，耶穌死亡不久之後，耶穌追隨者的話語。

值得注意的是，「小迷宮」指責希歐多爾托斯派改變了他們正在傳抄的新約文本，以便將他們自己的嗣子論的觀點插入其

中。這篇文章很有趣，值得引用過來細讀：

> 他們毫不臉紅地把手放在《聖經》上，聲稱已經糾正了《聖經》。大家很快就會知道，我這話並不是存心誹謗他們。如果有人費心收集他們的幾份抄本，並進行比較，他會發現分歧隨處可見；例如，阿斯克萊皮亞德斯（Asclepiades）的抄本與希歐多爾托斯（Theodotus）的不一致。我們能發現的不一致的地方非常多，這是因為弟子們是按他們主人的觀點複製抄寫，或者說歪曲這些文本。這些也與赫莫菲烏斯（Hermophilus）的抄本不一致。至於阿波羅尼德（Apolloniades），他的版本彼此之間不一致；把他的門徒先前抄寫的，與那些經過進一步歪曲的，進行核對，你會發現其中的差異不計其數……他們不能否認，是他們自己造就了這些不合理，因為這些經文都是他們自己的筆跡，他們沒有從他們的第一任老師那裡收到經文，而且他們不能出示任何原件來為他們的抄本辯護。（尤西比厄斯，《教會史》5.28）

這成為基督教前幾百年，正統的「異端獵人」做出的標準指控：為了使經文表達自己想要的意思，異端份子們竄改了經文。但在評估這些主張時需要強調兩點。第一，許多經文實際上的確支持這樣的異端觀點，正如我們在第六章中所看到的，當我們談論晉升基督論時候（例如，《羅馬書》1:3-4；《使徒行傳》13:33）。第二，儘管正統派聲稱這種對文本的操縱是一種異端行為，但在今天倖存下來的新約手稿中，幾乎所有的證據都指向另一個方向，其實是正統抄書員修改了文本，使它們更符合正統的神學利

益。 某些非正統抄書員可能也做過同樣的事，但在我們倖存的手稿中，幾乎沒有證據表明他們曾這樣做。[5]

　　無論如何，這些嗣子論的觀點被第二和第三世紀的正統神學家所拒絕，後者的觀點堅定地推進了神靈化身基督論的陣營，在這個陣營中，基督被理所當然地認為，是一個後來化身成了人的，早就存在的神祇。

否認人性的軌跡

　　我們已經看到，那些持有嗣子基督論觀點的人聲稱，此一觀點代表耶穌的使徒最早的觀點。 當然，每一個團體代表的每一個早期基督教的觀點，都聲稱他們的觀點是耶穌和他的塵世追隨者的原始教義——但在嗣子論這個問題上，他們很可能是正確的。

　　我們現在思考的觀點，與嗣子論在某種程度上是截然相反的： 它認為，與其說基督不是完全的人類，但也不是完全天生的神；不如說基督是完全的神，而不是天生的人類。 最終，這一觀點被貼上了「幻影說（docetism）」的標籤，這個詞來源於希臘語中的「dokeo」一詞，意思是看見或出現。 根據這一觀點，基督並不是一個真正的人，他只是「出現」了。 他實際上完全是神。 對這些信徒來說，神不可能是人類，就像人類不可能是岩石一樣。

　　這種理解也可以追溯到很早的年代，當然不會早於以晉升基督論為基礎的嗣子論。 幻影說的觀點脫胎於化身基督論，出現在一世紀後期，但仍然屬於新約時代。 然而，人們很難把幻影論看作耶穌原始追隨者持有的觀點。 我們已經看到，也許有一些理

由懷疑保羅持有類似的觀點。 保羅確實談到了基督「成為罪身的形狀」（《羅馬書》8:3）以「人的模樣現身」（《腓立比書》2:7），但他從來沒有清楚地闡述他對耶穌的人性之看法。 他確實說基督實際上是「由女子所生」（《加拉太書》4:4），但這聽起來並不像大多數持幻影說的基督徒的主張。

關於幻影說觀點源於新約時代末期的第一份明確證詞，來自於《約翰一書》。 這部不具名著作的作者，傳說是耶穌的門徒約翰，西庇太（Zebedee）之子。 幾乎可以肯定，這本書不是他寫的，書中也沒有聲稱是他寫的。 有一點是明確的，那就是這本書是為了反駁這個作者社區的成員——或者更確切地說是以前的成員——因為對基督存在的性質有不同的看法，他們已經從大群體中分離出來。 那些離開社區去找尋自己的教會之人，不相信基督「進入肉身」；也就是說，他們不相信他是一個真正的血肉之軀。

幻影說信徒反對《約翰一書》

《約翰一書》的作者明確地提到了一群離開了社區的成員，他稱他們為背信棄義者，「那些反對基督的人」：「現在基督的許多仇敵已經出現，因此我們知道終局就要到了。 這班人並不是屬於我們的，所以離開了我們； 如果他們是屬於我們的，他們就會跟我們在一起。 可是，他們走開了，可見他們都不是真的屬於我們。」（《約翰一書》2:18-19）。

從這段文字中可以清楚地看出，基督的反對者曾經在這個作者的教會裡，但他們離開了。 作者認為，他們的思想與留在社區中的人從來都不一樣。 但是，是什麼問題導致他們離開了？

　　在另一處，作者也提到過「基督的仇敵」，這一次他說出了，他們所相信的與他的觀點以及更廣泛的社區成員觀點不同的地方：「你們怎麼辨認神的靈呢？誰公開承認耶穌基督降世為人，誰就有從上帝來的靈。誰不公開承認耶穌，誰就沒有從上帝來的靈；他所有的是「反基督者」的靈（antichrist）。你們聽見過這靈要來，現在已經在世上了。」（4:2-3）。

　　因此，只有那些承認基督「在肉體中」的人，才能被認為是真正的信徒。離開社區的背信棄義者顯然沒有承認。學者們對這篇文章的意義進行了辯論，最容易做出的假設是：那些從社區分裂出來的人否認基督是真正的肉體存在。這也解釋了，為什麼作者會在開頭強調基督是真實的，肉體的，有形的存在：「那起初就存在的生命之道〔話語／邏各斯〕。這生命之道，我們聽見了，親眼看見了；是的，我們已經看見，而且親手摸過。這生命出現的時候，我們見到了；因此，我們向你們見證，並傳揚那原來與父同在，而且已經向我們顯現了的永恆生命。」（1:1-2）。

　　他接著說，他指的是神的兒子，耶穌基督（1:3）。為什麼他要強調基督的觸覺存在，強調他可以被看到、聽到和摸到？是因為「反基督者」否認了這一點。

　　你可能會被這樣一個事實所震驚：《約翰一書》的開篇聽起來有點像約翰福音的開篇，它也以「太初」開頭，也指出給人類帶來生命的是神的話語／邏各斯（《約翰一書》：1-14）。為什麼會如此相似？學者們普遍認為，《約翰一書》的作者就生活在《約翰福音》寫作和傳播的社區。正如我們所見，《約翰福音》的序言強調，耶穌是早已存在的「神的話語」之化身，他既與神同

在，又是神本身。 這樣的化身基督論，是在新約中發現的有關基督的「最高」觀點之一。

我們如何解釋反基督者的觀點也「很高」——認為基督是完全神聖的，根本不是人類？ 一些學者認為，在產生《約翰福音》的社區中，一些信徒把福音書中的基督論觀點推向了極端——或者他們認為是合乎邏輯的結論——並認為耶穌是具有如此多的神性，不可能真正成為一個人。 於是，《約翰一書》為了反駁這一觀點，堅持「耶穌基督進入肉體中」，認為任何拒絕承認他肉體存在的人，實際上都是反基督者。

伊格納修（Ignatius）反對幻影說

《約翰一書》中駁斥的反基督者的觀點，在二世紀的基督教團體中分佈得相當廣泛。 新約時代結束初期，最引人關注的作者之一，伊格納修，對此持反對意見，他是敘利亞安提阿（Antioch）大教堂基督教主教。 關於伊格納修的生平，我希望我們知道的比我們現在掌握的更多。 我們所知道的是，他在西元110年在安提阿被捕，被送到羅馬處決，處刑的人把他扔給了野獸。 伊格納修去羅馬旅程中寫的七封信，倖存了下來。 這些信的內容非常吸引人，是這位基督徒在匆忙中寫下的，他即將成為血淋淋的殉道者。

這些信是寫給各教會的，其中大多數都曾派代表在伊格納修的旅程中與他見面。 由此伊格納修瞭解了這些教會的內部運作，並寫信幫助他們解決問題。 他聽到的主要問題之一是，這些社區中的一些人，在關於基督的本質這個問題上，發生了互相衝突，因為他們的一些成員正在接受幻影說基督論。

　　伊格納修強烈反對那種認為「基督不是以人類的血肉之軀承受酷刑和死亡」的觀點。 人們可以想像，為什麼他如此堅定地反對這種觀點。 因為，如果基督沒有真正經歷痛苦和死亡——也就是說，如果他只是一個沒有真實身體或身體感覺的某種幻影——做為基督的追隨者，伊格納修自己經歷酷刑和死亡還有什麼意義？ 對於伊格納修來說，基督和所有的人一樣。 基督當然也是神。 但他有一個真實的身體，他能感覺到真正的痛苦，他能經歷真正的死亡。

　　因此，伊格納修對他在塔林城（Tralles）的基督教讀者們說，「當有人和你說話時，除了耶穌基督，你們要閉上耳朵」，因為基督「是真正的出生、吃和喝，在本丟‧彼拉多統治時真正地受到了迫害，他經歷了真正的受難和死亡」（《致塔林人書》9）。[6] 他繼續攻擊那些他稱為「無神論者」的人，他給他們貼上「不信者」的標籤，並指出他們「說他似乎只遭受了痛苦（只是一種表象）。」因為如果他們是對的，基督只是表面受苦，「為什麼我要被束縛，為什麼我也要祈禱與野獸搏鬥？ 然後，我徒勞地死去，我為什麼要撒有關『主』的謊言」（《致塔林人書》10）。

　　伊格納修對土麥拿城（Smyrna）的基督徒說了類似的話：「（基督）為了我們的緣故而經受了所有這些事情，以便我們能夠得到救贖； 他真的遭受了……而不是像一些不信者所說的，他只是表面受苦。 他們才是只有外表的人」（《致土麥拿人書》2）。這段話的意思是： 騙人的不是基督，基督並非只是假裝成一個有血肉的人； 不誠實的是那些相信幻影說的伊格納修的對手們。

　　然後，伊格納修說，基督不僅以血肉之軀經歷死亡，他也是

以血肉之軀復活的，事實證明，「在他復活後，和一個有血肉的人一樣，和他們一起吃和喝」（《致土麥拿人書》3）。 基督並不是簡單地偽裝成人類的形式； 相反，幻影說的信徒們才是「人形的野獸。」如果耶穌「只是表面，我也在這表面的鏈條上。 但是為什麼我把自己交給了死亡、火、劍、野獸？」

對於伊格納修來說，既然救贖是對人的身體，就必須以人的身體去體驗； 必須由基督自己真實的身體完成救贖。 否則，它只是一種空洞而表面的救贖。

馬西昂派（The Marcionites）

基督紀元二世紀最著名的幻影說基督論持有者，是一位出色的傳教士和哲學家，名叫馬西昂，他最後被貼上邪教 — 異教的標籤。 在他生活的年代，他是對基督教有很大影響力的人物，他在接受他獨特教義的基督教世界裡四處建立教會。 令人遺憾的是，我們沒有找到任何出自馬西昂之手的作品。 我們只從他那些正統教派敵人對他的反駁中，瞭解那些教義。 不管怎麼說，這些反駁涉及的範圍相當之廣。 我將在後面詳細討論異教徒研究者特圖里安（Tertullian）撰寫的，一部共五卷的反對馬西昂的著作，這部著作一直保留至今。 這部著作是我們瞭解馬西昂這位偉大異端者的主要資訊來源。[7]

與《約翰一書》中提到的反基督者不同，馬西昂不是從約翰的福音書中得到神學提示，而是從使徒保羅的著作中得到的。 他認為保羅是偉大的使徒，只有他理解耶穌的真正意義。 保羅特別強調，猶太人的律法和基督的福音書是有區別的。 對保羅來說，

遵守律法不能使一個人成為上帝眼中的義人；只有相信耶穌的死亡和復活才可以。 馬西昂把律法和福音書之間的這種區別推向了極端，他說，實際上兩者是完全不一致的。 律法是一回事，福音是另一回事。 這是很清楚的，對馬西昂來說，原因很簡單： 律法是猶太人的神所賜予的，救贖是耶穌的神所賜予的。 實際上，這裡說的是兩位不同的神。

即使在今天，還是有一些人——通常是基督徒——認為舊約中的神是憤怒的神，新約中的神是仁慈的神。 馬西昂把這種觀點打磨到了極致。 舊約的神創造了這個世界，稱以色列為他的子民，然後把他的律法賜給他們。 問題是，沒有人能遵守律法。 律法之神不是邪惡的，但他是無情的正義。 違法者就要受到死刑的懲罰。 在舊約中，這是每個人應得的懲罰，也是每個人都受到的懲罰。 另一方面，耶穌的神是慈愛、憐憫和寬恕的神。 耶穌的神差遣耶穌到世上，是要拯救那些被猶太人的神定罪的人。

但是，如果基督屬於高尚慈愛的神，而不是公正的造物主神，那一定意味著他在任何意義上都與造物無關。 因此，基督不可能真的在物質世界出生，也不可能對這個物質世界有任何依戀，這個物質世界是由猶太人的神創造和審判的世界。 所以耶穌來到這個世界，不是作為一個真正的人，真正的出生。 他以一個成年的樣子從天堂降臨，作為一種只以人身出現的幻影。 但這一切都是一種表象，顯然是為了愚弄造物主神。 耶穌的「表象的」死亡被認為是償還世人的罪惡，通過表象的死亡，來自高尚的神之幻影耶穌，設法給那些相信他的人帶來救贖。 但他並沒有真的受苦，也沒有真的死亡。 他怎麼能真的受苦，真的死亡？ 他沒有

真正的身體。所有的一切都是表象。

　　作為回應，正統派中反對馬西昂的基督徒堅持認為：創造世界的與救贖世界的是同一位神；給予律法的神，就是派基督來踐行律法的神；而基督是一個真實的、完全的、有血肉的人，他貌似沒有經歷受難和死亡，但他確實經歷了受難和死亡，流出了真正的血，感受到了真正的痛苦，這樣他就能給那些迫切需要救贖的人帶去救贖。戰勝了馬西昂和其他像他這樣的幻影說基督論者的正統觀點堅持認為：即使基督是神，他同時也是實在的，真實的人。

否認一體的軌跡

　　到目前為止，我們已經探索了基督論的兩個極端——一方面是嗣子論，他們聲稱基督是人，但本質上不是神；另一方面是幻影說基督論者，他們聲稱基督是神，但在本質上不是人類。正如我們將看到的那樣，正統派的立場則聲稱，這場爭端的雙方在他們所確認的和他們所否認的方面都是正確的：基督本質上是神——真正的神——本質上也是人——真正的人類。但他怎麼能既是神又是人呢？

　　其中一個解決方法，被認為是思路完全錯誤的異端邪說：耶穌基督實際上是兩個實體，一個是人類耶穌，神祇暫時寄住在他的身體中，在他死前離開了他。有幾個基督教團體持有這類觀點，現代學者稱之為「諾斯替派」（Gnostics）。

基督教諾斯替派

近年來，學者們對被稱為諾斯替派的宗教現象之性質，進行了長期、艱苦和激烈的辯論。[8] 別的不說，這些辯論已經表明，我們不能再簡單地說，諾斯替教派是一套單一的信仰。事實上，有相當廣泛的宗教團體懷持這種信仰，所有這些團體都可以名正言順地被貼上諾斯替的標籤。甚至有一些學者認為，諾斯替派一詞的定義如此廣泛，以至於它不再具有任何用途。

有人提出了較合理的建議，認為我們需要非常嚴密地定義諾斯替派，只將某一群體稱為諾斯替，並以其他名稱稱呼其他類似的群體。由於這不是一本關於諾斯替派的專著，因此我不會詳細介紹這些學術分歧，儘管它們很重要。我將簡單地指出我所說的諾斯替派是什麼意思，並對在倖存的諾斯替文本中發現的那種基督論觀點，進行簡短的討論。

諾斯替派這個詞來自希臘語中的知識一詞，「gnosis」。我們已經看到，基督教諾斯替派堅持說，救贖不是通過對耶穌死亡和復活的信仰，而是通過對向基督的追隨者透漏有關基督秘密的真正「知識」來實現。幾個世紀以來，我們只能從針對諾斯替派基督教的一些研究者，如伊雷奈烏斯（Irenaeus）、希波呂托斯和特圖里安的著作中，間接瞭解諾斯替派。

我們現在知道，即使我們謹慎地對待這些異端獵人的報告，並以嚴格的批判性的眼光看待它們，它們仍然會對我們正確認識諾斯替派觀點的性質產生誤導。我們知道這一點，是因為已出現了諾斯替派親自撰寫的著作。現在，我們可以看到諾斯替派是怎樣描述他們教派觀點的。

在現代，關於這類著作最重要的發現，是埃及農民在拿戈瑪蒂（Nag Hammadi）鎮[9]附近挖土施肥時，發現的一系列書籍。這一系列著作被稱為「拿戈瑪第經集」。其中包含十三部古代文本選集，大多數是由諾斯替信徒為諾斯替讀者創作的諾斯替派作品。這些書一共包含52篇文章——如果把重複的去掉，是46篇。它們是用被稱為科普特語（Coptic）的古埃及語言所書寫；很明顯這些書最初都是用希臘語寫的，所以倖存的抄本是後來的翻譯版。包含這些文章的書籍是在基督紀元四世紀製作的；而文章本身的創作時間要早得多，可能是基督紀元二世紀。

當今學術界對這些書的研究隨處可見。我只以我們的目的為出發點，簡要地總結一下這些文本中提出的基本觀點，來幫助我們理解諾斯替派基督徒們持有的基督論。

諾斯替派基督徒不認為這個世界是唯一真神所創造的，這使他們的觀點與馬西昂派大致類似。但是，與馬西昂派不同的是，諾斯替派對世界是如何產生的，給出了豐富的神話解釋。他們認為，世界的起源可以追溯到永恆，那時候存在一個由無數神祇組成的神界。在某一時刻，發生了一場宇宙大災難，導致這些神聖的存在不再完美，不再完整。其中一個或多個較低級、不完美而（通常被視為）無知的神，創造了我們居住的這個物質世界。

諾斯替派的文本中，沒有解釋這一世界起源觀點背後的邏輯，但是探尋起來並不難。有人真的想把這個充滿如此多苦難和痛苦的世界之責任，歸諸一個真正的神嗎？這是一個有颶風、海嘯、洪水、乾旱、流行病、天生缺陷、饑荒、戰爭等等的世界。這個充滿痛苦和絕望的深淵，當然不是一個善良而強大的上帝創

造的。 世界是一場宇宙災難，宗教的目標是逃離這個災難的世界。

根據諾斯替派的說法，世界是一個囚籠，神聖的火花起源於神界，但被困在塵世。 這些火花想要並需要逃出他們的物質陷阱。 只要他們瞭解自己到底是誰，從哪裡來，如何來到這裡，如何能夠返回，便可以逃脫這個陷阱。

你可能會疑惑： 這與基督教有什麼關係？然而，根據基督教諾斯替派的說法，這種對世界的看法，是基督親自傳授的。 基督是一個來到世界傳授天國秘密的人，知曉了這些秘密，就能解放包裹在物質中的神聖火花。

「分離派」基督論

顯然，一些諾斯替派持有的是幻影說，即基督——不屬於這個邪惡的物質世界——以一個幻影的形式來到這個世界，就像馬西昂說的那樣。 不應該認為馬西昂本人屬於斯諾替派； 他認為只有兩個神，不是有許多神； 他不認為這個世界是宇宙災難，也不認為是舊約中神的造物； 他不認為神聖的火花存在於人類的身體中，可以通過理解真正的「知識 Gnosis」來釋放它們。 此外，他的幻影說觀點不是典型的諾斯替觀點。 大多數斯諾替派不認為基督是完全的神，而不是人。 他們認為耶穌基督是兩個實體： 作為人的耶穌，暫時被神靈附體。 對他們來說，耶穌和基督之間存在一種「分離」。 我們可以稱之為「分離派」基督論。

由於作為人的耶穌是如此的正直，故而來自天國的神祇在他接受洗禮的時候進入他的身體。 這就是為什麼聖靈在那個時間點

降在耶穌身上，「進入」他，就像《馬可福音》說的那樣（《馬可福音》1:10 的字面意思）。 這就是為什麼他從那時可以開始施行他的奇蹟——而不是更早——宣揚他那了不起的教義。 但神當然不能受難和死亡。 所以，在耶穌死在十字架上之前，神聖的元素離開了他。 一些諾斯替派基督徒聲稱，這正是耶穌的最後一句話：「我的上帝，我的上帝，你為什麼離棄了我？」（《馬可福音》15:34 的字面意思）。 耶穌被他的神聖元素遺棄在十字架上。

《拿戈瑪第經集》中，最支持這種諾斯替分離主義基督論的一部書，是我們在第五章中提到過的《科普特彼得啟示錄》，據說這部書是由耶穌最親密的門徒彼得撰寫的。 在文本的最後一部分，彼得說他正在和救世主耶穌說話，他突然看到一個和基督一模一樣的人被敵人抓住釘在十字架上。 彼得很困惑，問基督：「主，我看見什麼了？他們帶走的是你自己嗎？」[10] 然後，他的困惑有增無已，因為他在十字架上又看到了另一個基督的身影，他沮喪地問：「這個在十字架上面開心大笑的人是誰？他們在釘的是另一個人的腳和手嗎？」（《彼得啟示錄》81）。

基督回答說：十字架上面的人是「活著的耶穌」，被釘在十字架上的人「是他的身體部分」。 因此，有身體的人類耶穌和「活著」的耶穌之間存在著一種徹底的分裂。 據說身體是「惡魔的家園，以及他們居住的黏土容器，屬於易羅欣（神）」。 肉體耶穌屬於這個物質世界，以及創造這個世界的低階之神。 然而活著的耶穌不屬於此神：「但站在他身邊的人是活生生的救世主，他們只抓住了他的原始部分。 真正的他已經解脫桎梏了。 他高興地站在那裡看著那些迫害他的人。」

換句話說，神聖的元素——活的基督——已經從它的物質外殼中解放出來了。為什麼活著的耶穌覺得這一幕如此有趣？「因此，他嘲笑他們缺乏知覺，他知道他們生來就是瞎子。事實上，一個人必須保持痛苦，因為身體是替代品。但被解脫的是我的非物質身體」（《彼得啟示錄》83）。

這裡說的便是分離主義基督論。「真實的」基督，「活的耶穌」，只是暫時居住在身體上的神聖元素。身體是這個較低級的部分，即「惡魔的家」，被釘在十字架上。不是垂死的耶穌帶來救贖；救恩是通過活著的耶穌帶來的，他不會受痛苦的影響，也不會死。

那些不明白的人，認為重要的是耶穌的死亡，然而，他們是基督在此嘲笑的對象。顯然，受嘲笑的包括教會領袖，他們堅持認為，帶來救贖的是耶穌真正經歷的痛苦和死亡。對於這位諾斯替作家來說，這些教會領袖不僅誤導了信徒，而且是個笑話。

但諾斯替派沒有能笑到最後。由於各種複雜的社會、文化和歷史原因，基督教的諾斯替派並沒有成功贏得大多數基督徒皈依他們的教派。最後贏得勝利的是伊雷奈烏斯、希波呂托斯和特圖里安這類的正統派作家。這些正統派的作者攻擊諾斯替派基於一套分裂的神學信仰所持的分裂觀點：正統教派指控諾斯替派將真正的神與造物分開，將人體與靈魂分開，將耶穌與基督分開。

但他們認為，實際上，神創造的這個世界確是痛苦之地，但不是因為這個世界生來便是邪惡的，而是因為罪惡才墮落至此的。這不是神的錯。神創造了人類的身體和靈魂，人類的身體和靈魂也終將得到救贖。真神把他的兒子送入世界，不僅僅是以

人類肉體的外表，也不是臨時寄住在人類的身體中。 上帝只有一個，上帝之子也只有一個，他的身體和靈魂，肉體和靈魂，人性和神性是一體的。

早期基督教異端-正統派

在第二世紀末，大多數基督徒沒有接受嗣子論、幻影說或諾斯替派的觀點。 所有這些觀點被廣泛認為是神學的死胡同，或者更糟糕，是可能導致永恆詛咒的神學異端。 至少在下個世紀，大多數基督徒接受的，也就是整個基督教世界的主流觀點是：

基督是一個真正的人，他也是真正的神，他既是人又是神，但他不是兩個獨立的實體，而是一個。 不過，怎麼可能呢？如果他是人，他又是哪個意思上的神？如果他是神，他在哪個意思上是人類？這是基督教思想家不得不解決的神學難題。

他們確實花了很長時間才找到解決方案。 在確定這個解決方案之前，基督教思想家曾提出了不少方案，這些方案在當時可能似乎是恰當且令人滿意的，但從長遠來看，這些方案因為不夠恰當，無法令人滿意，甚至被判定是異端邪說，而遭到拒絕。 這是基督教傳統不折不扣的反諷之一： 大多數人同時持有的觀點，或至少是被廣泛認為完全可以接受的觀點，最終卻被拋棄； 隨著神學的發展，爭議變得越來越微妙和複雜，結果這些早期的多數意見被視為異端而遭到譴責。

我們已經看到基督教信仰的原始形式，晉升基督論的下場。 到了二世紀，晉升基督論被廣泛認為是異端邪說。[11] 二世紀後來對基督性質的解讀方式，在他們的時代是可以接受並占主導地位

的，但再發展下去，這些論述也開始被懷疑，甚至遭到唾棄。

　　由於這些後來的解讀包含了正統教派最關心的問題——認為耶穌即是神又是人，而且是一個主體，不是兩個——但後來還是被譴責為異端，故而，我為他們發明了一個新的術語：異端正統派（hetero-orthodox）（實際是「其他—正統派」）。我認為，其中的兩種解讀方式，在後來基督論思維的形成中，扮演了重要角色。

模態說（modalism）

　　首先，這一觀點顯然是三世紀初大多數基督徒持有的——包括教會中最著名的基督教領袖，羅馬教會的主教（即早期的「教皇」）。現代學者有時稱之為「模態說」。

　　在這一時期，基督徒廣泛持有的是兩種不同的觀點，對其他人來說，這兩種觀點從表面上看是相互矛盾的。首先是一神論：只有一位神。馬西昂認為沒有兩個神，或者斯諾提認為有一個由諸神組成的完整的神界。這兩位都主張只有一位唯一的神。第二種觀點是：基督是神。基督不只是一個人，他不是像晉升基督論（現在看來是原始的基督論）理解的那樣，被收養而得到神的權威。他是一個早已存在的神，在某種意義上，他的本質是神。但若父神是神，基督是神，怎能能說只有一位神呢？

・模態說的觀點

　　模態說基督論解釋了這個問題。持模態說觀點的基督徒認為：基督是神，上帝是神，因為他們是同一個神。在那些持這

一立場的人看來，神以不同的存在模態（因此稱為模態說）存在，作為父，作為子，作為聖靈。這三者都是神，但只有一個神，因為這三個不是彼此不同的，而是相同的東西，只是不同的存在模態。

　　我通過類比解釋一下：雖然我只是一個人，在不同個關係中我是不同的人。在我與父親的關係中，我是兒子；在我與姐妹的關係中，我是兄弟；在與女兒的關係中，我又成了父親。我是兒子，我是兄弟，我也是父親。並不是有三個我，只有一個我。神就是如此。他只是表現出了父、子、靈的身分；但只有一個他。

　　根據希波呂托斯的說法，這一觀點是由羅馬一位名叫卡利斯圖斯（Callistus）的主教（217 年到 222 年間的主教）提出的：「父不是一個人，子不是另一個人，他們是同一個人。」此外，「那是一個人，不是兩個人」（希波呂托斯，《反諸異端》7）。

　　模態說的結論，既明確又直截了當：「因此，如果我承認基督是神，如果他確實是神，他就是父；基督受難，他是神；因此，父也受難，因為他是父」（希波呂托斯，《駁諾伊丟斯》（Against Noetus）2）。或者作為一個對手，特圖里安說，「魔鬼」提出了進一步觀點，即「父自降入處女，成為她的親生子，他自己遭受了痛苦，實際上他就是耶穌基督」（《駁派克西亞》（AgainstPraxeas）1）。[12] 模態說觀點的反對者，有時譏諷地稱模態說為「聖父受苦派（patripassianists）」——是指那些堅持認為父（拉丁語，pater）是遭受痛苦的人（拉丁語，passus）。[13]

　　可以想像，這一觀點的支持者會說他們的教義來源於聖經。

例如，《以賽亞書》44:6，上帝宣告：「我是首先的，我是末後的，除我以外再沒有真神！」這裡的意思肯定是除了舊約的神，沒有其他真正的神。 但同時，使徒保羅在《羅馬書》9:5 中提到「基督……在萬有之上，永遠可稱頌的神。」如果只有一位神，而基督是神，那麼基督就是舊約的神。 子神、父神是一位神，不是兩個獨立的存在，而是同一個存在。

那些擁護這一觀點的人，攻擊任何認為基督可能是一位區隔於父神的神。 正如希波呂托斯所言，模態說基督徒反對他的觀點——兒子和父親是兩個獨立的存在——他們「稱我們為兩神的崇拜者」（《反諸異端》6）。 或者，如特圖里安所說，「他們不斷拋出言論反駁我們，說我們是兩神和三神的傳道者，他們卻大剌剌地說自己是一神崇拜者」（《駁派克西亞》3）。

難怪模態說的理解方式如此流行。 希波呂托斯頗為惱怒地指出： 這不僅是羅馬主教持有的觀點，而且它「給全世界所有的信徒，帶來了巨大的困惑」（《反諸異端》1）。 特圖里安承認，「大多數信徒」很難接受他的觀點，而較喜歡模態說的觀點（《駁派克西亞》3）。

但希波呂托斯和特圖里安不是容易被打敗的對手。 恰恰相反，他們是厲害的辯手，他們的攻擊不僅針對像馬西昂派和諾斯替派這類「明顯的」異端邪說，還針對那些貌似正統的人士，這些正統派人士肯定了基督的人性和神性，但仍然堅持自己立場的邏輯，形成了自己的一種異端邪說。 爭辯的結果是，羅馬教會的領袖之一希波呂托斯與一群志同道合的基督徒一起退出了大教堂，被選為一個派系的主教。 他是歷史上第一位偽教皇。 在這

個角色上，他則認為自己是正統的宣導者，並認為得到更廣泛認可的羅馬主教是異教徒。

特圖里安是來自重要的北非迦太基教堂的著名作者。 他是眾所周知的基督教護教論者（即信仰的捍衛者，反對異教智識份子的攻擊），異端學家，散文家，以及全方位的辯論家。 他是三世紀早期最重要的神學家之一，他與模態說持有者進行複雜的論戰，使他發展出了自己的神學觀點。 在你來我往的爭辯中，特圖里安成為第一個用「三位一體」來解釋聖父、聖子、聖靈關係的基督教作者，主張雖然合在一起是一體，但彼此區隔時是三個。

·希波呂托斯和特圖里安的反對

關於模態說的缺點，希波呂托斯有很多話要說，但大部分可以歸結為一個基本的觀點： 經文中描述基督是區隔於父神的獨立存在，所以他們不是一體，也不一樣。 例如，《約翰福音》1:18 說，「從來沒有人看見神，只有在父懷裡的獨生子將他表明出來。」顯然，基督不可能在他自己的懷裡。 在《馬太福音》11:27 中基督說：「一切所有的，都是我父交付我的。」顯然不是他自己把這些東西給自己。 有時，希波呂托斯用希臘語法來助推自己的觀點： 在《約翰福音》10:30 中，耶穌說，「我和父原為一。I and the Father are one」希波呂托斯指出——在古代等於是說「一切取決於單詞的意思」——這句話中使用的介系詞是複數形式 are，而不是單數形式 am。 耶穌沒有說「I am the Father 我是父親」或「he Father and I am one」，他說「the Father and I are〔複數形式〕 one。」

更有說服力的是特圖里安的尖刻評論，跟那個時代任何一位善辯者相比，誰也做不到像特圖里安那樣，用惡毒的機智攻擊對手，絲毫不覺得良心不安。他嘲笑那些說父神「自己使自己成為自己的兒子」的人：

擁有什麼和成為什麼不是同一件事。例如，為了成為一個丈夫，我必須有一個妻子；我永遠不能成為我自己的妻子。同樣，為了成為一個父親，我必須有一個兒子，因為我永遠不能成為我自己的兒子。為了成為一個兒子，我必須有一個父親，因為我永遠不可能成為我自己的父親。（《駁派克西亞》10）

如果我非要當自己的兒子，我自己就是父親，我現在就不能有兒子，因為我是我自己的兒子。但由於我沒有兒子，我是我自己的兒子，我怎麼能是父親呢？我必須有一個兒子，才能當父親。所以我不是兒子，因為我沒有一個生兒子的父親。（《駁派克西亞》10）

在這裡，我們有一個異端教義版本的艾博特與科斯蒂洛（Abbott and Costello）的《誰在一壘》（Who's on first）。特圖里安，也像希波呂托斯一樣訴諸經文：

我在一篇文章中看到，父親對兒子說：「你是我的兒子，今天我生了你。」如果你想讓我相信他們是父子，除非給我看另一篇文章：「神對自己說：『我是我自己的兒子，今天我生了自

己。』」（《駁派克西亞》11）

・三位一體產生的教義

　　儘管希波呂托斯和特圖里安大力攻擊了模態說的立場，但他們想保留最初創造它的神學基礎。他們和那些堅持模態說的反對者一致認為基督是神，天父是神，但仍只有一位神。為了保留這一觀點，而且拒絕模態說，希波呂托斯和特圖里安提出「神的秩序」這一概念。這裡的秩序一詞，與指貨幣體系的「經濟economy」是同一個詞，但不是一個意思，這裡指的是一種組織關係的形式。在「神的秩序」中，有三個位格——聖父、聖子和聖靈。這是三種不同的存在，但它們在意志和目的上是完全統一的。我們將在下一章中看到，到最後很難保留這樣的神學理解，因為它是矛盾的：三個是一個。希波呂托斯表達了他對「秩序」的看法：

　　聖父確實是一個，但有兩個人，因為還有聖子；然後有第三個，聖靈。聖父施令，話語執行，聖子信仰聖父，來呈現一切……下令的是聖父，遵循的是聖子，理解的是聖靈。聖父在一切之上，聖子經歷一切，聖靈在一切之中。除非相信聖父、聖子、聖靈，否則我們無法想像只有一位神。（《駁諾伊丟斯》14）

　　希波呂托斯稱這三合一的神為「三合（triad）」。我前面提到過，特圖里安稱之為「三位一體」（Trinity）。在他看來，「唯一真神有一個兒子。神的話語，出自神自己，萬物都是由話

語所造的。」這個兒子是「人，也是神；既是人子，也是神子」（《駁派克西亞》2）。在這裡，很明顯「人子」不再是啟示錄中的專有名詞，而是指代人，至於「神子」，則是指代神。

對於特圖里安來說，聖父、聖子之間的關係是在「神的秩序」中建立起來的，在這種秩序中，聖靈起著獨特的作用。這種「將統一劃分為三位一體，按照他們的順序排列三個位格——聖父、聖子和聖靈；三個位格的分別，不是在狀態上，而是在等級上；不是在實質上，而是在形式上；不是在權力上，而是在領域上；但他們狀態、實質和權力是合一的，所以他是唯一的神」（《駁派克西亞》2）。

特圖里安接著強調，三位一體中的三「是數字但不是分裂」，後來他指出，這是基督徒堅持的「信仰規則」：「一個聖父，一個聖子，一個聖靈，他們彼此不同。」差異並不意味著分離：「他的差異不是通過分裂體現的，而是通過區分體現的；聖父與聖子不同，是指他們的存在模式彼此不同」（《駁派克西亞》9）。

儘管希波呂托斯和特圖里安正在向三位一體的正統教義邁進，但他們還沒有到達那裡。有些人很清楚我這句話的意思，只要他熟悉下一章我們要探討的四世紀的辯論，以及讀過特圖里安這段話：「因此，聖父不同於聖子，聖父比聖子偉大，因為聖父生而為父，聖子生而為子」（《駁派克西亞》9）。後來的正統神學家會發現，這種觀點完全不恰當。在強調父親比兒子「更偉大」時，特圖里安表達了一種觀點，這一觀點後來被視為異端。在基督教教義形成的早期，神學發展沒有停滯不前。隨著時間的推移，它不斷進步，變得更加複雜、精緻。

亞歷山大的奧利金的基督論

（The Christology of Origen of Alexandria）

亞歷山大的奧利金是早期思想家中思維最清晰的，他是四世紀大辯論之前，最偉大的基督教神學家。雖然在他生活的時代，他是一個正統派思想家，但是到後來的幾個世紀他也被視作異端，遭到了譴責。

奧利金在埃及的亞歷山大出生成長，他非常早慧。在還很年輕的時候，他就被任命為教育皈依者學校的校長，那是一所著名的教導學校。他才華橫溢，學識淵博，閱讀廣泛。他也是令人難以置信的多產作家。根據教會神父哲羅姆（Jerome）的說法，奧利金撰寫的聖經評論、論文、宣道稿和信件總計約兩千份之多。[14]

奧利金對神學領域進行了深入研究，這些領域，還沒有被任何與他有共同信仰的前輩研究過，因此他提出了許多獨特和極具影響力的觀點。後來的神學家質疑他的正統性，認為他的觀點朝錯誤的方向發展，以至導致主要神學派系出現分裂，引發了著名的阿里烏爭論（Arian controversy），這個問題我會在下一章討論。他鑽研的是一片神學上的處女地。他認可當時的正統觀點——包括聲稱基督同時既是神又是人，但「他只是一個主體，並非兩個」的神學觀點。奧利金致力於研究的教義，把基督帶進了之前從未被探索過的神學領域。

在他豐富的著作中，最有趣的是一本題為《論第一原則》（On First Principles）的書，這本書的創作世間是西元 229 年前

後，他當時才四十多歲。這是後人所見對神學系統化的第一次嘗試，也就是找到一種處理教會中主要神學觀點的方法。這種方法既要能夠確定「所有」基督徒應該相信什麼，又要能夠推測出如何理解當時正統思想家尚未制定規則的大量灰色區域。

奧利金在他的書中強調，基督應該被理解為神的智慧，一直與父神同在（因為神一直是智慧的），沒有起點。基督同時也是神的話語，因為他負責向世界傳達與神的智慧相關的一切。對奧利金來說，基督不僅是一個早已存在的神祇；他總是和神在一起，因為他是神的智慧和話語，所以他自己天生就是神，而且一直是神。上帝通過他創造萬物。

因此，這自然就出現了一個問題，「這屬於神的，全能的力量」如何才能成為一個人，而「存在於那個出現在猶太的耶穌行誼中」（《論第一原則》2.6.2）。[15] 奧利金對化身的問題心懷敬畏：「人類的理解如此狹隘，所以才會困惑；對如此偉大的奇蹟感到驚訝，不知該轉向何方，不知該堅持什麼，不知該把賭注下在何處。因為，如果你把他理解為神，看到的卻是一個人；而如果你把他理解為一個人，卻會看到一個人在征服死亡王國後，帶著戰利品從死亡中回來」（《論第一原則》2.6.2）。

這位神到底是怎麼變成人的？在成為人類時，難道神性沒有消滅嗎？一個人如何在繼續作為人的前提下，成為神？奧利金的解決方案，正是最終使他受到異端指控的想法之一。他開始相信靈魂的存在。在這種觀點中，不只是基督以人的形態出現在世間，而且所有人都是如此。[16]

奧利金堅持認為，在遙遠的過去，回溯到永恆，神創造了無

數的靈魂。 祂創造這些靈魂是為了與神的兒子，也就是神的話語
和智慧，一起思考一起行動。 但幾乎所有這些靈魂，都沒有像當
初設計的那樣發展，他們不再敬慕地注視神的語言和智慧，反而
墮落了。 有些墮落得比其他的更遠。 那些落得最遠的，變成了
惡魔。 那些落得不遠的，成了天使。 那些介於兩者之間的，變
成了人類。 成為惡魔、人類或天使，是對靈魂的一種懲罰。

這就是為什麼這三種生靈之間存在等級和界限，其中一些比
另一些強大。 在人類中，這就是為什麼有些人生來就有天生缺陷
或生活中的缺點。 這不是因為神在對待人的方式上反覆無常；而
是因為有些人在成為人類之前所犯的罪，遭受到了更大的懲罰。

然而，在所有靈魂中，有一個靈魂沒有墮落。 對這個靈魂的
理解，是奧利金基督論的關鍵。 這個靈魂堅持對神的話語和智慧
保持絕對忠誠，處於一種不斷沉思的狀態，「在一個不可分割和
不能分解的結合中」，不斷的沉思對這個靈魂產生了深遠的影響。

奧利金所能描繪的最好比喻是：把一塊鐵放到燃燒著烈焰的
熾熱的煤中。 過了很長一段時間，鐵雖然不是火，卻具備了火的
所有特性。 觸摸它的效果和觸摸火一樣。 此即這個靈魂所發生
的事。 它「永遠在話語中，永遠在智慧中，永遠在神中」，實際
上，它變成了「行為、知覺和思想上的神；因此你不能說它是可
改變的，可變化的，因為通過不停的燃燒，它與神的話語已是一
體，永不可改變」（《論第一原則》2.6.6）。

這個靈魂是神與其他墮落的靈魂建立聯繫的途徑，作為懲
罰，墮落的靈魂已經成為人類。 這一個靈魂，則完全注入基督、
神的話語和智慧，而成為一個人類。 既然它與神「為一」（就像

火中的鐵），在它的化身狀態，也就是人類耶穌，故稱他為神的兒子、神的智慧、神的力量、神的基督，也是正確的；而既然它是人類，它就可以被命名為耶穌，並被稱為「人子」。

耶穌基督怎麼能一方面有一個理性的靈魂，就像所有其他人類一樣，但仍然是神的兒子在世間的化身形式呢？這是因為「這個屬於基督的靈魂，選擇了熱愛正義，由於它的愛是無限的，所以正義不可改變、不可分割地依附於它；結果是，由於目標的堅定性、愛的無限性，以及不能磨滅的愛的溫暖，所有易發生變化或改變的可能性都被摧毀了，所有依賴於這種意志的都被長時間影響，變為天性了」（《論第一原則》2.6.5）。

解讀基督的化身和本質，如果細細揣摩，這其中意蘊無比深奧微妙。關於理解基督既是人又是神，這是最先進的早期嘗試。但隨著神學家努力完善他們的觀點，並排除任何他們認為異端或近似異端的觀點，這種觀點不久之後仍然被拋諸腦後。[17]

早期基督論的死胡同和康莊大道

當二、三和四世紀的異端學家，談論「異端」時，他們認為在他們中間存在的威脅就是「異端」，於是他們就會把他們眼中的異端描述為受惡魔啟發的，邪惡的虛假傳播者。實際上，幾乎沒有異端在當時或後來認為自己是「異端」，在這個意義上，古代異端學家是用這個詞指稱那些傳播錯誤觀點的人。但沒有人認為他們自己在傳播錯誤的觀點，就像沒有人認為他們的觀點是「錯誤的」一樣；他們相信，任何認為他們的觀點是錯誤的人都會改變自己觀點，然後他們就會變成正確的。根據定義，幾乎每

個人都認為自己的觀點是「正統的」，至少在神學意義上是「正確的教義」。

這就是歷史學家在主觀的神學問題上，為什麼不使用異端、異教和正統這些詞，來描述哪些觀點是正確的，哪些是錯誤的。畢竟人們總是認為他們是對的。因此，歷史學家在中立的意義上使用這些術語，來描述那些最終被大多數信徒，或至少大多數教會領袖，宣佈為真理的觀點，以及那些最終被宣佈為虛假的觀點。

但是，由於每個在早期教會中提出某一種或另一種觀點的人，都認為他們的觀點是正確的，所以幾乎沒有理由認為，任何人想通過提出他們的觀點來造成傷害。事實上，在早期教會中，我們所知道的每個人，都相信他們是在做正確的事情，並打算正確地理解基督教的秘密。但歷史並不是一直對善意給予仁慈的。

基督徒想要肯定某些信仰。但在某些情況下，如果這些肯定被推到了極致，他們就不允許基督徒肯定其他基督徒想要肯定的其他信仰。例如，我們已經看到，一些基督徒想肯定基督是人，但他們總是做得過分，到了拒絕承認他是神的地步。其他人想確認基督是神，他們做得也過分，以至拒絕承認他是人。其他人試圖通過聲稱他是兩種不同的主體，來解決這個問題：他的一部分是人，他的一部分是神；但這種解決辦法沒有帶來和諧統一，反而帶來了分裂和不統一。其他人想肯定的是：既然只有一位神，且只有耶穌一位神來到世間，那麼耶穌就是那唯一的神。但這個解決方案最終導致基督徒說耶穌生自己，是自己兒子的父親，以及其他同樣令人困惑的構想。

　　當時的一些超級學者，例如奧利金，試圖以更複雜的方式解決問題，但這些觀點後來導向的，也是被認為令人反感的想法，例如，我們所有人都有早就存在的靈魂，作為一種受懲罰的形式，被帶到這個世界。

　　我應該強調，這些問題不僅僅是一群殫心竭慮的基督教神學家在玩的智力遊戲。這些問題對普通基督徒來說也很重要；不僅僅是因為他們想讓自己的信仰「正確」，也因為他們想知道如何正確地從事禮拜。[18] 耶穌應該被禮拜嗎？如果應該，他是應該被奉為正神，還是次要的神？還是說，唯一應該崇拜的是父神？人應該崇拜創世的神，還是其他的神？如果耶穌要被崇拜，父神要被崇拜，那麼如何不得出基督徒崇拜兩個神的結論呢？

　　在所有這些辯論中，我們看到基督教思想家試圖釐清這一切，以便確認他們的福音真理。結果與其說是混亂，不如說是相當微妙和複雜。最終，有一個基督論脫穎而出，它確認了原先異端邪說的幾個方面，但同時拒絕否認異端所否認的一些方面。於是**關於耶穌是如何成為神的，最終得到肯定的基督論，卻導致了一個極度精緻，卻又極度矛盾的解讀**。

注釋

1. 參見我在《遺失的基督論：為聖經和我們從未知曉的信仰而戰》中所做的討論，（紐約：牛津大學出版社，2003）。
2. 在基督教邊緣群體中的這些異端邪說，其中一些在歷史上的不同時間，不同地點，重新出現；但正統教派一直認為他們走的是邪路。
3. J. H.麥克馬洪（J. H.Macmahon）譯，亞歷山大‧羅伯茨（Alexander Roberts）和詹姆斯‧唐納德森（James Donaldson）編輯的《前尼西亞的基督教文庫》卷五（重印：麻塞諸塞州，皮博迪：亨德里克森，1994）。
4. G. A. 威廉森（G. A. Williamson）譯版《尤西比厄斯：從基督到康斯坦丁時期教會史》（倫敦：企鵝圖書，1965）。

5. 這是我另一本書中的論點，《聖經的正統化更改：早期基督論之爭對新約文本的影響》（紐約：牛津大學出版社，2011）。

6. 所有與伊格納修有關的翻譯均出自勒布古典圖書館版本的《宗徒教父》卷一（麻塞諸塞州，劍橋：哈佛大學出版社，2003）。

7. 關於馬西昂的經典研究之作是阿道夫・馮・哈納克（Adolf von Harnack）的《馬西昂：外來神的福音》，約翰 E・史蒂利(John E. Steely)和賴爾 D・比爾瑪（Lyle D. Bierma）譯（北卡羅來納，特勒姆：迷宮，1990；德文原本第二版，1924）。更現代的觀點參見我的《遺失的基督論》103-9。

8. 參見凱倫・金（Karen King）的《什麼是諾斯替主義》（麻塞諸塞州，劍橋：哈佛大學出版社，2003）；邁克爾 A・威廉姆斯（Michael A. Williams）《重思諾斯替：分解存疑類別的論點》（新澤西，普林斯頓：普林斯頓大學出版色和，1996）；以及大衛・布拉克的《諾斯替：早期基督教的神話、儀式和多樣性》（麻塞諸塞州，劍橋：哈佛大學出版社，2010）。

9. 這個傳說故事可以在詹姆斯 M・羅賓遜編輯的《拿戈瑪蒂經集英文版》第四版，詹姆斯 M・羅賓遜撰寫的序言中找到（萊登：E. J. 布里爾，1996）。

10. 詹姆斯・布拉什勒（James Brashler）譯《拿戈瑪蒂經集英文版》第四版（萊登：E. J. 布里爾，1996）。

11. 我不是說後來被收入新約的這些書成了異教觀點，例如《馬太福音》和《馬可福音》。但是當晉升基督論不再被接受之後，人們換了一種去除晉升基督論的解讀方式。

12. 皮特・霍爾姆斯（Peter Holmes）譯，亞歷山大・羅伯茨和詹姆斯・唐納德森編輯《前尼西亞的基督教文庫》卷三（重印：麻塞諸塞州，皮博迪：亨德里克森，1994）。

13. 聖父受難招人反感，不只是因為讓造物主經歷痛苦看起來不合邏輯，還因為按照古代的思維方式，父受難必定會涉及受難者的轉化。但是神是不變的。因此無法想像神可能受難。我要感謝馬利亞・多夫勒（Maria Doerfler）提出的見解。

14. 關於奧利金的生平和教義，參見約瑟夫 W・特里格（Joseph W. Trigg）的《奧利金：聖經和三世紀教會哲學》（亞特蘭大：約翰・諾克斯，1983）。

15. G. W. 巴特沃斯（G. W. Butterworth）譯《奧利金：論首要原則》（麻塞諸塞州。格洛斯特：皮特・史密斯，1973）。

16. 早已存在的靈魂的說法，在今天的一些人看來，可能是奇談怪論，但是對於古代的思想家，例如柏拉圖這類的希臘哲學家來說，並非如此。

17. 奧利金的觀點不被後期的正統基督教派所接受的其中一個原因是，他的觀點中有關早已存在後來墜落的靈魂，被視作一個大麻煩。如果這些靈魂墜落，通過基督再一次得到救贖，回到凝視神的光輝的地方，誰能保證他們不會再次墜落，重複之前的流程？對於一些基督教神學家來說，這種觀點給最終的救贖，以及確定會得到永生的相信基督的人，帶來了很多不確定因素。

18. 拉里 W. 哈達多尤其強調這一點，《一神，一主：早期基督教的奉獻和古代猶太一神教》（倫敦：SCM出版社，1988），以及《主耶穌基督：早期基督論中耶穌的獻身》（急流城，密西根州：埃爾德曼斯，2003）。

第九章
尼西亞路上的正統悖論

　　我不再是一名福音派信徒之後，有很多年一直在自由派基督
教會做禮拜。這些會眾中的大多數人並非真正的信徒；他們既
不認為聖經中所言字字句句都是真的，也不認為它是有關上帝話
語的絕對正確的啟示錄。儘管如此，他們仍然表示傳統的基督教
信條是他們禮拜的一部分。我在和他們的交談中得知，很多人並
不相信信條的內容。此外，很多人從來沒有思考過，信條內容是
什麼意思，這些話語在一開始是如何成為基督教的信條。這些問
題，甚至沒在他們的腦海中出現過。

　　例如，著名的《尼西亞信經》（Nicene Creed）是這樣開頭的：

我信獨一的神，
全能的父，
創造天地
和有形無形萬物的主。

　　根據我的經驗，許多基督徒口中念著這些經文，根本不知道

這些經文為什麼會這樣寫。 例如，為什麼信條會強調有「獨一的神」？ 今天的人要麼相信神，要麼不相信神。 但誰會相信兩個神？ 為什麼強調只有一個？ 原因與信條背後的歷史有關。 信條最初是針對基督徒制定的，他們聲稱有兩個神，如異教徒的馬西昂派；或 12 或 36 個神，如一些諾斯替派。 為什麼說神創造了天地？ 因為許多異教徒聲稱，這個世界根本不是由真神上帝創造的，而制訂信條的目的是把這些人趕出教會。

關於基督，信條有許多話要說。

我信獨一主耶穌基督，

還是那句話，為什麼要強調獨一？ 難道會有很多個基督？ 是因為諾斯替派基督徒說，基督並非一個主體，是多個，或者至少兩個：一個神祇和一個人類，他們只是暫時合一。 信條很長，確認了有關基督的很多內容：

神的獨生子，
在萬世以前為父所生，
出於神而為神，出於光而為光，
出於真神而為真神，
受生而非被造，
與父一體。
萬物都是藉著他造的。
他為要拯救我們世人

從天降臨：

因著聖靈

並從童女馬利亞成肉身，

而為人。

被本丟・彼拉多釘於十字架上；

為我們受難，埋葬；

照聖經

第三天復活；

並升天

坐在父的右邊。

將來必有榮耀再降臨，審判活人死人；

他的國度永無窮盡。

　　每一則被列入信條的陳述，都是為了防止異教信仰，例如，基督是一個從父神那裡來到，而神性較弱的神人，或者他不是真正的人類，或者他的痛苦對救贖不重要，或者他的王國最終會終結，所有這些概念，都是在創立教會早期，這一個或那一個基督教團體持有的。

　　但這些觀點對今天開明的基督徒來說，往往不那麼重要，至少以我的經驗中是這樣。 過去的幾年間，在全美各地的自由和開放的教堂講課時，我曾多次說過，在整段信條中，我只相信一段描述：「被本丟・彼拉多釘於十字架上；受難，被埋葬。」對我個人來說，由於我不相信，我不能說（其餘的）信條——既然我不相信——我便不能加入這樣的聚會。 但這些教會的成員——甚

至神職人員——經常對我說，這不應該成為一個障礙。很多人都不相信！最起碼不相信那些信條的字面意思。

但是在四世紀的時候，這類信條剛制定下來，情況便絕不是這樣子。對於制定這些信條的教會領袖來說，不僅這些聲明的基本字面意義很重要（神存在；基督是神的兒子；基督是神；但後來成了人；基督為他人而死，從死亡中復活；等等）；較為深刻的細微差別也很重要——每個字每個詞都應該被視作真實的、重要的，必定要拒絕相反的說法，因為它們是異端，很危險。

異端有可能受到永恆的詛咒，哪怕他們的觀點只是和正統信條稍有差別。在四世紀的宗教環境中，這是非常嚴肅的問題。

我們將在這一章中看到，關於基督論，我們得出的結論是：基督是獨立於父神的神，但一直與父神同在，與父神平等，且一直如此，他化身成人，並不是只獲得部分人類屬性，而是全部，同時他沒有放棄他所擁有神的地位和權力。這一觀點，在內部就有自相矛盾之處——如果只有一位神，怎麼可能父神是神，同時基督也是神呢？基督怎麼能同時是完全的神和完全的人類？他不應該是具有部分神性，部分人性嗎？

與其看到這些陳述本質上的矛盾，不如把它們看作有關基督存在的辯論所產生的悖論，這樣想也許更有用。既然在正統基督教中佔據如此突出地位的是悖論，我為此發明了一個新的術語，我稱這種悖論為「正統—悖論」（orthr-paradoxes）。作為對這一討論的總結，我想先詳細闡述這些悖論的細節，然後再去討論在早期教會時期塑造了這些悖論的重要神學家。

歷史上第一次重要的主教會議，西元 325 年的尼西亞會議

（Council of Nicea），就是為了解決這些問題而發起的。

正統悖論

正統基督教的悖論產生於兩個殘酷的事實。首先，聖經的一些段落肯定了完全不同的觀點。正統的思想家意識到：有必要肯定所有這些段落，即使它們是相互矛盾的。但同時肯定這些不同的段落，必然會出現自相矛盾的地方，需要處理。第二，不同的異端團體發表了完全對立的觀點，正統思想家知道，他們必須拒絕所有這些觀點。

這就意味著，正統派必須同時攻擊兩個互相對立的觀點，宣佈它們都是錯誤的。但兩種對立的觀點不可能全都是錯的，或者說沒有絲毫正確的地方；因此正統派在攻擊對立的觀點時，必須肯定每種觀點的一部分是正確的，其餘的是錯誤的。這樣就會得出一個悖論，對立的任何一方所否定的都是錯誤的，肯定的都是正確的。如果不用具體例子加以解釋，實在很難理解，所以我現在要解釋，這兩個因素是如何導致正統悖論的結果——一個因素與基督的性質有關（是神，是人，或者人神合一），另一個因素與神的性質有關（如果只有一位神，父神是神，基督怎麼能也是神）。

基督論的正統悖論

談到基督的本質——基督論的問題——人們可以指出經文中一段明確表示基督是神的描述。例如，我們在《約翰福音》中看到，耶穌宣稱：「還沒有亞伯拉罕就有了我」（《約翰福音》

8:58）；「我與父原為一」（10:30）；「人看見了我，就是看見了父」（14:9）。在福音書的結尾，多疑的多馬口稱耶穌是「我的主，我的神」（20:28）。

但聖經的其他段落說耶穌是人。《約翰福音》1:14 說，「這道成了肉身，住在我們中間。」《約翰一書》1-4 聲稱基督可以被看見、聽見、觸摸到。《約翰一書》4:2-3 指出，任何否認「基督是成了肉身來的」人都是反基督者。當然，在新約的福音書中，耶穌被描繪成人類：他經歷了出生、長大、吃飯、喝酒、受難、流血、死亡。

由此產生的正統悖論，完全是由正統派的立場決定的，他們在反對他們的異議者和聖經文本中的矛盾觀點時，被迫表明立場。嗣子論肯定耶穌是人，是正確的；但否認他是神，是錯誤的。相信幻影說基督論的教徒肯定耶穌是神，是正確的；但否認他是人，是錯誤的。諾斯替派肯定基督既是神又是人，是正確的；但否認他是一個單一的存在，是錯誤的。

因此，如果你把正統派肯定的全都放在一起，**結果就是一個悖論：基督是神，基督是人，但他是一個主體，而不是兩個。** 這就是正統基督教肯定的幾個標準。

我們將看到，這並沒有為正統派解決基督是誰的問題。相反，這樣的結論導致了更多問題，「錯誤的信仰」繼續傳播——我不是反對任何標準的正統主張，而是反對理解這些主張的各種方式。**隨著時間的推移，異端邪說變得越來越詳細，正統派的肯定變得越來越自相矛盾。**

神學上的正統悖論

神學辯論交鋒最多的，是正統基督論對神之本質的理解——如果基督是神，聖靈是神，父神是神，那麼神到底一個主體，還是兩個主體，或者三個？

關於這個問題，聖經中出現了相互矛盾的地方。《以賽亞書》45:21 相當明確地表示：「除了我以外，再沒有神！我是公義的神，又是救主，除了我以外，再沒有別神！」另一方面，在一些篇章中，提到神時用的又是複數。 在《創世記》中，當神創造第一個人類時，他說，「我們要照著我們的形像，按著我們的樣式造人」（1:26）。 神口中的「我們」指的是誰？在《詩篇》45:6中，神對別一位說：「神啊，你的寶座是永永遠遠的。」另一個神是誰？

在《詩篇》110:1 中說「耶和華對我主說：『你坐在我的右邊，等我使你仇敵作你的腳凳。』」難道不是只有一位主嗎？如果像《以賽亞書》說的只有一位神，這怎麼可能呢？

更具體地說，如果基督是神，父神是神，怎樣才可能只有一位神？如果再把聖靈加入其中，怎樣才可能不得出基督和聖靈都不是神的結論，否則難道有三個神？最後，正統派解決了三位一體的悖論： 有三個位格，他們都是神，但只有一位神。 一位元神，表現在三個位格身上，數字上是分開的，但在本質上是統一的。 這也成為正統派的標準教義，就像基督教的正統悖論一樣，這些標準教義也引發了進一步的爭辯，出現了異端的解釋，以及細微的改良。

在本章的其餘部分，我們檢視了一些信奉正統教義的基督教

思想家，看他們是如何在他們的著作中，處理這些不同的基督教義和神學觀點的。 我沒有試圖涵蓋早期基督教的每一位重要的正統神學家，我也不認為這些作者都知道對方的作品。 但這些思想家都屬於廣義的「正統」流派。 在前一章中，我們看到希波呂托斯和特圖里安是如何得出某些正統觀點的。 現在我們來檢視一下同屬正統的其他思想家。

我們從相對較早的年代開始，下面所述的是一位生活年代甚至早於二世紀中葉希波呂托斯的教士。 從這位開始，我們會依次檢視這些神學家，一直到由君士坦丁皇帝為了解決當時懸而未決的神學爭議，在西元 325 召開尼西亞會議。

殉道者查士丁

查士丁可說是教會史上第一位真正的知識份子和專業學者。在成為一名基督徒之前，他已經接受了哲學方面的訓練，在他的一部倖存作品中，他以自傳體的形式，講述了他是如何成為一名基督徒的。 查士丁來自巴勒斯坦，二世紀中葉到了羅馬，目的是建立某種基督教哲學流派，有可能是在西元 140 年前後。 他倖存下來的作品包括包括兩卷《辯道》（apologies）。 這裡的辯道一詞用的是「apology」，但在這裡並不是道歉的意思。 這是一個來源於希臘語中意思為「抵禦」的單詞，這裡做為一個術語，指的是對敵人提出的指控，從智力層面做出辯護，保護自己的信仰。

查士丁還有一本倖存的著作，名為《與猶太人特里豐的對話》（Dialogue with Trypho the Jew），其中記錄的是查士丁與一位猶太學者進行的一次對話，對話可能是虛構的，但這不重要，重

要的是內容。 書中查士丁與猶太學者討論了基督徒聲稱耶穌是猶太經文中預言的彌賽亞這個主張的正當性。

查士丁最終因其基督教信仰和從事的活動被逮捕，並遭到審判。 關於他的審判和處決，我們沒有找到可靠的描述。 但有一個資訊是清楚的： 他被宣判和死亡的時間是西元 165 年左右——他的死亡給他帶來了殉道者的頭銜。

後來的正統派認為，查士丁是他們觀點的支持者。 正如所期待的，他對神學的闡述是非常智慧的——畢竟，他是一位哲學家——但根據後來的標準，這些闡述就顯得沒那麼複雜，也沒那麼細微了。 神學需要很長的時間才能發展起來，一旦發展起來，早期的觀點，即便是非常智慧的表述，都可能顯得不夠完善，甚至有些原始。

在這裡，我們只關注核心問題，並思考一下： 查士丁對基督和基督的特徵做出了哪些特殊的描述。 查士丁認為基督是一個早已存在的神，用他的話說，他是「神的第一個創造」（《辯道》卷一，46）[1]。 也就是說，基督是在上帝創世之前（《辯道》卷二，5）誕生的，後來他為了信徒的利益，為了消滅那些反對神的惡魔，化身成為了一個人類（《辯道》卷二，6）。

查士丁從兩種角度將基督理解為神，這兩種方式都是我們已經探索過的早期觀點。 和新約相比，查士丁進一步發展了他的觀點，使它們變得更精細。 在他看來，基督既是天主的使者現身，又是有血肉的「神的話語」（Logos）。

基督是天主的使者

在查士丁的所有著作中，有幾處他對基督的稱呼和舊約一樣，稱基督為天主的使者。 在第二章中，我們看到在著名篇章，摩西和燃燒的灌木叢中，有一些模棱兩可的描述：「耶和華的使者」和摩西說話，但隨後的敘述轉變為，實際上和他說話的是「天主」。 查士丁用基督教的術語解釋了這個難題： 這個神聖的人物是主的天使，同時也是主，原因是在灌木叢中的不是父神，而是基督，他是完全神聖的。 查士丁先確立了一個前提，天使不僅僅是天使，而是神：「你難道看不出，摩西所說的，在烈火叢林中與他交談的天使，也是亞伯拉罕、以撒和雅各的神嗎？」（《與猶太人特里豐的對話》59）但隨後他辯稱，這個「神」不可能是父神：「只要是還有一絲智慧的人，就不敢聲稱萬物的創造者和父離開了他的超天界，在塵世的一個小地方現身」（《與猶太人特里豐的對話》60）。 那麼這位神是誰？是基督，是後來成為人類的那位天使。

基督是之前我們談論過的《創世紀》8 中，在幔利橡樹那裡出現在亞伯拉罕面前的三位天使之一。 因為這個「天使」也是一個被稱為「主」的「人類」，查士丁解釋得很清楚：「聖經中存在，並提到過另一個神和主，他在造物主之下，也被稱為天使。」「在亞伯拉罕、雅各和摩西面前現身，被稱為神，與造物主神不同； 不同是在數字上，但不是在思維上」（《與猶太人特里豐的對話》56）。 這些族長看到的不是父神，而是「神的兒子……他的天使」（《與猶太人特里豐的對話》127）。

如此一來，在舊約中，當父神說「我們要照著我們的形象」

（《創世紀》1:26）之時，他是在對子神說；當神在《詩篇》中說：「神啊，你的寶座是永永遠遠的」（《詩篇》45:6），他也是在對子神說；而當他在《詩篇》中提到「耶和華對我主說：『你坐在我的右邊』」（《詩篇》110:1）之時，也是在對子神說。

基督作為神的邏各斯（話語）

對查士丁來說，基督不僅是上帝的天使，他也是化身成為人的「神的話語」（邏各斯 Logos）。顯然，查士丁受到了《約翰福音》中基督論的影響，但他很少引用這本書中的文字。然而查士丁提到關於邏各斯的基督論，比在第四部福音書中發現的更先進，發展出了更強的哲學性。

查士丁堅持認為，神的邏各斯，是任何以理性看待世界的人身上的「理性」（《辯道》卷一，5）。這意味著，所有的人類共同享有邏各斯，因為所有的人類都會用到理性。但有些人佔有的份額比其他人大。哲學家尤其善於運用他們的理性。但即使是哲學家也不完全瞭解神的邏各斯。

如果他們真的完全理解，就不會花那麼多時間互相反駁（《辯道》卷二，10）。儘管如此，還是有一些哲學家借助內在的邏各斯，對神的真理非常熟悉；其中最為熟悉真理的，就是那位偉大的希臘哲學家蘇格拉底。因此，查士丁認為，像蘇格拉底這樣的哲學家，應該被視作基督教之前的基督徒（《辯道》卷一，46）。

最重要的是，邏各斯是舊約中的希伯來先知所周知的，而且他們也是按此行事的（《辯道》卷二，10）。邏各斯最終變成了一

個人，耶穌基督（《辯道》卷一，1.5）。 那麼，基督就是創造了世界，並作為人類用來瞭解世界的理性而在世界中出現的邏各斯之化身。「理性」完整地化身為基督。 因此，那些接受和相信基督的人，比任何人都有更充分的理性，甚至包括古代最偉大的哲學家。 此外，由於他是神的邏各斯之化身，基督應和神一起接受崇拜（《辯道》卷一，6）。

查士丁特別想解決一個問題： 基督是否在任何意義上都不同於父神？如果是這樣的話，一個人該如何想像基督，也就是神的話語之化身，與父神的關係。 查士丁想到了這種關聯，基督做為話語的化身，與我們用的語言有關。 當我們說出一個詞時，在某種意義上，這個詞成為一個獨立於我們的存在（例如，當我們發現有人誤解了我們所說的一個詞時）； 另一方面，我們說的詞完全歸屬於我們，因為我們是說出這個詞的人。 神的邏各斯也是這樣： 它來自神，所以完全屬於神，但它一旦離開神，自己就會成為一種存在。

在另一個地方，查士丁把基督與神的關係比作一場用來點燃另一場火的火。 第二團火是獨立於第一團火的，但沒有第一團火就不可能存在。 此外，點燃新的火不會減少第一團火的任何東西，不會使它比最初少些什麼。 第一團火還是和以前一樣。 但第二團火和第一團火完全一樣。 上帝和基督就是這種關係。 基督從神那裡來，成為他自己，但在這一切發生時，神絲毫沒有被削弱（《與猶太人特里豐的對話》61）。 因此，查士丁強調，基督是一個獨立於神的存在，是「只是在數位上不同於父神」（《與猶太人特里豐的對話》129）； 但基督同時完全是神。

　　有人可能會懷疑，查士丁的這個解釋有些自找麻煩，因為在這個解釋中，基督並不是一直存在（這一觀點後來被宣告為異端），他像是由父神創造的第二位神，因此是從屬於父神的（這一觀點也被宣告為異端）。後來的神學家找出了這類這些觀點的細微差別，但是在查士丁生活的年代它們還未出現。

　　實際上，關於是否應該認為查士丁抱持了三位一體的觀點，確實存在一些問題。他沒有談論三個神聖的存在，聖父、聖子、聖靈，三者互相平等，「三位」「一體」。他說首先應該崇拜的是神，其次是神的兒子，第三是先知的聖靈（《辯道》卷一，1.13）。但這再次體現了一種神性的等級制度，上帝在最頂端，其他的在他的下面；在其他地方，查士丁聲稱，神本身是「不變和永恆的」，上帝的兒子從屬於父神（《辯道》卷一，13）。因此，他也指出，基督徒應該崇拜神、神子、天使和聖靈——這顯然不是三位一體的觀點（《辯道》卷一，13）。可以說，查士丁代表了朝向正統基督論和三位一體悖論發展的過程。

諾窪天派（Novatian）

　　把時鐘往前撥一百年，到三世紀中葉，我們來看看這位名叫諾窪天（西元 210-278 年）的羅馬教會領袖的著作。就像我們在上一章中提到的希波呂托斯一樣，諾窪天也是教會分裂運動中的一位領袖，並被選舉為偽教皇。然而，他的神學理念在當時是完全正統的。諾窪天最著名的作品是一部關於三位一體的專著，他在其中預言了後來的神學家們的想法；但他還是沒有像後來的神學家那樣，從細節上確定三位一體的含義。就像之前的查士丁，

他仍然將基督視為一個服從父神的神祇。 但他最關心的,是證明
基督是完全的神,但又與父神不同。 換句話說,他的觀點,是結
合了在當時還有影響力的異端基督論,例如嗣子論、模態說,發
展而來的。

　　在某些方面,這些異端論述處於神學系譜的對立面,其中一
個觀點聲稱基督根本不是神,而是人類,另一個觀點聲稱基督不
僅是神,而且實際上就是父神。 同時,人們可以認為,同樣的一
神論,驅動了這兩種非常不同的基督教派。 嗣子論認為基督不是
天生的神,他們這樣說的部分原因,是為了保留「只有一位神」
的概念; 模態說的觀點背後也有同樣的隱患——基督本質上確實
是神,因為他是父神造的血肉之軀,所以還是只有一位神。 諾窪
天認為,這兩種相反的觀點,從本質上是相關的,就像同一枚異
端硬幣的兩面。 用諾窪天的話來說: 基督自己被釘在兩個盜賊
(*異端*)之間。

　　諾窪天非常明確地表示,他反對這些旨在維護神的唯一性的
觀點。 他說,當異教徒「意識到經文中寫『只有一位神』時,
他們覺得只能認為基督要麼是人,要麼是唯一的真神,也就是父
神」(《三一論》(Trinity)30)。[2] 因此,持有這兩種觀點的人,
都反對基督是一個獨立於父神的神,因為如果是這樣就會有「兩
位神」。

　　諾窪天的回應是,強調基督確實是神,他與父神是不同的,
但與他完全合一:「當父神願意的時候,〔基督〕就從父神那裡
出來,在父神中的基督從父神那裡出來; 他在父神中,因為他屬
於父神,是父神的後嗣,因為他是從父神中出來的」(《三一論》

31）。

　　即便如此，基督也是有資格與神一體的，因為對於諾窪天來說，就像他之前的正統一樣，基督實際上並不等於神，而是服從於神，他是在造物之前誕生的，在創世之前的某個時刻由神所生。在諾窪天看來，「非出生的」和「沒有起始的」或「看不見的」不可能是兩種不同的存在。諾窪天的推論有一定的說服力：「如果〔基督〕不是被生出來的，也就是說他與不是被生出來的神是平等的，這樣就會有兩個不是被生出來的存在，從而形成有兩個神的局面」（《三一論》31）。

　　這就相當於說，他像父神一樣不是被生出來的，或者「和父神一樣沒有起始，從永恆中來」，或者和父神一樣是「不可見的」。所有這些情況，基督必然與父神「平等」，這意味著不是只有一個神，而是「兩個神」，而對諾窪天來說，這是不可能的。因此，基督最好被視作一個從屬的神，在造物之前就被父神所生：

　　因此，〔基督〕是神，但為這特別的結果而生，他應該是神。他也是主，卻是為全能的主，天父的目的而生的。他也是天使，但他註定要做父的使者……因為一切都是因他是父的兒子〔基督〕，而他自己，連同那些受他影響的東西，都是服從於父的。他確實被證明是他父親的兒子，但人們發現他既是主又是萬物的主。」（《三一輪》31）

　　諾窪天所反對的異端學說宣稱，既然只有一位神，那麼基督

或者不是神，或者就是父神；諾窪天自己的觀點或多或少受到了
這種觀點的影響。 正常的答案是，基督確實是神，但沒有兩個
神，因為他是由神生的（並非從永恆便一直與神同在），服從神
（而不與神平等）。 在諾窪天的時代，這種觀點可以算作正統。
但不久之後，這一正統立場就被宣告為異端。 取而代之的，是
四世紀的正統神學家提出了一個更完整的悖論： 基督是完全的，
而不是部分的神； 他一直存在； 他與父神是平等的。 但他們父
子，外加聖靈，組成一個神。

羅馬的迪奧西尼

　　從羅馬主教迪奧西尼（Dionysius）的一封短信中，我們看到
朝著成為既定正統觀點邁出的一步。 這封信的寫作時間比諾窪天
的著作晚十年（大約西元 260 年）。 他的信是寫給埃及亞歷山大
一位主教的，那位主教恰巧與他同名。 另一位狄奧西尼強烈反對
模態說，他以後來的著名模態說基督徒撒伯里烏（Sabellius）的名
字稱呼模態說（所以有時模態說也被稱為撒伯里烏的形態論）。

　　不過，在反對撒伯里烏所主張的只有一位神、但有三個模態
的立場上，亞歷山大的迪奧西尼在另一個方向上走得太遠了，至
少在羅馬的迪奧西尼看來是如此。 他有聲稱聖父、聖子和聖靈彼
此間差別如此之大，完全可以被視作三個不同的神。 但任何一種
多神論都是應該被規避的異端，更何況這裡說有三個神。 因此，
羅馬的迪奧西尼寫信給他在亞歷山大的同名者，為他的神學觀點
提供更多的細節，來確認基督是神，是獨立於父神的，但又與他
如此統一，故他們完全可以成為一體。

羅馬的迪奧西尼陳述了他聽到的，關於發生在亞歷山大的神學爭論的情況：「我知道你們中有一些人⋯⋯完全反對撒伯里烏的觀點；他們褻瀆地說，兒子是父親，父親是兒子，而他們（那些反對撒伯里烏的人）卻開始宣揚有三位神，將神聖的一體分成彼此陌生的三個實體，將他們完全分開。」[3] 作為回應，羅馬的迪奧西尼對他的陳述做出了糾正，強調這三者是一體的：「神聖的話語必須與宇宙之神統一，聖靈必須住在神中；因此，絕對有必要將神聖的三位一體總結成一體，把它帶到至高點。這個統一，我指的是宇宙中所有君主的神。」

三個主體組成了一個「神聖的三位一體」，但它們是如此和諧，以至於可以視作一種「統一」，而這種統一本身就是「宇宙之神」。對於羅馬的迪奧西尼來說，這種統一意味著神的兒子不是神創造或生成的生物，而是永恆與神同在的，他分享神的所有屬性，神的話語，神的智慧，神的力量。對於羅馬的迪奧西尼來說，這樣的邏輯是令人信服的：「因為兒子出生是有時間點的，而這些屬性的存在不該有；否則就會有一段時間，神不具備這些屬性；這是最荒謬的。」

迪奧西尼拒絕「將奇妙和神聖的一體分成三個神」，但堅持他們實際上是三個不同的個體合而為一，達到了預期的神學結果：「因此，神聖的三位和神聖的一體都將得到保留。」

顯然，我們即將涉入神學領域的深水區。在這裡，需要有三個神聖的存在。但這三個需要成為一體，而不是三個主體。如何解決這一問題，是困擾四世紀神學界的主要問題。這一切，都始於亞歷山大的一場爭論，其中一位牧師在這個問題上與他的主

教存在嚴重的分歧。 牧師接受了一種觀點，非常類似於正統派諾窪天和其他正統傳統中認可的觀點，但它被基督教譴責為最臭名昭著的異端之一。 這種異端被稱為阿里烏教派（Arianism），據說阿里烏（Arius）牧師是該教派的創始人，因此得名。

亞歷山大的阿里烏

阿里烏出生於西元 260 年左右，大約正是羅馬的迪奧西尼和亞歷山大的迪奧西尼，就基督論的問題以書信來往討論的時候。阿里烏來自利比亞，後來搬到亞歷山大城，並與那裡充滿活力的基督教社區建立起了緊密的關係。 西元 312 年，他被任命為牧師，負責他自己的教會。 阿里烏斯以這樣的身分，直接對亞歷山大的主教負責，阿里烏在亞歷山大城時，任職最久的一位主教名字就叫亞歷山大。

圍繞阿里烏教義引發的爭論，在西元 318 年爆發。[4] 西元 324 年羅馬皇帝君士坦丁寫的一封信中提到了這場論戰，在阿里烏被任命為牧師的那年（西元 312 年），君士坦丁皈依基督教，在隨後的幾年裡，他越來越希望看到基督教教會統一，在很大程度上，這是因為他認為教會是他已漸支離破碎的帝國中潛在的統一力量。 到西元 324 年，教會尚完全沒有統一的跡象，圍繞阿里烏斯有爭議的教義展開了很多辯論，積累了很多怨恨。

根據君士坦丁的信，亞歷山大主教向他的牧師詢問他們對舊約中一個特定段落中所表達的神學觀點的看法。 君士坦丁沒有指出這是哪一段，但學者們有理由認為是《箴言》8，我們多次提到過這段內容，其中「智慧」（基督徒認為智慧就是基督）被描繪

為話語，指出在創世之初智慧是與神一起工作的夥伴。

阿里烏的解釋，大抵是可以被當時或之前的正統基督教所接受的，但到了四世紀初，卻變成了極具爭議的觀點。 他和其他解讀者一樣，將神的智慧理解為神的話語和神的兒子，認為神的智慧就是早已存在的基督，在創造之初就與神同在。 但在阿里烏斯看來，基督並不總是存在的。 在創世之前，遙遠過去的某個時候，他才開始存在。 起初，神是獨自存在的，神的兒子是後來才出現的。 畢竟，基督是神「生」的，對阿里烏和其他志同道合的人來說，這意味著在他出生之前，他不存在。 這一觀點的另一層含義是，父神並非一直是父親； 是在他的兒子出生之後，才成為父親。

在阿里烏看來，除了上帝自己之外，萬物都有起源。 只有上帝是「沒有開始的」，這意味著基督——神的話語（邏各斯）——在這方面並不是完完全全的神。 他是上帝根據自己的形象創造的； 因此基督擁有神的頭銜，但他不是「真正的」神。只有上帝自己才是。 基督的神格來源於他的父親； 他在宇宙形成之前的某個時刻誕生，所以他是神的造物或生成物。 總之，基督是一種二級神，從屬於上帝，在各個方面都低於上帝。

正如我們所看到的，這樣的基督論觀點不僅是學術思維的練習，而且與基督教崇拜有著深層次的聯繫。 對於阿里烏和他的追隨者來說，崇拜基督確實是正確的。 但是，應該像崇拜父神一樣崇拜基督嗎？ 他們的答案是明確和直截了當的： 絕對不應該。父神是無限高於萬物的，同樣無限高於他的兒子。

亞歷山大主教對這一回應相當不滿意，他認為這種觀點是異

端和危險的。 在西元 318 年或 319 年，他罷免了阿里烏的職位，
並將他和大約二十名其他教會領袖一起逐出教會，那些人都是阿
里烏的支持者。 作為一個團體，這些流亡者去了巴勒斯坦，在那
裡他們找到了幾個願意支持他們事業的教會領袖和神學家，包括
一個我們熟悉的人物：凱撒利亞的尤西比厄斯（Eusebius）。

　　接下來我要解釋亞歷山大主教所接受的另一種觀點，並講
述導致君士坦丁大帝為解決這些問題而要求召開尼西亞會議的事
件。 但是在此之前，我要用他自己的話闡述阿里烏的教義。 你
可能已經注意到，我們手頭上很少有異教徒自己的作品。 在大多
數情況下，我們只能依靠正統派的反異端人士所說的做出推斷，
因為異教徒的作品通常會被摧毀。

　　關於阿里烏，好在我們掌握了一些他自己的論述，其中一部
分來源於他與別人往來的信件，還有一部分是他自己創作的名為
《宴席》（Thalia）詩歌作品。 不幸的是，在我們倖存的手稿中
沒有《宴席》的原稿，但亞歷山大一位著名的教堂神父阿塔那修
（Athanasius），引用了這首詩。 而且阿塔那修準確地引述了這些
內容。 我在這裡引用部分表明阿里烏對基督特殊看法的內容，他
認為基督不等於父神，是完全屈從於父神的：

　　〔父〕無人與他平等，無人與他相似，無人比得上他的榮耀。

　　〔子〕基本屬性無法與神比擬，
　　因為他既不與神平等，也不與神同質。

三位分享不同的榮耀；

他們的存在是無法混合的；

一個比另一個更榮耀，還有一個無限榮耀。

因此，子不是父，而是按照父的意志存在，

他只是父神所在，但與萬物皆不相同。[5]

與不是被生的父親不同，神的兒子基督是「被生出來的神」。他比所有其他人都偉大。但他既是被生，就是離開了擁有「無限榮耀」的偉大父親，因此「在榮耀上」與父親是無法相比較的。

在一封寫給亞歷山大主教的信中，阿里烏更明確地闡述了他對上帝和基督關係的理解：「我們知道只有一位神，唯一不是被生出來的，唯一永恆的，唯一沒有起點的，唯一真正的，只有他是唯一不朽的……在流淌的時間出現之前，他生了他唯一的兒子，他通過他創造了時代和萬物。他生了他……他是神創造的一個完美的造物，但他不是萬千造物中的一個——他是神的子嗣，並不是神創造萬物中的一個。」[6]

因此，阿里烏堅持認為，有三種不同的神聖存在——他用的術語是「原質」（hypostases），在此，這個詞的意思只是「基本存在」或「人」。只有父神獨自永恆存在。神的兒子是神在創世之前生的。這就意味著他「既不是永恆存在，也不是永恆與父同在。」父神高於一切，超越一切，大於一切，包括基督。

亞歷山大城的亞歷山大

　　我們簡單地思考一下，阿里烏的主教亞歷山大所肯定的另一種觀點。亞歷山大在西元 313-328 年擔任亞歷山大教會的領袖，那時候正值多事之秋。他以帶頭推翻阿里烏及其追隨者而聞名，他不但把阿里烏及其追隨者驅逐出他自己的亞歷山大教堂，還把他們逐出整個基督教世界中所有正統教會的團契。

　　關於亞歷山大的基督觀，我們是從他寫給君士坦丁堡的主教，與他同名的亞歷山大的信中得知的。他在信中對阿里烏及其他同僚的抱怨，有些不公平，因為指控他們「否認我們救世主的神性，並宣稱他與所有人類都是平等的」（《亞歷山大的信》（Letter of Alexander），第 4 節）。[7] 這一說法顯然太誇張，一點也不準確：阿里烏明明肯定基督的神性，並強調基督優於所有人類。但在激烈的爭論中，你不會總是公平地呈現另一方的說法。對亞歷山大來說，如果基督在某個時候才開始存在，並低於父神，這就表示他更像人類，而不是神。

　　在後來的信件中，亞歷山大更準確地表達了阿里烏的觀點，他說阿里烏宣稱「有一段時間神的兒子不存在」（《亞歷山大的信》，第 10 節）。為了回應這一觀點，亞歷山大引用新約中的一段話，《希伯來書》1:2，其中說神通過基督「創造了時代」。亞歷山大解釋說，如果基督創造了時代，那麼就不存在基督之前的時代，因為時代、時間都是他創造的：「聲稱某件事發生的原因，晚於某件事的開始，是愚蠢的，充滿了各種各樣的無知」（《亞歷山大的信》，第 23 節）。

此外，亞歷山大堅持神不能改變——因為他是神——這意味著神不能「成為」父親；他必定一直是父親。 但這反過來意味著他必須一直有一個兒子（《亞歷山大的信》，第 26 節）。 不但如此，如果基督是神的「形象」，正如聖經所言（見《哥羅西書》1:15），那麼他必須一直存在。 因為如果神沒有形象，他怎麼會存在呢？神顯然一直必須有一個形象，既然神一直存在，那麼形象本身——即基督——就必須一直存在（《亞歷山大的信》第 27 節）。

總之，亞歷山大聲稱基督「就像父親一樣，是不可改變的，是什麼也不缺少的，和父親一樣的完美兒子，只有一點除外，他是父親所生……我們還認為，兒子一直存在於父親之外」（《亞歷山大的信》第 47 節）。

阿里烏之爭和尼西亞會議

研究那些在爭論中，誰站在阿里烏一邊，誰站在他的主教亞歷山大一邊，可能會得出有價值的結論，首先我們簡單介紹一下更廣闊的歷史背景。

君士坦丁的角色

基督教自成立以來，一直不定期受到羅馬當局的迫害。 然而，兩百多年間，基督教遭受的迫害其實是相對罕見和零星的，迫害行為從來沒有升級到最高層，也就是羅馬政府的皇帝從未參與。 但這種情況在西元 249 年發生了變化，當時羅馬皇帝德基烏斯（Decius）發起了一次涵蓋全帝國的迫害，以孤立和根除基督

徒。[8] 對基督徒來說，幸運的是，德基烏斯兩年後去世，大規模迫害停止了，持續的時間不長。

　　後來的一些皇帝也對基督徒懷有敵意，由於信仰基督教的人數與日俱增，有人將他們的增長視作威脅帝國安定的癌症，畢竟那麼多個世紀以前，帝國是以堅定的異教原則為基礎建立的。 西元 303 年羅馬皇帝戴克里先（Diocletian）發起了所謂的大迫害。這次大迫害分為幾個階段，因為那時通過了一道帝國法令，其部分目的是迫使基督徒放棄他們的信仰而崇拜異教神。

　　君士坦丁大帝於 306 年成為羅馬皇帝，他自出生到長大，一直是異教徒，但是在西元 312 年，他有了一次皈依基督的奇特經驗，於是開始潛心研究基督教的神和基督教的信仰。 學者們對君士坦丁的這種「改變」是否「真誠」，進行了長期和艱苦的爭論，但今天大多數人認為：君士坦丁確實誠心許諾追隨並弘揚基督教的神。 第二年，君士坦丁說服與他共治的皇帝李錫尼（Licinius）發佈一項聯合法令，結束對基督徒的所有迫害。 從那時起，基督教運動的境況發生了巨大的變化。

　　人們有時會說，君士坦丁使基督教成為帝國的「官方」宗教。 但這根本不是事實。 君士坦丁所做的是使基督教成為一種受優待的宗教。 他自己成為一名基督徒，他推動基督教事業，他出資建造和資助基督教教堂，總的來說，對於基督徒來說這是一件大好事。 學術界推測，在君士坦丁皈依的時候，帝國六千萬居民中大約有 5% 自稱為基督徒。

　　當教會從受迫害的少數人變成帝國中最熱門的宗教項目時，皈依者急劇增加。 到四世紀末，帝國大約 50% 的人是基督徒。

9 此外，後來在狄奧多西一世（Theodosius）皇帝的統治時期，基督教確實成為了「官方」的羅馬宗教。異教徒的宗教習俗遭到取締。基督教的皈依者繼續增加。所有這一切，最終導致基督教成為西方幾百年來的「唯一主流」宗教。

　　回到君士坦丁。當我說君士坦丁似乎是真誠皈依的時候，我並不是說，他是以所謂的純粹「宗教」的角度，看待基督教信仰，而沒有摻雜任何社會的或政治的私心（我應該強調，古代人民認為，宗教和政治是緊密結合的，他們不認為宗教和政治是兩個不同的主體；實際上，沒有與我們所說的「宗教」相對應希臘單詞）。君士坦丁首先是羅馬皇帝，當時沒有人認為我們今天所說的政教分離是正道。實際上，在所有以前的異教皇帝統治之下，宗教實踐和國家政策在很大程度上是一體的。在所有早期皇帝的統治期間，人們認為羅馬的異教諸神使羅馬成為偉大的帝國，做為回報，羅馬統治者宣導崇拜羅馬諸神。君士坦丁當然看到了宗教的政治價值。這並不意味著他沒有真正「相信」基督教傳遞的信息，只是他也看到了基督教的社會、文化和政治價值。正是這種潛在的價值，使君士坦丁得知一個巨大的爭議正在基督教社區製造分裂時，不由得為此心煩意亂。

　　爭議的內容是：基督究竟是與神平等，還是作為一個在某個時間出現的，服從於神的神聖存在？

　　關於皇帝為什麼會有興趣參與到基督教內部的爭論中，學者們提出了幾個原因。毫無疑問，君士坦丁確實參與了爭議。在一本由凱撒利亞的尤西比厄斯寫的傳記《神聖的君士坦丁皇帝的生平紀事》（The Life of the Blessed Emperor Constantine）中，有

一封君士坦丁寄給阿里烏和亞歷山大的信，在信中他試圖讓他們就導致他們分道揚鑣的宗教問題達成一致。

這封信表明，君士坦丁視基督教為在社會和文化上分裂的帝國中潛在的統一力量。即使從無私的角度來看，基督教也可以被視作強調團結和統一的宗教。只有一個神（不是很多神）。神只有一個兒子。得到救贖只有一條途徑。只有一個真理。只有「一主，一信，一洗」（《以弗所書》4:5）。創造與創造者是統一的；神與他的兒子是統一的；他的兒子與他的人民是統一的；他的人民與神是統一的。基督教都是關於團結統一的。

基督教可以用來給一個分裂的帝國帶來統一。因此，君士坦丁給他們兩位回信說：「我首先考慮的是，各行省對神的看法應該統一」（《神聖的君士坦丁皇帝的生平紀事》2.65）。[10] 問題是，阿里烏的教義，使教會本身就無法統一。這種分裂尤其影響到了非洲的教會，君士坦丁為此感到懊惱：「事實上……一種無法容忍的瘋狂席捲了整個非洲，全是因為那些敢於用不妥當的輕浮觀點將民眾的崇拜分裂成不同的派別，而且……我個人希望糾正現在的這種病態」（《神聖的君士坦丁皇帝的生平紀事》2.66）。因此，君士坦丁想要解決教會中神學觀點的分歧問題，目的是使基督教信仰更有用，為帝國帶來宗教和文化的統一。

君士坦丁關心基督教內部爭論的第二個原因，與他繼承的異教思想密切相關。許多世紀以來，人們普遍認為：當國家認可對眾神的崇拜時，眾神守護了羅馬的利益。以適當的法定的方式崇拜眾神，贏得了他們的好感，他們以善待這個國家的方式，表現他們的好感，例如，諸神幫他們贏得戰爭，讓他們在和平時期繁

榮發展。 君士坦丁繼承了這一觀點，很可能把它帶到了他的基督
教信仰中。

只是他現在崇拜的不是羅馬傳統中的諸神，而是基督徒的
神。 這個神同樣必須受到適當的崇拜。 但是，如果信仰這個神
的人群出現嚴重分裂，神肯定會因此感到不愉快。 基督教比傳統
的希臘或羅馬宗教更注重「神學真理」，更注重「祭祀實踐」，
在基督教信仰中，瞭解和實踐真理是很重要的。 但普遍存在的對
真理的分歧，將導致基督教社區的深度分裂，神不會對這種狀況
感到滿意。 國家是受神守護的，為了國家的利益，必須消滅這種
分歧。

君士坦丁不是一個受過訓練的神學家，他對阿里烏和亞歷山
大辯論中的惡言相向感到吃驚。 對君士坦丁來說，這些爭議都是
小問題。 基督存在之前是否有時間，真的那麼重要嗎？ 這真的
是最重要的事情嗎？ 對於君士坦丁來說肯定不是。 他在信中說：
「我認為這些事情的起源和時機……是極其瑣碎的事，不值得引
起如此多的爭議」（《神聖的君士坦丁皇帝的生平紀事》2.68）。 但
阿里烏和亞歷山大二人就是對此爭論不休。 因此，他試圖鼓勵阿
里烏和亞歷山大解決他們的神學分歧，以便基督教能夠作為一個
統一的整體向前邁進，以面對帝國的更大問題。

君士坦丁給西班牙科爾多瓦（Cordova）一位重要的主教奧色
斯（Ossius）寫過一封信。 在發出這封信後，奧色斯從亞歷山大
返回，途經敘利亞的安提阿，那裡正在召開一場主教討論會，辯
論阿里烏提出的神學問題。 這場宗教會議提出了一個信條，與阿
里烏的觀點相牴觸。 參加會議的所有人都簽署了這個信條，除了

三個例外——其中一個是凱撒利亞的尤西比厄斯。但是，與會者一致認為，這三人還有機會，可以在另一次會議上捍衛自己和他們的基督觀點。尼西亞會議就是在這種背景下召開的。

尼西亞會議

最初，會議原本計畫在安卡拉（Ancyra）（土耳其）召開，但由於存在一些實際的問題，開會地點換成了尼西亞（也在土耳其）。[11] 尼西亞會議是七大教堂主教會議之一，歷史學家稱之為「大公會議」（ecumenical councils），意思是世界大會。其實這個名稱並不恰當，很明顯並不是世界所有主教全部參會，只是部分而已；此外，這些主教並不能廣泛代表整個世界，甚至不能完全代表基督教世界。幾乎沒有任何來自帝國西部的主教參加會議；大多數與會者來自埃及、巴勒斯坦、敘利亞、小亞細亞和美索不達米亞等東部地區。就連羅馬主教西爾維斯特（Sylvester）也沒有出席，而是派了兩個使節代他出席。歷史學家沒有就與會人數達成一致。亞歷山大的阿塔那修（Athanasius），那時還是個年輕人（但最終成為強大的亞歷山大主教），他後來表示，當時有 318 名主教在場。會議在西元 325 年 6 月召開。

委員會要解決的關鍵問題，涉及阿里烏及其支持者的教義，阿里烏的支持者中就包括凱撒利亞的尤西比厄斯。尤西比厄斯經由介紹自己的信條，開始進入辯論程序。他闡述了自己神學觀點中，關於神，關於基督，關於聖靈等等，哪些應該被視為是真正的、正統的教義。顯然，理事會的大多數與會者認為，這一信條基本上是可以接受的。

　　但他在關鍵問題上沒有說清楚，因為他沒有直接反駁阿里烏
的異端主張，所以大多數主教都不滿意。在反覆推敲他們的神學
立場後，主教們終於商定了一個信條。該信條由簡練的神學陳述
組成：首先是關於父神的非常簡短的陳述（之所以簡短，是因為
沒有人質疑神的特性或本質），然後是關於基督的陳述（因為這是
人們關注的話題），最後是幾乎令人難以置信的，關於聖靈的簡
短陳述（因為這也不成為問題）。信條在結尾處詛咒了那些發表
異端宣言的人——這些宣言全部出自阿里烏及其追隨者之口。該
信條最終成為流傳至今的「尼西亞信經」的基礎。以下是信條
的完整陳述（熟悉尼西亞信經的讀者會注意到其中的關鍵差異——
特別是詛咒部分；現代版本是後來的修訂版）：

　　我等信獨一之神，即全能之聖父，創造天地，及一切有形無
形之萬物之主。
　　我等信獨一之主耶穌基督，神獨生之聖子，是聖父在萬世之
先所生，是從神所出之神，從光所出之光，從真神所出之真神，
是生非造，是與聖父同體，萬物皆借聖子而造；一切天上地下
的，聖子為要拯救我等世人，從天降臨，成為人身，為我等受
難，在第三日復活，升天，將審判生人死人。
　　我等信聖靈即是主。
　　但是那些說「當他不存在之時」以及「未生之日，他不存
在」，或者「他從空無中來」，或聲稱神子的原質或本質與神不
同，或發生過改變，這些天主教或使徒教會將受到詛咒驅逐。[12]

很多人寫過關於尼西亞會議和尼西亞信條的書。[13] 出於我們的目的，我只強調幾點：首先，信條中對基督的強調比聖父多得多，而幾乎沒有提及聖靈。在此，關於基督的教義「正確」才是最重要的。為了使人們相信教義，避免出現模糊空間，添加了革出教門的詛咒。

信條中說基督「是從神所出之神」，他不是從屬的神。他「是與聖父同體」。在這裡，希臘語的表述更直接。我們將在結語中看到，會議和信條沒有解決有關基督本質的所有問題。實際上，這些問題至今仍然存在；阿里烏派繼續蓬勃發展；即使阿里烏的問題最終得到解決之後，又出現了一系列的其他問題，涉及的內容越來越詳細、微妙和複雜。如果君士坦丁不太喜歡他那個時代的爭論，他會更不喜歡後來發生的事情。

重要的是，信條強調基督與父神是「同體」。這其實是在說神和基督是絕對平等的。基督是「真神」，不是位列父神之下的從屬神。最後的詛咒指出，聲稱曾經有一段時間基督不存在，或者說他是像宇宙中的一切一樣從「空無」創造出來的，或者說他與神並非同體，都屬於是異端邪說，將會「受到詛咒驅逐」。

會議的成果

為了簡化那個冗長而複雜的故事，在場的主教們對新信條的細節達成了廣泛的一致，該信條被視作對所有基督徒都有約束力。信條中提到「天主教和使徒教會」的觀點時，要表達的意思其實是：這些教會的觀點是直接從耶穌使徒那裡繼承來的，後來分散在整個世界（以此為背景，「catholic」其實是「全世界」

的意思）。有時你可能會聽說，尼西亞會議中雙方差距不大。實際上並不是。投票截止時，318 位主教中，只有 20 位不同意該信條。君士坦丁積極參與了一些程序，迫使 20 人中的 17 人默認投票結果。因此，只有三個人最終沒有在信條上簽字：阿里烏本人和兩名來自利比亞的主教。這三個人被驅逐出埃及。有幾位主教簽署了信條，但不認可最後專門針對阿里烏教義的詛咒。這些主教也遭到流放。

至此，耶穌如何成為神的故事似乎結束了。但在結語中我們會看到：故事並沒有真正結束。實際上恰恰相反。但是不管怎麼說，亞歷山大和他志同道合的同僚暫時贏得了勝利，君士坦丁則認為他已經統一了教會。眼前的問題經解決。基督與父神同在，基督一直存在。他與父神一體，他從永恆中來，是真正的神。

尼西亞信條中的基督，顯然與歷史上拿撒勒的耶穌相去甚遠，耶穌是來自加利利農村的一個巡迴佈道的天啓末日傳道士，他冒犯了當權者，並因危害國家的罪行，被粗暴地釘在十字架上。無論他在現實生活中是什麼，耶穌現在已經成為完全的神了。

注釋

1. 湯瑪斯・B・福爾斯（Thomas B. Falls）譯《殉道者聖查士丁》（華盛頓特區：天主教大學出版社，1948）。
2. 羅素・J・德西蒙（Russell J. DeSimone）《諾窪天》（華盛頓特區：天主教大學出版社，1974）。
3. 亨利・貝滕森（Henry Bettenson）譯《基督教會檔案》第二版（牛津：牛津大學出版社，1963）。

4. 參見弗朗茨・鄧澤爾（Franz Dünzel）在《早期教會三位一體教義簡史》中所做的討論，約翰・鮑登（John Bowden）翻譯版（倫敦：T&T克拉克，2007），41-49。

5. 斯圖爾特・霍爾（Stuart Hall）譯，J・史蒂文生（J. Stevenson）編輯，《新解尤西比厄斯：西元337年前教會歷史檔案解析》修訂版（倫敦SPCK，1978）。

6. 愛德華・羅奇・哈迪（Edward Rochie Hardy）譯《後期的教父基督論》（費城：威斯敏斯特，1954）。

7. 安德魯・S・雅各斯（Andrew S. Jacobs）譯，巴特 D・葉爾曼和安德魯 S・雅各斯著《古羅馬時代玩起：西元300-450年的基督論》（紐約：牛津大學出版社，2004）。

8. 一些學者之一德基烏斯立法是否真的是為了迫害基督教。該法令要求帝國的所有居民向傳統神獻祭，並獲得一份證明，表明他們已經這樣做了。當然基督徒出於自己的宗教許諾不會獻祭，因此他們就會為此受到懲罰。問題是，法令的目的是消滅基督徒，還是確認異教宗教儀式的重要性。不管怎麼說，結果就是，基督徒拒絕遵循這些指示，遭受了苦難。

9. 關於基督徒的增長速率，參見拉姆齊・麥克馬倫（Ramsay MacMullen）的《成為基督徒的羅馬皇帝》（康涅狄格州，紐黑文：耶魯大學出版社，1984）。

10. 阿維利爾・卡梅隆（Averil Cameron）和斯圖爾特・霍爾（Stuart Hall）譯，《康斯坦丁生平紀事》紐約：牛津大學出版社，1999）。

11. 弗朗茨・鄧澤爾《早期教會三位一體教義簡史》49-60頁做出簡短而精確的討論；約瑟夫 F・凱利（Joseph F. Kelly）的《天主教會的大公會議史》11-25頁（明尼蘇達州，科利奇維爾：禮拜出版社，2009）。神學問題的學術評論參見路易斯・艾雷斯（Lewis Ayres）的《尼西亞和它的遺贈：走進四世紀三位一體的神學理念》1-61頁（牛津：牛津大學出版社，2004）。

12. J. N. D.凱利（J. N. D. Kelly）譯《早期基督教信條》第三版（倫敦：朗文，1972）。

13. 參見上面注釋11引用的書目。

結語
作為神的耶穌：後續

在寫這本書的時候，我逐漸意識到，我個人神學觀點的發展史，正是早期教會神學觀點發展史的鏡像。借用一個過時的說法，早期基督論的觀點隨著時間的推移變得「越來越高」，基督的神性所占的比例越來越大。

耶穌從一個有可能是彌賽亞的人類，變成了在復活的時候被提升到神的地位之神子；然後變成一個早就存在的，後來化身為人來到世間的天使類的神；後來又成了在時間之前就存在，並通過他創造世界的，神的話語之化身；最後成了與上帝平等，與父神永恆同在的神。

我個人對耶穌的理解過程正好相反。我一開始認為耶穌是與天父平等，三位一體中的聖子；但是隨著時間的推移，我眼中的基督「越來越低」，到最後我認為他是一個和所有其他人類一樣的人類。基督徒在自己的神學理解中，將他抬升到神界，**但是在我看來，耶穌是人，而且一直都是。**

作為一個不可知論者，我現在認為**耶穌是一個真正的宗教天才，有極其出色的洞察力。**但他始終是他那個時代的人。那是一

個狂熱迷信天啟末日將至的時代。 耶穌身處一世紀巴勒斯坦猶太人聚集區。 他在那裡出生和長大，這是他最初公開傳教的背景。 耶穌教導說，他所生活的時代是由邪惡力量控制的，但上帝很快就會介入，摧毀一切反對他的人或事。 然後，上帝會給世間帶來一個美好的烏托邦王國，那裡不會再有痛楚和苦難。 耶穌將是這個王國的統治者，他的十二個門徒為他服務。 這一切，在他那一代就會發生。

這個世界末日的信息，確實一直引起我的共鳴，但我相信的肯定不是它的字面意義。 我不認為有超自然的邪惡力量控制著我們的政府，也不相信是魔鬼使我們的生活變得痛苦； 我不認為會有神聖的力量介入這個世界，永遠消滅世間的所有邪惡力量； 我不認為未來世界會有一個由耶穌和他的使徒統治的烏托邦王國。 但我確實認為有善有惡； 我確實認為我們都應該站在善的一邊； 我確實認為我們應該全力抗擊一切邪惡。

我對耶穌教導的倫理觀念產生了強烈共鳴。 他教導說，上帝的許多法則可以用一句話概括「像愛你自己一樣愛你的鄰居」。 他教導說，你應該「對別人做你想讓他們對你做的事。」他教導說，我們仁愛、慷慨、仁慈和善良的行為，甚至應該延伸到「我最小的兄弟姐妹」──也就是那些底層的、流浪的、貧困的、無家可歸的、困頓的人。 我完全同意這些觀點，並盡力在生活中依此行事。

但作為一名歷史學家，我意識到： 耶穌的倫理教導是以堅定地聲稱會有天啓末日發生的形式傳遞的，這是我不認同的。 有些時候，耶穌被譽為有史以來最偉大的道德教師之一，我贊成這種

描述。 但重要的是，要認識到他的道德教導背後的推論方式，與今天大多數人不符。 今天的人們認為，我們應該以道德的方式生活，大部分原因與耶穌無關，而是因為這樣的生活方式，可以讓我們在生活中獲得到最大的自我實現，這樣我們就可以作為一個群體而得以長期共榮。

耶穌的道德規範並不是他教導大家倫理，然後社會才能長期繁榮。 對耶穌來說，沒有什麼長期可言。 這個世界的末日馬上就要來了，人們需要為它做準備。 那些按照他所定的標準生活的人，要全心全意地愛神，像愛自己一樣愛他人，就能進入即將到來的上帝之國。 當人子從天堂降臨審判世界時，所有不這樣做的人，都會被摧毀。 耶穌的道德規範是「王國的道德規範」，因為他的追隨者遵循這些倫理原則時，他們就會進入神的國度過那樣的生活，因為人只有通過這種方式才能進入王國。 在神的國度中沒有戰爭、仇恨、暴力、壓迫或不公正。

這不是我自己的世界觀。 我不相信天堂裡的上帝很快會派一個審判一切的法官來摧毀邪惡勢力。 但是，我認為耶穌闡述的天啓末日背景下的道德規範，仍然適用於生活在不同背景中的我。 為了理解耶穌，我把耶穌放到我們生活的這個時代，也就是把他和他傳遞的信息放在一個新的背景中。

我想說，生活在不同時間不同地點的人，其實不斷將耶穌重新置於不同的背景中。

耶穌的第一個追隨者在相信他從死亡中復活升入天堂之後，就這樣做了： 他們把他置入與之前完全不同的境況，並根據他們的新情況來理解他。 後來的《新約》作者也是如此，他們根據

自己與之前不同的情況，重新思考和理解耶穌。 二世紀和三世紀的基督徒也是如此，他們把耶穌理解為世界末日的先知，較傾向於將耶穌理解為一個變成了人類的神祇。 四世紀的基督徒也是一樣，他們堅持認為耶穌一直存在，並且在地位、權威和權力上始終與神平等。 今天的基督徒也不是例外，他們認為，他們所信仰和承認的神聖基督，就是那個行走於加利利塵土飛揚的小巷，宣講即將到來的末日啟示的人。

今天的大多數基督徒沒有意識到，他們已經重新認識了耶穌。 但事實上他們的確這樣做了。 最初相信他復活的初代信徒，到今天每一個相信他或贊同他的任何教義的人，都這樣做了。 這件事還會一直這樣繼續下去。

只看這本書中涉及的年代，我們就會發現，這當然是顯而易見的事實。 後續的日子仍會如此，正如我們現在認為的，尼西亞會議之後的決定，把基督定義成了某種特殊意義上的神，永恆與父神同在，父神通過他而創造了萬物。

四世紀的發展

人們普遍以為，尼西亞會議之後，基督教領袖和思想家之間就基督的性質和三位一體的特徵，已達成了基本協定。 實際上，這與真實情況相差甚遠。 尼西亞會議和會議上達成一致的信條，不是故事的結尾，而是新篇章的開始。

首先，阿里烏的觀點並沒有因為阿里烏一方在尼西亞的失敗而被消滅。 君士坦丁支持獲勝的一方，可能不是因為他真的相信獲勝方的觀點，而是因為它成了共識，而形成一個共識，借此統

一教會，才是他感興趣的。但教會並沒有統一，也不會統一。

在君士坦丁之後，接下來的幾十年裡，皇帝寶座被不同的人坐過，其中幾任皇帝傾向認同阿里烏派對基督的解釋，並根據他們的信念行事。有些時候，甚至可能是大多數時間，阿里烏派的基督徒人數比他們的反對者還多。這就是為什麼教會神父哲羅姆會在西元 379 年，寫下著名的哀歌「世界在呻吟，驚訝地發現自己是阿里烏派」(《對話駁路西法派》19（Dialogue Against Luciferians））。

結果，阿里烏爭論直到舉行了下一次重要的大公會議才結束，這次會議比哲羅姆發出哀歎的時間晚兩年，於西元 381 年，在君士坦丁堡召開。會議重申並再次確認了尼西亞會議的決議，阿里烏派開始被邊緣化為少數觀點，在大部分群體中被認定為異端。

在那些站在這些神學爭議之外的人看來，阿里烏和阿里烏對手的觀點之間，歧異遠小於兩派觀點之間的共性，例如，阿里烏的主教亞歷山大和年輕但才華橫溢的阿塔那修——他自己很快就會成為亞歷山大的主教。即使是「異端」的阿里烏，也同意阿塔那修和其他人認為基督是神的觀點。阿里烏同意耶穌是神聖的存在，在萬事開始之前便與神同在，神通過他創造了宇宙萬物。這仍然是一個非常「高」的化身基督論。阿里烏和他的對手爭辯時，以及在那之後，在阿里烏和阿塔那修的追隨者中，只有少數人對耶穌是真正的神心存懷疑。還是那句話，唯一的問題是，在「哪種意義」上耶穌是神。

可以說最重要的是，在四世紀，當這些爭論達到頂點時，羅

馬皇帝君士坦丁皈依了信仰。 皇帝的皈依改變了一切。 作為坐在
皇帝寶座上的基督徒——他相信並普及基督是神這一信仰——君
士坦丁對正統派和其他群體的交流產生了極大影響。 在這篇結語
的剩餘部分中，我要簡單總結一下爭議涉及的三個領域： 與異教
徒的爭端、與猶太人的爭端，和基督教內彼此間的爭端。

基督神和異教世界

在三百年前的凱撒‧奧古斯都時代，羅馬世界的人民認為皇
帝是神，像崇拜神一樣崇拜他們的皇帝。 此外，從耶穌最早的
追隨者開始相信他從死亡中復活，基督徒就開始認為基督是神，
並像崇拜神一樣崇拜基督。 我們發現，在古代世界被稱為神之子
的，只有皇帝和耶穌。 在基督徒看來，這意味著這兩個人之間是
競爭關係。 四世紀初，一位競爭者做出讓步，輸掉了這場鬥爭。
君士坦丁皇帝不再與耶穌競爭神位，成為耶穌的僕人。

教會歷史學家尤西比厄斯在前面提到的《神聖的君士坦丁皇
帝生平紀事》中，對皇帝極盡溢美之辭。 其中最有價值的部分，
是尤西比厄斯對皇帝話語的引用。

在君士坦丁寫給巴勒斯坦基督徒的一封信中，很明顯，君士
坦丁並不認為自己是基督和父神的競爭對手，他對神的力量感到
敬畏，並認識到他需要做神在這世上的僕人，為他服務。 君士
坦丁宣佈，基督教的神，是「真正獨自存在的，從無限時間之
前到無限時間之後一直掌握權力」，他說神「檢視了我的服務，
認可我的服務符合他的目的」（《神聖的君士坦丁皇帝生平紀事》
2.28）。 他後來在信中說，「實際上，我的整個靈魂和我的一呼

一吸，以及心靈深處發生的一切，我堅信，都是偉大的神所賜」
（《神聖的君士坦丁皇帝生平紀事》2.24）。 由此看來，居士坦丁
皇帝與神之間絕對不是競爭關係！

　　尤西比厄斯寫道，由於君士坦丁投身基督教，「根據法律，
他禁止將自己的形象被設置在偶像崇拜的聖殿中。」此外，他
「把他的肖像印在金幣上，他向上看做出向神祈禱的姿態」（《神
聖的君士坦丁皇帝生平紀事》4.15、16）。 換句話說，君士坦丁扭
轉了他的前任們執行了三個世紀的古老程式。 他不讓人民將自己
描繪成神，並像崇拜神一樣崇拜他，他堅持要向世人展示他崇拜
真神。

　　更引人注目的是，君士坦丁要求軍隊中的士兵不要崇拜他，
而是崇拜基督教的神。 即便是信仰異教的士兵也須如此。 尤西比
厄斯表示，君士坦丁要求軍隊中的非基督教士兵每週日在平原上
聚集，並背誦以下文字，向基督教的神祈禱：

> 我們只認你為唯一真神，
> 你是我們認可的王，
> 你是我們召喚的幫助，
> 我們借著你贏得勝利，
> 借著你戰勝我們的敵人……
> 我們為君士坦丁皇帝和他摯愛的兒子們向你祈禱：
> 為了我們他們要長壽安康，永保勝利。（《神聖的君士坦丁皇
> 帝生平紀事》4.20）

　　一旦皇帝成為基督徒，可以說基督教與異教徒及羅馬政府之間的關係，就發生了徹底改變。基督徒不再是因為拒絕崇拜神聖的皇帝，而遭到迫害的少數人，他們是與皇帝一樣的真神的僕人，這不啻直接或間接地鼓勵國家公民加入基督教，搖身一變成為迫害別人的多數群體。到了四世紀末，整個帝國的一半左右人口都皈依了正統基督教；皇帝執行了宣揚基督教的法律，禁止異教祭祀和禮拜；那些異教徒們之前認為皇帝是神，當皇帝皈依基督之後，基督教在與異教的鬥爭中，就這樣獲得了永久勝利。

基督神和猶太世界

　　基督徒相信耶穌是神，對古代社會猶太－基督教的關係產生了嚴重影響，因為人們普遍認為，猶太人應該對耶穌的死亡負責。如果猶太人殺了耶穌，而耶穌是神，這難道不意味著猶太人殺了自己的神嗎？[1]

　　實際上，在君士坦丁皈依基督之前，這種觀點已經在正統基督教的圈子裡流傳了很長一段時間。在基督紀元二世紀末，一個叫梅利托（Melito）的主教在小亞細亞的薩第斯（Sardis）城佈道時，說了一段令人恐懼的話。這是我們掌握的，第一個猶太人被基督徒指控弒神罪的例子。梅利托以極具煽動性的語言提出了指控。我在這裡只引用了他長篇佈道的一小部分。

　　事情發生在猶太人的逾越節，這個一年一度的節日，是猶太人為了慶祝上帝把以色列人從埃及的奴隸制中解救出來。梅利托說，那一次被殺的逾越節羊羔，是基督自己的形象，被猶太人殺

了。 於是，那裡不再是一個歡樂慶祝的場合，羔羊的死亡使那裡
變成了一個充滿敵意的現場。 猶太人殺了來救他們的耶穌，殺了
自己的救世主，因為救世主本身是神，這就相當於猶太人殺了自
己的神：

> 這個人是被謀殺的，
> 他在哪裡被謀殺的？
> 在耶路撒冷的中心！
> 為什麼？
> 因為他治好了他們的瘸子，
> 潔淨了他們的痲瘋子，
> 用光引導他們的瞎子，復活他們的死人。
> 因此他遭罪了……
> 以色列啊，你是否行了這樣奇怪的不義之事？
> 你羞辱了那個給你榮耀的人。
> 你蔑視那個尊敬你的人。
> 你否定了公開認可你的人。
> 你攻擊了那個自稱你與他是一體的人。
> 你殺了那使你存活的人，
> 以色列啊，你為何要行這樣的事？
> 他有必要受苦，是的，但不是你施加的苦；
> 他有必要被羞辱，但不是你去羞辱；
> 他有必要被審判，但不是被你審判；
> 他有必要被釘在十字架上，但不是被你，也不是被你的右手。

以色列啊！

然後，隨著梅利托對他的敵人，也就是猶太人，提出他最終的指控，修辭達到了高潮：

注意，這個國家的家家戶戶，大家看看！
令人震驚的屠殺發生了
就在耶路撒冷的中心，
在神賜予律法的城市，
在希伯來人的城市，
在先知的城市，
在被認為是公義的城市。
誰被謀殺了？
兇手是誰？
我羞於回答，
但我必須要說……
他是讓這地懸於無盡虛空的人，他被掛起；
他是把天堂固定的人，他被釘住；
他是把萬物牢牢固定的人，他被釘在木頭上。
主受辱，
神被殺，
以色列的王被毀滅，
被以色列人的右手。[2]

　　當然，用這樣惡毒的言辭攻擊他人的，如果是成員數量較少，本身受迫害的少數派，在政治上不會掀起什麼的波瀾。 但是，當受迫害的少數群體成為多數時，會發生什麼？當他們獲得政治權力，或者更確切地說，最高的統治權時，會發生什麼？當羅馬皇帝自己相信基督教傳遞的信息時，會發生什麼？你可以想像得到，對那些被當做謀殺了基督徒所崇拜的神之敵人來說，絕不是一件好事。

　　在一本研究早期教會時期反猶太主義興起的經典著作中，神學家羅斯瑪麗·魯瑟（Rosemary Ruether）闡述了基督教勢力在四世紀對帝國中猶太人造成的社會影響，這本書的名字叫《信仰和自相殘殺》（Faith and Fratricide）。[3] 簡而言之，猶太人在基督教皇帝統治下從法律的層面受到排斥，被視為二等公民，他們的法律權利受到限制，經濟活動受到限制。 法律上並沒有規定猶太人的信仰和活動，比如異教徒在四世紀末的獻祭方式，是違法的。但是神學家和基督教主教的權力越來越大，他們不僅僅是宗教領袖，也是民事事務的當權者。 他們反對猶太人，攻擊他們是神的敵人。 在這種情況下，國家開始通過立法，限制猶太人的活動。

　　君士坦丁通過了一項法律，禁止猶太人擁有基督教奴隸。 現代人厭惡、蔑視奴隸制，以現在的角度看來，這應該是一條相當具有人道主義精神的法律。 但君士坦丁沒有禁止奴隸制，也不反對奴隸制。 羅馬世界的奴隸制還會繼續。 沒有奴隸，就不能經營任何正經的製造業、生產企業或農業生產。 但是，如果基督教徒人口越來越多，猶太人只能擁有猶太人和異教徒奴隸，這樣就相當於剝奪了猶太人和基督徒在經濟競爭上的機會。

　　最終，基督教徒轉而皈依猶太教成了非法行為。 在狄奧多西一世的統治時期，大約四世紀末，基督徒嫁給猶太人也成了法律禁止的事。 這樣做會被認定為通姦行為。 而且，猶太人被排除在公職之外。 西元 423 年通過了一項法律，猶太人建造甚至修繕猶太教堂也成了非法行為。 緊隨這些立法之後的，是反猶太人的暴力行為，這些暴行即便不是由皇帝或其他國家當局主導的，也是他們默許的。 猶太教堂被燒毀，猶太人的土地被沒收，猶太人遭到迫害，甚至被殘殺，當局對這些暴行卻視而不見。 為什麼不能這樣對待猶太人呢？他們弒了神。

　　一個重要的例子說明了這種情況。 在西元 388 年，卡利尼庫斯（Callinicum）城的主教煽動他教區內的基督徒，襲擊了當地的猶太教堂。 基督徒們聽了他的煽動，把猶太教堂夷為平地。 城裡的猶太人向狄奧多西皇帝抗議，皇帝命令主教用修建基督教堂的錢重建猶太教堂。 這時，一位有力的基督教領袖介入，試圖推翻皇帝的判決。 當時最有影響力的主教之一是米蘭主教安布羅斯（Ambrose）。 皇帝介入和要求賠償的消息傳到米蘭之後，安布羅斯寫了一封信嚴詞抗議，聲稱皇帝有可能通過這種干預，冒犯了自己主持的宗教事務，並堅持絕不應該要求主教重建猶太教堂。

　　這裡出現了一個令人震驚的情況。 不到一個世紀前，基督教領袖還在被統治當局追捕和迫害。 現在，基督教領袖竟然開始書面斥責皇帝，並希望皇帝遵從自己的要求。 真是風水輪流轉！

　　狄奧多西決定不理會安布羅斯的抗議，但他恰好有事去米蘭，到米蘭的大教堂參加了禮拜儀式。 在安布羅斯自己對這件事的描述中，他聲稱在佈道時直接指出了皇帝的「不端行為」，隨

後禮拜還在進行的時候，他從聖壇上走下來，面對面公開要求皇帝讓步。 在這樣的公開場所，皇帝感覺別無選擇。 他只好接受了主教的要求，於是卡利尼庫斯的基督教暴徒逍遙法外，猶太教堂仍然是一片廢墟（見安布羅斯《信件》40 和 41）。[4]

事到如今，不僅是基督神，就連他的僕人主教也擁有了真正的政治權力。 他們正在以各種難看的方式利用這種權力，對付他們一直以來的敵人，那些據說殺害了他們的基督神的猶太人。

基督神和基督世界

隨著羅馬皇帝轉而相信基督是神，相信基督教的神是至高無上的，於是，基督徒之間談論的話題發生了明顯的變化。 早期基督徒之間的爭論主要是一些基礎的問題。 基督是神嗎？是的。他是人類嗎？是的。 他是一個主體，並非兩個嗎？是的。 到四世紀初，君士坦丁皇帝皈依時，絕大多數基督徒都同意這些答案。 你可能會認為，神學辯論和在正統中挑出異端這些事，應該就此告終了。 但歷史真相是，辯論才剛剛開始升溫。

我提到過這樣一個事實：阿里烏爭論並沒有隨著尼西亞會議的結束而消失； 爭論在那之後持續了半個多世紀。 新的辯論開始了，100 年前的人們會覺得這次辯論的主題不可思議。 當正統派對耶穌既是神又是人這一觀點的理解，變得越發複雜精細，當正統觀點攻城掠地時，發展出了新的神學觀點。 先前在正統派中被接受的立場，有些細枝末節又受到了挑戰。

在外人看來，這些問題不值一提，但對局內人來說它們至關重要，會造成永遠無法磨滅的後果。 結果，雖然「主要」問題

已經解決了，但是尖刻的批駁並沒有減少。如果說發生了什麼變化，只能說他們的辯術越來越高超了，即使是小之又小的一點點錯誤，也成了重大問題，動輒就會被逐出教會，流放他鄉。

我不打算一一講述四世紀、五世紀，以及後來幾個世紀的各種神學爭議，哪怕只是草草概述，在這裡我只談論三個經過闡述、辯論，最後被認定為異端的觀點。[5] 這樣的簡短回顧，多少可以看出基督徒之間爭論的水準。

安卡拉的馬塞勒斯（Marcellus of Ancyra）

尼西亞會議採納的阿塔那修一方，陣營中反阿里烏派觀點的重要支持者，是一位名叫馬塞勒斯（於西元 374 年逝世）的安卡拉的主教。他認為自己是絕對正統的，但他意識到，尼西亞會議的最終決議，給信條留下了相當大的空間，尤其是永恆與父平等的基督，與父到底是什麼關係。基督和父是兩個獨立但平等的存在或原質（這個詞在這裡指的是「人」或「個體」）嗎？馬塞勒斯充分意識到，模態說的觀點已經不能被接受了。但是，有沒有什麼辦法，可以在不落入撒伯里烏（Sabellius）這類人陷阱的前提下，保持神的唯一、一體？這樣就不會有人指控基督教並非只有一位神了。

馬塞勒斯的解決方案是：聖父、聖子、聖靈只有一個原質。在他看來，基督和聖靈是永恆與父神相伴的，但只有當他們與父一體時，他們才是從永恆中來，而他們從父中出來，是為了救贖世人。實際上，在基督從神出來之前——在他與神一體時——他不是聖子，他化身從神中出來時才成為聖子。在那之前，他

是神的語言，在神之內。 此外，《哥林多前書》15:24-28 說，一切發展到「最後」，基督會「把王國交還給父神，」馬塞勒斯認為，基督的王國不是永恆的。 到最後，父神才是萬物的最高統治者；基督會將他的王國交給父神；然後他會回到父神之內。

這一觀點顯然遵循了二世紀、三世紀，以及四世紀初，對基督論中幾個主要問題的看法。 基督是神，他化身成為了人。 這不是模態說的觀點。 但其他教會領袖認為，這聽起來與模態說過於類似，故將其斥為異端邪說，西元 381 年的君士坦丁堡會議上，對這件事進行了討論，並做出了決議。 決議被引入當時仍為教徒頌讀的尼西亞信條，「他的〔基督的〕王國將沒有盡頭。」在尼西亞信條中加入這句話，表明馬塞勒斯的觀點遭到了拒絕。其他教會領袖不認可這種拒絕。 於是辯論又繼續開始。

阿波黎納里斯（Apollinaris）

阿波黎納里斯（西元 315-392 年）在尼西亞會議召開時，年紀還小，但他成年之後成了阿塔那修的朋友，並被任命為老底嘉城（Laodicea）的主教。 和前面提到的馬塞勒斯一樣，他聲稱自己是尼西亞信條中反阿里烏觀點的真正支持者。 但同時他也被基督怎麼會「同時既是神又是人」的問題所困擾。 如果耶穌是神－人，那麼他是部分是神，另一部分是人嗎？

我們無法確切得知，阿波黎納里斯是如何表達他的觀點的，因為他倖存下來的作品非常少。 後來他也遭到指控，因為他在教義中說，化身的基督沒有真正的人類靈魂。 和那個時代的其他人一樣，阿波黎納里斯認為人類由三個部分組成：一是身體，二是

「較低級的靈魂」，這是我們情感和熱情的根源；三是「較高級的靈魂」，是我們理解世界的理性。 阿波黎納里斯認為，在耶穌基督裡，早已存在的神的邏各斯取代了上層靈魂，所以他擁有完全屬於神的理性。 因此，在基督身上，神和人是統一的，一體的——只有一個人，基督——但他們之所以是一體的，是因為在人類耶穌中，一部分是神，一部分是人。

這一觀點導致的結果是，基督的道德，或者說人格不能發展，因為他沒有人類的靈魂，有的是神的邏各斯。 阿波黎納里斯觀點中最受譴責的就是這一點。 如果基督不是全方位的、完全的人類，他就不能成為我們的榜樣，讓我們去追隨他。 如果我們和他原本就不一樣，我們怎麼能像他一樣行事呢？ 此外，如果基督不是完全是人類，那麼就不清楚他如何才能救贖整個人類。 在這種理解中，基督的救贖只涉及人的身體，而不是人的靈魂，因為他沒有人類的靈魂。

阿波黎納里斯的反對者和他爭辯不已。 結果，他和他的觀點在西元 381 年召開的君士坦丁堡會議上遭到了譴責，雖然他在早期的爭議中發表的是完全正統的觀點，但是後來開始禁止他在公共基督教堂禮拜。

聶斯托利（Nestorius）

作為正統派在論戰中征服對手的最後一個例子，我想到了一個出現相對較晚的人物，雖然他一無所求，只想呈現他信仰的正統觀點，最終卻沒能如願。 聶斯托利（西元 381-451 年）是他那個時代一位重要的基督教發言人，他在西元 428 年被任命為君士

坦丁堡主教。 圍繞聶斯托利和他的觀點的爭議，涉及一個我尚未
解決的問題。 即，一旦證實基督是天生的神，從永恆中來，神學
家會開始問，那樣的話，說馬利亞是他母親是什麼意思。 當然，
馬利亞本人被提升到了一個獨特的地位，關於她的傳說和傳奇故
事不計其數。 神學家考慮到她在基督帶來的救贖中起到的作用，
開始稱她為「誕神女」，意思是「生下神的女人」，簡單來說，
就是「神的母親」。

　　這個詞在五世紀初，也就是聶斯托利生活的時代，被廣泛使
用，但他公開反對。 在聶斯托利看來，稱馬利亞為神的母親，聽
起來太像阿波黎納里斯的說法了，亦即，馬利亞生下的是一個擁
有神的邏各斯，而沒有人類靈魂的人。 聶斯托利相信基督完全是
人類，而不是部分是人類，也相信基督完全是神，而不是部分是
神。 此外，神和人是不能相互融合的，因為他們存在本質上的差
異。 但是人和神卻同時存在於基督的化身中。

　　在強調基督既是完全的神又是完全的人類這個觀點時，人們
認為聶斯托利是想辯稱基督是兩個不同的人，一個神聖的，一個
普通的人——他作為人的元素緊緊抱住神的元素，這樣它們在一
起就是一體（類似於「靈魂的結合」）。 但是那個時候，正統基
督徒早就認為基督只是一個人。 最後，聶斯托利的敵人對他提出
的「兩個人」的基督論發起攻擊，認為他分裂了基督，從而使基
督成為一個「純粹的人」，而不是某種「神聖的人」。 因此，聶
斯托利和他的觀點在西元 430 年受到教皇塞萊斯廷（Celestine）的
譴責，在 431 年又受到以弗所大公會議（Council of Ephesus）的
譴責。

　　我談論最後這三個異端，並不是為了全面調查四世紀、五世紀的基督教爭論。而是為了說明一個事實：宣告基督是從永恆中來，後來化身成人的神，所有的解釋和理解中潛在的問題，其實都沒有得到解決。

　　不僅如此，還引入了新的問題。即使又解決了這些問題，也還會出現新的神學問題。神學變得更加微妙。觀點變得更加複雜。正統神學變得更加自相矛盾。許多問題最終沒有以任何「官方」的方式解決，直到西元451年的迦克墩會議（Council of Chalcedon）。但是，會議得出的「解決方案」也沒有終結所有關於上帝、基督、三位一體和所有相關主題的爭端。未來的數百上千年，爭論亦從未停歇，實際上，一直延續到現在。

總結

　　我在這篇結語中討論的所有基督教爭論，沒有一個是關於耶穌是否是神的問題。耶穌是神已經得到確認。所有參加這些辯論的人，都對基督有一種「尼西亞式」的理解：他是神，從永恆中來；他一直存在，無論是以前還是任何時刻；神通過他創造天地萬物；他與父神一體；他在地位、權威和權力上與神平等。用這些語言描繪一個來自農村加利利，後來因為叛亂罪行而被釘在十字架上的末日啟示佈道家，是對他非常高的禮讚。從耶穌死後，到尼西亞會議，那三百年是一段漫長的道路。

　　人們可能認為——或許應該這樣認為——在耶穌死後二十年，基督徒對他的看法就已經如此了。在耶穌死後不超過二十年，有人創作了《腓立比書》中的基督詩，其中就說耶穌早已存

在，以「神的形象」成為人類，然後因為順從神的意志，死亡後被提升到神的地位，並與世人虔誠敬拜的神平等。一位名叫馬丁‧亨格爾（Martin Hengel）的德國新約學者聲稱，「早期教會基督論的發展……最初的二十年，超過後來幾個世紀，教條的發展。」[6]

這個說法有一定的道理。當然，二十年之後也發生了很多事情，畢竟那是一段漫長的歲月。但是重大的飛躍，都是在前二十年發生的：一開始，我們認為從事佈道活動的耶穌，和他的門徒是一樣的人，只是一個宣揚末日將至的猶太人。後來我們認為他遠比這要偉大得多，認為他是一個早已存在，在成為萬物之主之前暫時化身為人的神。沒過多久，基督徒宣稱耶穌是有血肉的「神的話語」，在造物之初便與神同在，神通過他創造了萬物。最後，耶穌被視作全方位的神，與父神同在，本質與父神相同，在三位一體中與聖父平等，聖父、聖子、聖靈雖是三位，卻只是一神。

基督神可能不是歷史上的耶穌，但他是正統基督教教義中的基督，是成百上千年，人們信仰和崇拜的對象。他也是當今全世界的基督徒敬重和崇拜的神。

注釋

1. 有關古代猶太-基督教關係的經典研究和基督教反猶太主義的興起的經典研究著作中，以下作品非常值得一讀：馬塞爾‧西蒙（Marcel Simon）的《以色列：羅馬帝國基督徒與猶太人之間關係的研究》（135-425頁），這本書的翻譯是H‧麥克基廷（H. McKeating）（牛津：牛津大學出版社，1986，法國原版出版時間是1964年）；羅斯瑪麗‧瑞瑟（Rosemary Ruether）的《信仰和同族相殘：基督論中的反猶太主義之根》（紐約：西伯里出版，1974）；以及約翰‧蓋格（John Gager）的《反猶太主義的起源：古代異教徒和基督教對猶太教的態度》（紐約：

牛津大學出版社，1983）。

2. 傑拉德 F・霍索恩（Gerald F. Hawthorn）譯《聖經和傳統解釋中的當前問題》中的「梅利托的逾越節宣講英語新譯」（急流城，密西根州：埃爾德曼斯，1975）。

3. 參加瑞瑟的《信仰和同族相殘》，我在這裡依靠的全是他的描述。

4. 一些學者質疑，安布羅斯是否像他在這些信中所說的那樣，在這場爭論中發揮了重要作用。其實不必質疑，很明顯，到這個時候，基督教領導人在於國家當局合作的過程中，已經掌握了以前聞所未聞的權力。

5. 除路易斯・艾雷斯（Lewis Ayres）的《尼西亞和它的遺贈：走進四世紀三位一體的神學理念》1-61頁（牛津：牛津大學出版社，2004）之外，還可以參與一下兩本同時代帶導讀的選集：理查 A. 諾里斯（Richard A. Norris）的《基督論戰》（費城：堡壘出版社，1980），以及威廉・G・羅希（William G. Rusch）的《三位一體論戰》（費城：堡壘出版社，1980）。

6. 《早期基督論研究》383頁，馬丁・亨格爾「早期基督論中的基督論名稱」，（愛丁堡：T&T克拉克，1995）。

SCRIPTURE INDEX

SUBJECT AND AUTHOR INDEX

耶穌怎麼變成了神 HOW JESUS BECAME GOD

作者：巴特‧葉爾曼
譯者：董樂樂
發行人：陳曉林
出版所：風雲時代出版股份有限公司
地址：10576台北市民生東路五段178號7樓之3
電話：(02) 2756-0949
傳真：(02) 2765-3799
執行主編：劉宇青
美術設計：吳宗潔
行銷企劃：林安莉
業務總監：張瑋鳳
初版日期：2021年7月
ISBN：978-986-5589-23-3

風雲書網：http://www. eastbooks. com. tw
官方部落格：http://eastbooks. pixnet. net/blog
Facebook：http://www. facebook. com/h7560949
E-mail：h7560949@ms15. hinet. net
劃撥帳號：12043291
戶名：風雲時代出版股份有限公司
風雲發行所：33373桃園市龜山區公西村2鄰復興街304巷96號
電話：(03) 318-1378
傳真：(03) 318-1378
法律顧問：永然法律事務所 李永然律師
　　　　　北辰著作權事務所 蕭雄淋律師
行政院新聞局局版台業字第3595號 營利事業統一編號22759935

版權授權：
HOW JESUS BECAME GOD:The Exaltation of a Jewish Preacher from Galilee
by Bart D. Ehrman
Copyright ©2014 by Bart D. Ehrman
Complex Chinese Translation copyright ©(year)
by STORM AND STRESS PUBLISHING COMPANY
Published by arrangement with HarperCollins Publishers, USA
through Bardon-Chinese Media Agency
博達著作權代理有限公司
ALL RIGHTS RESERVED

定價：480元

版權所有　翻印必究

國家圖書館出版品預行編目資料

耶穌怎麼變成了神 / 巴特‧葉爾曼 著. -- 臺北
市：風雲時代出版股份有限公司, 2021.04
　　面；　公分
譯自：How Jesus became God : the exaltation of a
Jewish preacher from Galilee
ISBN 978-986-5589-23-3(平裝)

1.耶穌(Jesus Christ) 2.基督

242.2　　　　　　　　　　　　　110003318